社会工程哲学

田鹏颖 著

SHEHUI GONGCHENG ZHEXUE

人民出版社

实,这是多么不证自明的道理！谁不知道"民以食为天"？只有解决了吃、喝、住、穿等人类最基本的生活需要,才能有时间和精力去从事自主自由的活动。于是,人们不禁觉得马克思的"第一个伟大发现"的道理太简单、太好懂了,于是多少年来,我们(包括许多马克思哲学理论工作者)也都习惯于"背诵"所谓的"哲学原理",把马克思哲学概念化、公式化,甚至教条化了。

事情果真如此简单吗？

如果马克思在人类思想史上的"第一个伟大发现"——唯物史观的伟大发现,竟如此简单明了,那么唯物史观又怎么谈得上是"伟大"的发现呢？

其实,马克思这一发现的"伟大"之处在于,他从当时的历史背景和历史语境——"思想观念统治现存世界"这一德意志意识形态——中透视到西方两千多年的主流意识形态的虚妄,并在当时社会文化视阈水准上给予了颠覆性的破除。"德意志意识形态"不看重人的感性,更不看重人的感性的生产劳动。马克思通过人的吃、喝、住、穿这一最基本的日常生活现象的"发现",目的在于揭示这些日常生活现象背后的"东西"——发现的不止是人的存在的感性特质,甚至不止是人类历史的世俗基础,而且是人类在这个基础上真正站立起来并掌握自己历史命运的可靠途径——生产劳动对于人和人的感性世界的形成与发展的基础和推动作用,以及这一生产活动自身的不断改变与超越。

必须明确的是,马克思所处的社会已经是现代社会。马克思所着力讨论的"生产劳动",显然系指运用现代科学技术、对自然有着巨大改造作用的现代工业生产劳动。正是这种生产劳动,将人的对象性活动的创造性和主体性提升到一个前所未有的高度和水平,凸显出人与外部世界的关系的"为我"性质,并从根本上改变了包括人的思想世界、精神世界在内的人的整个存在方式。正是这种生产劳动凝结和包含着人与自然、人与人(社会)的矛盾关系,正是这种生产劳动成了"打开了的关于人的本质力量的书,是感性地摆在我们面前的人的心理学"①。马克思的这一伟大发现,在一定程度上表明,现代科学技术凝结其中的现代生产劳动,

---

① 马克思:《1844 年经济学哲学手稿》,人民出版社 2000 年版,第 88 页。

作为社会生存和发展的基础,既具有浓厚的物化性质、目的选择和实用指归,又必然需要自觉地和谐社会关系。正如张曙光教授所言,马克思的伟大发现——唯物史观提示"我们更应当关注民主、公正、公德、公共理性和人际友爱等属于政治、法律和道德方面的制度、规范与观念。因为它们有着推动社会进步促进人际和谐的动力作用,更是直接培养、提升人的素质素养和思想境界的文化资本与精神资源"①。

在马克思唯物史观的视野中,以生产劳动为主体或者基本形态的——社会实践,是人的最基本的活动方式,也是人的存在方式:人的对象性存在基于他的对象性活动,人从事什么样的对象性活动,他就形成什么样的人的本质;而在人与自然和人与人之间展开的对象性活动,从根本上决定了人的存在是自然化与社会化的双重规定的统一。"这同时意味着人能够在自然和社会这两个领域获得自由;人在凭借自己的实践活动营造自己的生活时,也造就了他自己必须承担而且终究能够掌握的命运。"②

长期以来,对于人如何在自然领域获得自由以及是人与自然的关系问题,人们讨论得很多;而对于人如何在社会领域获得自由,进而是人与人(社会)的关系问题,人们讨论和关注得就比较少。本来马克思把生产劳动理解为物质资料生产、精神生产、生产关系的生产和人自身的生产等"全面"的生产。但人们关注更多的还是物质资料的生产,甚至用社会存在的基础——物质资料的生产代替了其他生产,以为人与自然的关系问题解决了,其他问题就自然而然地解决了。所以,许多学者把马克思的第一个伟大发现——唯物史观,简单地归结为实践唯物主义或实践本体论,把实践归结为物质资料的生产和再生产,进而把人类社会的发展理解为一个自然的历史过程。这种观点虽然用实践本体论拒绝了传统哲学关于人与社会历史遵循某种先验必然性运行的目的论,但我认为同时也陷入了新的历史独断论——漠视了人与人(社会)关系的相对独立性及其对人与自然关系的影响和制约,容易把人类历史简单化,甚至有庸俗化

---

① 张曙光:《马克思主义哲学研究应有的现实性与超越性》,《中国社会科学》2006 年第 4 期。

② 张曙光:《马克思主义哲学研究应有的现实性与超越性》,《中国社会科学》2006 年第 4 期。

之嫌。

新世纪以来兴起的工程哲学研究就是一个明证。工程哲学学者们大都把"工程"理解为造物的过程,把"工程"规定为人与自然世界的改造过程,而人与人(社会)之间的关系,在传统的工程哲学中是不予关注的。因为在许多学者和实际工作者看来,所谓"社会工程"只具有某种比喻的意义。

这样一来,就把马克思唯物史观的实践原则"搁浅"了,或者说把马克思的实践"篡改"成"半截子"的实践,不是吗?传统工程哲学由于只关注、只承认自然工程——人们改造自然世界的工程,如"嫦娥奔月工程"、"长江三峡工程"、"西气东输工程"、"南水北调工程",而把唯物史观中的"实践"停在了半途中,甚至可以说,这种工程哲学充其量是"半截子"的唯物史观。其实,就是物质资料生产也同时存在着人与自然和人与人的关系两个世界,更何况精神生产、生产关系的生产呢?不更是在社会世界中进行的吗?或者本身就是"社会"关系吗?

在一个追求发展,向往可持续发展的时代和社会,建构工程是人们现实生产、生活、生态和生命中的经常性、根本性的主题,无论是物质文明、精神文明、政治文明、社会文明,抑或生态文明建设,无不是通过一个个具体的工程的建构来实现。因此,在一定意义上,我们可以说,工程是人的本质的对象化过程,是人的发展、社会进步的基本阶梯或载体。

从"工程"这一范畴出发观察世界与从"实践"的观点看世界,都属于实践哲学的思路和视野,应当承认,这种思考和观察问题的思路的开创者和奠基人是马克思。对马克思这一实践哲学理路的深入研究,我们发现,"问题在于改变世界"的"改变"仅仅满足于"实践"是难以把"实践哲学"贯彻到底的。徐长福博士认为:"'实践'范畴所反映的却只是人类感性活动的一般规定性,不包含人类活动的个别规定性,因而缺乏用以思考个别感性活动的程序功能,是一个不具有可操作性的范畴。就此而言,实践范畴并不能将自己所张扬的从人类主体的感性活动看世界的实践哲学原则贯彻到底。能够将该原则贯彻到底的一个可能的范畴就是工程。"①

我非常欣赏徐长福博士的理论观点,我认为,工程可以分为两类:一

---

① 徐长福:《理论思维与工程思维》,上海人民出版社 2002 年版,第 28 页。

类是有形的;另一类是无形的。所谓有形的工程,就是实物建构过程,它以自然物质为材料,具有时间和空间的规定性,可称为物质形态工程,如土木工程、机械工程、采矿工程、水利工程等。这类工程可以称为自然工程。所谓无形工程,就是关系建构、状态建构和符号建构过程,它虽然难以离开自然物质,但其直接的建构材料则是社会性或者精神性要素:关系建构工程,如社会组织、机构、制度、法规等建构;状态建构工程,如社会风气、人格境界等;符号建构工程,如知识体系、信仰体系、艺术体系等。这类工程可以称为"社会工程"。

　　长期以来,哲学界只关注自然工程(有形工程),而忽视社会工程甚至否认社会工程,认为"体制改革"工程、"希望工程"、"马克思主义理论研究和建设工程"只是"比喻"和"形容",实际上并不是工程。也就是说,在传统观点看来,人们调整人与自然关系的工程是工程,而人们调整人与人(社会)关系的工程则不是工程。人们调整人与自然关系的工程需要科学、精心设计与建构,而人们调整人与人(社会)关系的工程则可以随心所欲。这种观点和做法不仅在理论上是不合逻辑的,难以将马克思的实践哲学原则进行到底,而且在现实社会的生产、生活、生命、生态中,我认为也是十分有害的。这种思想方式和思想观点至少是许多社会工程没有成功的重要认识论根源。

　　所谓社会工程,就是社会主体以社会科学为理论基础,以社会技术为操作中介,改造社会世界、调整社会关系、协调社会运行的实践活动过程。

　　第一,社会工程是实践活动。社会工程不是纯粹的思想(尽管思想本身也是活动),而是现实的可以感知、可以经验、可以操作的实践活动。

　　第二,社会工程不是一般的实践活动,或者说并不是所有的实践活动都是社会工程。比如走路、吃饭、交友、唱歌等都是实践活动,但我们却很难说这些实践活动也是社会工程。

　　第三,社会工程是人们改造、调整、协调社会世界、社会关系、社会运行的实践活动过程,或者说只有指涉社会关系领域的实践活动才可能成为社会工程,而指涉自然领域的工程,如"嫦娥奔月工程"、"长江三峡工程"、"黄河小浪底工程"等虽然也是工程活动,但并不是我们所谓的社会工程(本书只讨论狭义社会工程)。

　　第四,社会工程是指那些在一定社会历史条件下,指涉整个社会(或者整个地区)范围,对国计民生具有重大影响的改造社会世界、调整社会关系、协调社会运行的实践活动过程。换言之,那些"小范围"和"小系统"的实践活动,如一个企业、一个学校、一个社区、一个机构的"改造、调整和协调"活动很难说是社会工程。

第五,社会工程,特别是现代社会工程是在一定社会理论思想支配下,以具有一定科学理性的社会技术为中介进行的人们改造社会世界、调整社会关系、协调社会运行的实践活动过程。也就是说,如果没有一定的社会科学理论为逻辑前提,没有比较科学的社会技术作中介,那个所谓社会工程不过是盲目的、低层次的实践活动。

社会工程哲学,就是深入研究社会工程中的哲学问题,就是把"实践"范畴具体化、历史化、工程化,特别是把人们对社会(生产)关系的生产、人的精神的生产统摄到工程——"社会工程"中,把"片面实践"转变为"全面实践",把"片面工程"转变为"全面工程"。这在逻辑上无疑是对马克思实践唯物主义的继续与延伸。

这种延伸既是逻辑的形而上学的延伸,也是对现代社会极其复杂矛盾的哲学把握,或者说,社会工程哲学的提出与创立,并不完全是逻辑推导的产物,而是马克思实践唯物主义哲学在现代性重写(续写)过程中的一个新的理论形态。也可以这样说,社会工程哲学既有理论依据,更有现实依托,其价值目标指向在于未来。从这个意义上看,社会工程哲学作为工程哲学的一个分支学科,或者作为应用哲学的一个组成部分,是一个前景广阔的新哲学。

《社会工程哲学》把马克思哲学——实践唯物主义与科学技术哲学,特别是与工程哲学相"嫁接",沿着实践唯物主义的思维道路,对马克思的"实践"范畴进行了存在论的解释,把"实践"理解为马克思视野中的"存在",把这一具有形而上学价值的"实践",作为人类社会的"根据",视为人的存在方式、生存方式,把整个社会世界理解为"实践"的前提、"实践"的过程和"实践"的成果。在此基础上,选择科技哲学特别是工程哲学视角,用科技哲学,特别是工程哲学这一理论工具去思考、发展"实践"范畴,把"实践"工程化、历史化、文化化、社会化、人性化,集中讨论工程,尤其是"社会工程"中的哲学问题。因此,社会工程哲学是关于社会工程的哲学。

　　《社会工程哲学》一以贯之的一条红线就是社会实践、社会工程、社会改造、社会创新。它从问题开始,即从当下风险社会新的社会问题开始,或者说从现代社会的新矛盾与传统哲学范式的新冲突开始,提出并论证哲学范式的转向即从传统形而上学向社会工程转向的逻辑必然性、历史必要性和现实合理性。本书重点讨论:社会工程哲学的学科边界问题、逻辑起点问题、理论基础问题、设计原则问题、本质属性问题以及社会工程创新问题,以此说明只有实现社会工程创新,才能推动社会创新,才有社会体制创新、社会管理创新,才能切实加强社会文明建设,为人们谋福祉。

　　这,既是本书的宗旨,又是本书作者的殷殷祈盼。

Foreword

Marx has passed away for more than 120 years.

So far, there seems no thinkers could be so respectable, reverent and esteemed by posterity as Marx. Especially, no other thinkers' idea could become theoretical base of the largest party in power—the Communist Party of China, to guide people's thought.

Approaching Marx, communicating with Marx, people not only try to become coeval with Marxism founder in history, but also try to become coeval with Marxism founder in thought. In the author's opinion, the more people do to be the later, the more they will be the former. And, only in this case, people can promote the theoretical innovation of Marxism philosophy to guide construction of harmonious society and harmonious world according to new changes in modern society.

Marx did a lot of things in his life. But there were two things he did, the famous "two discoveries", contributed to human most. On March 17th 1883, the fourth day after Marx's death, Engels made a speech in English in front of Marx's tomb to highly summarize Marx's "two discoveries". The first great discovery was mainly discussed here. "Marx found out the development rule of human history, just as Darwin found out the development rule of organic world", "that was, a public fact which always be covered by complex ideology: people must eat, drink, reside and wear first, then they can engage in politics, science, art, religion and so on. So, direct material production of living material constructed the base of a certain economic developing stage in a nation or an era. People's national facilities, legal opinions, art and religious concepts were developed from this base, so it must be explained by this base, and not do oppositely like before. " This great discovery of Marx revealed a simple and basic fact: people have to eat, drink, reside and wear first, then can engage in politics, science, art, religion and other activities. It's a so simple fact. It's also a truth which doesn't need to be proved. People all know "food is god for people". Only solving the most basic living need, such as eating, drinking, residing and wearing, people can have time and energy to do other activities independently and freely. So people can't help thinking that the first great discovery of Marx is too simple, and easy to understand. People, including many Marxist philosophy theory workers made Marxist philosophy conceptualization, formulation and even dogmatization by reciting the so-called "philosophical principle".

Is the fact so simple?

If Marx's first great discovery is human ideological history—great discovery of "historical materialism" is so simple, how could historical materialism be a great discovery?

In fact, the great point of Marx's this discovery was that he found out the fallacy in western mainstream ideology for more than two thousand years from historical background and historical context at that time—the Deutsche ideology, "ideological concept can control the existing world", and made subversive exploding on social cultural vision level at that time. "Deutsche ideology" neither focused on human perception, nor focused on productive labor of human perception. According to discovery of the most basic phenomenon, human eating, drinking, residing and wearing, in daily live, Marx aimed to reveal the thing behind these phenomenon in daily live. The thing he found was not only the perceptive character of human being, even the secular base of human history, but also that human really stood up and controlled reliable method of their own historical fate on this base, that was productive labor's basic and promoting function to the formation and development of human and human perceptive world, and continuous change and transcendence of this productive activity itself.

It needs to be definite that Marx was already in modern society. The "productive labor" discussed by Marx obviously meant modern science and technology, and modern industrial productive labor having great transformative function on nature. Just this productive labor brought the creativeness and subjectivity of human objective activity to an unprecedented height and level, shown the nature of the relationship between human and external world, and basically changed the human whole existing mode including human ideological world and spiritual world. Just this productive labor coagulated and included the contradictory relationship between human and nature, and between human and human (society). Just this productive labor became " the book shown human natural power, and was human psychology perceptively placed in front of human was. " In certain degree, Marx's this great discovery shown that as the base of social survival and development, modern productive labor with modern science and technology in it has deep materialized nature, objective selection and applied destination, and also need conscious harmonious interpersonal social relationship. Just as the words of famous scholar, Mr. Zhang Shuguang, historical materialism, the great discovery of Marx, shown that "people had to pay more attention to democracy, justice, morality, public rationality and interpersonal friendship which belonged to the system, standard and idea of politics, law and moral. Because they had the dynamic effect in promoting social development and interpersonal harmony, and even were the cultural capital and spiritual resource in directly cultivating and promoting human diathesis, quality and ideological realm. "

In the vision of Marx's historical materialism, social practice with productive labor as its main body or basic form was the most basic living mode, and also human existing mode. The existence of human objectivity was base on his objective activity. What kind of objective activity human did, he would become the nature of that. And the objective activity between human and nature and between human and human basically decided that the existence of human was double stipulated unification of naturalization and socialization. " At the same time, it meant that human could be free from nature and society, human could build their own lives by their practical activity, and human had to undertake and finally could control the fate. "

How could human get freedom from nature, and the problem between human and nature were discussed a lot by human for a long time. But how could human get freedom from society, and the problem between human and human (society) were discussed and paid attention to little by human.

Originally, Marx understood productive labor as production of material goods, spiritual production, production of productive relations, production of human their own and so on. But people still paid more attention to production of material goods, and even used the base of social existence—production of material goods to replace other productions. They thought that other problems could be solved naturally when the problem of relationship between human and nature was solved. So, many scholars simply concluded the first great discovery of Marx—historical materialism as practical materialism or practical ontology, concluded practice as production and reproduction of material goods, and then understood human social development as a natural historical process. This idea used practical ontology to refuse traditional philosophical teleology about some transcendent necessary operation followed by human and social history, however, the writer thought this could get into new historical dogmatism—disregarding relative independence of the relationship between human and human (society), and its influence and restriction to the relationship between human and nature, and it was difficult to avoid simplification and even vulgarization of human history.

Research of engineering philosophy rising from the new century is a good proof. Scholars of engineering philosophy always understand the "engineering" as the process of creation, regulate the "engineering" as the transforming process of human and natural world. But the relationship between human and human (society) is not paid attention to by traditional engineering philosophy. Because the so-called "social engineering" just has some metaphorical meaning to many scholars and practical workers.

In that case, practical principle in Marx's historical materialism gets stranded, or Marx's practice is "tampered" into hall-way practice. Isn't it?

Because traditional engineering philosophy just pays attention to and recognizes natural engineering—human engineering in transforming natural world, such as the Cislunar Project, Yangtze Three-Gorge Project, West-to-East Gas Transfer Project, and South-to-North Water Transfer Project, it stops the "practice" in historical materialism on the half way, and even it makes this engineering philosophy a half-way historical materialism. In fact, there were two world of relationship between human and nature, and between human and human in production of material goods at the same time. And even more, the spiritual production, and the production of productive relation are in social world. Or is itself "social" relation?

In the age and society looking for development and sustainable development, constructive engineering is the theme with usualness and fundamental in human real production, living, ecology and life, no matter the construction of material civilization, spiritual civilization, political civilization, cultural civilization or ecological civilization, they are all realized by one and one specific engineering construction. Thus, on certain meaning, it can be said that engineering is objectification process of human nature, and is the basic step or carrier of human development and social progress.

Observing the world from the idea of "engineering" and "practice" are both belonged to the thinking and vision of practical philosophy. It has to be admitted that Marx was the inaugurator and founder of this thought in thinking about and observing problems. Deep research of Marx's this practical philosophy idea can find out that the "change" in "changing world", just satisfied "practice" is difficult to carry out "practical philosophy". Young scholar, Mr. Xu Changfu thought that what the "practice" reflected was just general regulation of human perceptual activity, not including particular regulation of human activity. Thus, the lack of the program function in thinking out particular perceptual activity is an uncontrollable category. From this, the category of practice can't carry out the practical philosophy principle claimed by itself in observing the world from perceptual activity of human main body. The category may carry out the principle is engineering.

The author appreciated Dr. Xu's theoretical idea very much. The author divided engineering into two kinds, one was visible, and the other was invisible. The so-called visible engineering is the process physical construction. It can be called material form engineering, which takes natural things as material and has regulation of time and space, such as civil engineering, mechanical engineering, mining engineering and hydraulic engineering. This engineering can be called natural engineering. The so-called invisible engineering is the constructive process of relation, state and symbol. Though it can't get out of natural material, its direct constructive material is sociality and spirituality factor, relation constructive engineering such as the construction of social organization, institution, system and law, state construction engineering such as social ethos and personal state, symbol construction engineering such as knowledge system, belief system and are system. This engineering can be called "social engineering".

Philosophical circle had only paid attention to natural engineering (visible engineering), but ignored and even denied social engineering for a long time. They thought that "system reformation" project, "Hope Project" and "study and construction project of Marxist theory" are only "metaphor" and "description", are not engineering in fact. It means that from the traditional view, engineering in regulating the relationship between human and nature by human is engineering, but engineering in regulating the relationship between human and human (society) is not engineering. The engineering regulating the relationship between human and nature needs science, careful design and construction, but the engineering regulating the relationship between human and human (society) needs to do as wishes. This idea and method are neither illogical in theory, nor can carry out Marx's practical philosophy principle. In author's opinion, it's very harmful in real social production, living, life and ecology. This thinking mode and thinking idea at least are important epistemological origin of many social engineering's unsuccess.

The so-called social engineering is the social main body's process of practical activity in reforming social world, regulating social relation and coordinating social operation, took social science as theoretical base, and took social technology as operative medium.

First, social engineering is practical activity. Though thought itself is an activity, social engineering is not pure thought, but is real perceptual, experienced and controllable practical activity.

Second, social is not general practical activity, or it can be said that not all practical activities are social engineering. For example, walking, eating, making friends and singing are all practical activity, but these practical activities are difficult to be concluded as social engineering.

Third, social engineering is process of practical activity in reforming, regulating and coordinating social world, social relation and social operation by human, or it means that practical activity only involved in social relation field can become social engineering. Though, the engineering involved in natural field, such as "Cislunar Project", "Yangtze Three-Gorge Project", and "Yellow River-Xiaolangdi Project" is engineering activity, they are not the so-called social engineering. (This book only discusses social engineering in narrow sense.)

Fourth, social engineering is the practical activity of reforming social world, regulating social relation and coordinating social operation which has great influence to national economy and people lives in whole society (or whole area) under certain social historical condition. In other words, these practical activities in "small range" and in "small system", for example, it's difficult to say that "reforming, regulating and coordinating" activities of an enterprise, a school, a community and a institution are social engineering.

Fifth, social engineering, especially modern social engineering is the process of practical activity reforming social world, regulating social relation and coordinating social operation by human, controlled by certain social theoretical, and took social technology with certain scientific rationality as medium. It means that the so-called social engineering is just blindfold and low-level practical activity without social scientific theory as logical premise, or more scientific social technology as medium.

Social engineering philosophy is to study philosophical problem in social engineering deeply, is to embody, historicize, and engineer "practice", and especially brings human production of social (productive) relation and human spirit into engineering—"social engineering", changes "unilateral practice" into "comprehensive practice", and changes "unilateral engineering" into "comprehensive engineering". It is no doubt the continuation and extension of Marx's practical materialism in logic.

This extension is logical metaphysical extension, but also the philosophical grasp of modern society and its contradiction. Or, the proposal and establishment of social engineering philosophy is not completely the product of logical deduction, but also a new theoretical form of Marx's practical materialistic philosophy in rewriting (sequel) process of modernity. It also may mean that social engineering philosophy both has theoretical basis and realistic goal, whose value goal points to the future. In this meaning, social engineering philosophy is new philosophy with great future as a branch subject of engineering philosophy, or as a part of applied philosophy.

The book, *Social Engineering Philosophy*, grafted Marx' philosophy—practical materialism with philosophy of science and technology, especially with engineering philosophy, does ontological explanation on Marx's "practice" by following the thinking method of practical materialism, understands "practice" as the "existence" in Marx's vision, takes this metaphysical "practice" as human social "base", human existence mode and living mode, and understands the whole social world as the premise, process and achievement of "practice", and then chooses philosophy of science and technology, especially the vision of engineering philosophy, and uses philosophy of science and technology, especially the theoretical tool, engineering philosophy to think about and develop "practice", engineers, historicizes, cultivates, socializes, and humanizes "practice", centrally discussed engineering, especially philosophical problem in "social engineering". Thus, social engineering philosophy is the philosophy about social engineering.

The topic in the book, *Social Engineering Philosophy* is social practice, social engineering, social reformation and social innovation. It begins with the problem, the new social problem in present risk society. Or, it begins with the new conflict between modern social new contradiction and traditional philosophical paradigm, points out and proves the turning of philosophical paradigm, the logical inevitability, historical necessity and real rationality of turning from traditional metaphysics to social engineering. The problems mainly discussed in this book are problems of subject boundary in social engineering philosophy, problems of logical beginning, problems of theoretical basis, problems of designing principle, problems of essential attribute and problems of social engineering innovation. It shows that it can promote social innovation, innovation of social system, social management, practically strengthen the construction of social civilization, and make benefits for people only when the innovation of social engineering is realized.

This is the theme of this book, and the wish of author as well.

目　录

前言 ……………………………………………………………………（1）

第一章　问题提出：在哲学理论与社会实践的交点上 …………………（1）

　一、哲学理论发展的内在生长点 …………………………………（1）

　　1. 实践论的反思与深化 ………………………………………（2）

　　2. 历史观的反思与拓展 ………………………………………（15）

　　3. 辩证法的反思与探索 ………………………………………（20）

　二、现代社会实践的制高点 ………………………………………（22）

　　1.“全球问题”的哲学透视 …………………………………（23）

　　2.“和谐世界”的时代呼唤 …………………………………（24）

　　3.“和谐社会”的基本旋律 …………………………………（26）

　　4.“人类中心”的理性觉醒 …………………………………（27）

　三、哲学理论与风险社会的契合点 ………………………………（30）

　　1. 哲学范式的自觉转变 ………………………………………（30）

　　2. 哲学之树常青之根本 ………………………………………（32）

　　3. 哲学范式的时代转向 ………………………………………（33）

第二章　学科边界：人类改造社会世界之谜的哲学追问 ……………（44）

　一、社会工程哲学反思人与社会世界的实践关系 ………………（44）

　　1. 社会是人类工程活动的产物 ………………………………（46）

　　2. 社会科学是人类认识自己的理论成果 …………………（48）

　　3. 社会技术是人类改造社会世界的物质手段 ……………（53）

　　4. 社会工程是人类改造社会世界的现实载体 ……………（65）

　　5. 社会工程哲学是人类改造社会世界的自我反思 ………（68）

　二、社会工程哲学的基本特性 ……………………………………（72）

　　　1. 社会工程哲学的反思性 ……………………………… (72)

　　　2. 社会工程哲学的理解性 ……………………………… (75)

　　　3. 社会工程哲学的规范性 ……………………………… (77)

　　三、社会工程哲学的多元定位 ……………………………… (79)

　　　1. 社会工程哲学与一般实践论 …………………………… (79)

　　　2. 社会工程哲学与一般认识论 …………………………… (81)

　　　3. 社会工程哲学与一般方法论 …………………………… (84)

　　　4. 社会工程哲学与一般历史观 …………………………… (90)

第三章　逻辑路径：社会工程哲学的理论框架 ……………… (93)

　　一、现实性与传统哲学范式的界面：研究的起点 ………… (93)

　　　1. 现代性的文化基础 ……………………………………… (93)

　　　2. 现代性的技术根据 ……………………………………… (99)

　　　3. 现代性重构的工程思维 ……………………………… (104)

　　二、现代的人：逻辑的开端 ……………………………… (107)

　　　1. 社会工程哲学的元概念 ……………………………… (108)

　　　2. 社会工程哲学的基本范畴 …………………………… (111)

　　　3. 社会工程哲学的基本问题 …………………………… (113)

　　三、"培根计划"终结：建构社会工程 ………………… (114)

　　　1. "培根计划"终结的是与非 ………………………… (116)

　　　2. "培根计划"终结与文化反思 ……………………… (121)

　　　3. "培根计划"终结与社会工程在场 ……………… (124)

　　四、解析三论：理论的构架 …………………………… (128)

　　　1. 形而上学沉思之一：社会工程本体论 …………… (128)

　　　2. 形而上学沉思之二：社会工程认识论 …………… (132)

　　　3. 形而上学沉思之三：社会工程方法论 …………… (135)

第四章　科学尝试：社会工程的理论基础 ………………… (142)

　　一、社会科学的基本理路 ……………………………… (143)

　　　1. 社会科学的演进逻辑 ………………………………… (144)

　　　2. 社会科学的科学性质 ………………………………… (148)

　　　3. 社会科学的多重功能 ………………………………… (158)

二、社会科学的工程价值 ························· (165)

　　1. 创新思维与实践的逻辑前提 ············· (166)

　　2. 建构社会发展的核心理念 ··············· (167)

　　3. 张扬现代社会的科学理性 ··············· (167)

　　4. 凸显人类工程活动的自觉自为 ··········· (168)

三、社会科学的社会工程化趋势 ··············· (168)

　　1. 社会科学走向社会工程的必然性 ········· (169)

　　2. 社会科学走向社会工程的合理性 ········· (170)

　　3. 社会科学走向社会工程的过程性 ········· (170)

第五章　技术探索:社会工程的设计原则 ········· (172)

一、社会工程设计的前提性 ··················· (173)

　　1. 社会工程设计的认识论价值 ············· (173)

　　2. 社会工程设计的人文精神 ··············· (175)

　　3. 社会工程设计的符号性 ················· (181)

二、社会工程设计的理性自觉 ················· (182)

　　1. 理解社会工程设计的具体性 ············· (182)

　　2. 认识社会工程设计的前提性 ············· (183)

三、社会工程设计与重构现代性 ··············· (185)

　　1. 反思社会工程设计的技术性 ············· (185)

　　2. 把握社会工程设计的复杂性 ············· (186)

　　3. 体现社会工程设计的前瞻性 ············· (188)

第六章　工程创新:社会工程的本质属性 ········· (191)

一、社会工程哲学的基本立场 ················· (191)

　　1. 社会工程哲学的生活立场 ··············· (191)

　　2. 社会工程哲学的历史立场 ··············· (192)

　　3. 社会工程哲学的现实立场 ··············· (192)

　　4. 社会工程哲学的未来立场 ··············· (193)

　　5. 社会工程哲学的主体立场 ··············· (193)

二、社会工程创新的哲学之境 ················· (195)

　　1. 创新思维与实践的哲学之根 ············· (195)

2. 创新思维与实践的哲学之源 ……………………（199）

3. 创新思维与实践的哲学之魂 ……………………（204）

三、创新思维与实践的多维向度 ………………………（206）

1. 理论创新秘密的寻找 ………………………………（206）

2. 技术创新图式的思考 ………………………………（210）

3. 制度创新本质的认知 ………………………………（212）

四、工程创新的反思 ……………………………………（215）

1. 自然工程创新的经验 ………………………………（215）

2. 社会工程创新的内涵 ………………………………（217）

3. 自然工程创新与社会工程创新的关系 ……………（223）

参考文献 ……………………………………………………（226）

后记 …………………………………………………………（229）

Contents

Foreword ·· (1)

Chapter One: Pointing out of the Problems: On the Intersection
       between Philosophy Theory and Social Practice ········· (1)

  Ⅰ. Interior Growing Point of Philosophy Theory Development ··· (1)

    1. Rethinking and Deepening on Theory of Practice ············ (2)

    2. Rethinking and Extending on View of History ·············· (15)

    3. Rethinking and Exploring on Dialectics ··················· (20)

  Ⅱ. Commanding Point of Modern Social Practice ················ (22)

    1. Philosophic Perspective on"Global Problems" ·············· (23)

    2. Times Call of"Harmonious World" ························· (24)

    3. Basic Melody of"Harmonious Society" ···················· (26)

    4. Rationality Arousal of"Anthropocentrism" ················· (27)

  Ⅲ. Integrated Point of Philosophy Theory and Risk Society ······ (30)

    1. Conscious Transition of Philosophic Formula ················ (30)

    2. Fundamental of Renewing on Philosophy ·················· (32)

    3. Times turning of Philosophic Formula ···················· (33)

Chapter Two: Subject Boundary: Philosophic Inquiry on Riddle of
      Changing Social World ····································· (44)

  Ⅰ. Social Engineering Philosophy Rethinks Practical
    Relationship between Human and Society ················· (44)

    1. Human Society is the Product in Human Engineering
      Activity ·· (46)

    2. Social Science is the Theory Result in Human

Recognize Themselves ·· (48)

3. Social Technology is the Material Method in Human
Change Social World ··· (53)

4. Social Engineering is the Realistic Carrier in Human
Change Social World ··· (65)

5. Social Engineering Philosophy is the Rationality
Rethinking in Human Change Social World ················ (68)

Ⅱ. Basic Character of Social Engineering Philosophy ·············· (72)

1. Reflectibility of Social Engineering Philosophy ·············· (72)

2. Understanding of Social Engineering Philosophy ··········· (75)

3. Normalization of Social Engineering Philosophy ··········· (77)

Ⅲ. Multiple Positioning of Social Engineering Philosophy ········ (79)

1. Social Engineering Philosophy and General Theory of
Practice ·· (79)

2. Social Engineering Philosophy and General
Epistemology ··· (81)

3. Social Engineering Philosophy and General
Methodology ·· (84)

4. Social Engineering Philosophy and General View of
History ··· (90)

Chapter Three: Logical Way: Theoretical Framework of Social
Engineering Philosophy ······························· (93)

Ⅰ. Interface of Reality and Traditional Philosophic Formula:
Beginning of Research ··· (93)

1. Cultural Base of Modernity ····································· (93)

2. Technical Basis of Modernity ··································· (99)

3. Engineering Thinking in Reconstruction of Modernity ····· (104)

Ⅱ. Modern People: Beginning of Logic ······························· (107)

1. Primitive Concept of Social Engineering Philosophy ····· (108)

2. Basic Category of Social Engineering Philosophy ········· (111)

3. Basic Problem of Social Engineering Philosophy ··········· (113)

Ⅲ. The End of Bacon's Plan；To Construct Social Engineering ·········
·· (114)

    1. The Pros and Cons on the End of Bacon's Plan ············ (116)

    2. The End of Bacon's Plan and Cultural Rethinking ········ (121)

    3. Presence of the End of Bacon's Plan and Social
       Engineering ··· (123)

Ⅳ. Three Analyses；Framework of Theory ·························· (128)

    1. First Meditation of Metaphysics；Social Engineering
       Ontology ··· (128)

    2. Second Meditation of Metaphysics；Social Engineering
       Epistemology ··· (132)

    3. Third Meditation of Metaphysics；Social Engineering
       Methodology ··· (134)

Chapter Four；Scientific Attempt；Theoretical Base of Social
                Engineering ··· (142)

Ⅰ. Basic Orderliness of Social Science ·························· (143)

    1. Evolvement Logic of Social Science ······················ (144)

    2. Scientific Nature of Social Science ······················ (148)

    3. Multiple Function of Social Science ······················ (158)

Ⅱ. Engineering Value of Social Science ························ (165)

    1. Logical Premise of Creative Thinking and Practice ········ (166)

    2. Core Concept of Constructing Social Development ········ (167)

    3. Stinking Scientific Rationality of Modern Society ········ (167)

    4. Protruding Consciousness and Self-Making in Human
       Engineering Activity ·· (168)

Ⅲ. Social Science's Social Engineering Trend ·················· (168)

    1. Necessity from Social Science to Social Engineering ······ (169)

    2. Rationality from Social Science to Social Engineering ······ (170)

    3. Process Property from Social Science to Social
       Engineering ··· (170)

Chapter Five：Technology Exploring：Principle in Designing of
Social Engineering ·················· (172)

Ⅰ. Prerequisite of Social Engineering Design ·············· (173)

1. Epistemological Value of Social Engineering Design ······ (173)

2. Humanistic Spirit of Social Engineering Design ·········· (175)

3. Symbol Features of Social Engineering Design ········· (181)

Ⅱ. Rationality Consciousness of Social Engineering Design ······ (182)

1. Understanding the Concreteness of Social Engineering
Design ·························· (182)

2. Recognizing the Prerequisite of Social Engineering
Design ·························· (183)

Ⅲ. Social Engineering Design and Reconstructing Modernity ··· (185)

1. Rethinking Technicality of Social Engineering Design ······ (185)

2. Holding Complexity of Social Engineering Design ········· (186)

3. Embodying Prospective of Social Engineering Design ······ (188)

Chapter Six：Engineering Innovation：Essential Attribute of Social
Engineering ·················· (191)

Ⅰ. Basic Position of Social Engineering Philosophy ············· (191)

1. Living Position of Social Engineering Philosophy ········· (191)

2. Historical Position of Social Engineering Philosophy ······ (192)

3. Realistic Position of Social Engineering Philosophy ········· (192)

4. Future Position of Social Engineering Philosophy ········· (193)

5. Main Body Position of Social Engineering Philosophy ······ (193)

Ⅱ. Philosophical Condition of Sociality Engineering Innova-
tion ·························· (195)

1. Philosophical Base of Creative Thinking and Practice ······ (195)

2. Philosophical Origin of Creative Thinking and Practice ··· (199)

3. Philosophical Core of Creative Thinking and Practice ······ (204)

Ⅲ. Multi-Dimensional Aspects of Creative Thinking and
Practice ·························· (206)

1. Searching for the Secret of Theory Innovation ············· (206)

2. Thinking of the Method of Technology Innovation ········ (210)

3. Recognizing of the Essence of Institutional Innovation ··· (212)

Ⅳ. Rethinking of Social Engineering Innovation ················· (215)

1. Experience of Natural Engineering Innovation ·············· (215)

2. Connotation of Social Engineering Innovation ·············· (217)

3. Relationship between Natural and Social Engineering

Innovation ·· (223)

Postscript ·· (226)

Refrence ·· (229)

第一章

问题提出:在哲学理论与
社会实践的交点上

一、哲学理论发展的内在生长点

法国哲学家雅斯贝斯在其所著的《历史的起源与目标》一书中指出:人类的发展经历了四个历史阶段:(1)史前阶段,即普罗米修斯时代。这个时代,人类产生了语言,学会了制造简单的工具和使用火,人类在这个时代最初脱离了动物而变成人。(2)古代文明产生阶段,即有了文字,产生了国家,有了最大的建筑和美妙的艺术品的时代。(3)轴心时代,即以公元前 500 年为中心,从公元前 800 年到公元前 200 年,是奠定了人性之精神基础的时代。这个时期产生了我们至今仍在思考的各种基本思想,创立了人类赖以生存的世界宗教。(4)科学技术时代。这个时代在中世纪末期萌芽,17 世纪建立了理论基础,19 世纪全面发展,这个时代使欧洲成为世界中心。①

正是在雅氏所谓的"轴心时代",东西方哲学出现了。如果从公元前 500 年左右哲学问世算起,那么,我们大概可以说,哲学是一个最古老的学科,是一门最原始的学问。3000 多年来,哲学成了"密涅瓦的猫头鹰",成了思想家"拼命厮杀的战场"。回顾哲学发展历史,我们不禁感叹:哲学追问,似乎并不是一般地考察哲学的研究对象、理论内容、体系结构和社会功能,而是对哲学的存在根据和存在方式的追问:哲学为何存在?哲学如何存在?哲学何以发展?哲学如何发展?为什么我们总是感到具有3000 多年历史的哲学是"批判"哲学?为什么如此古老的学科、学问还表达不清什么问题已经解决,什么问题还没有解决?或者说,为什么哲学总

---

① 参见雅斯贝斯:《历史的起源与目标》,魏楚雄、俞新天译,华夏出版社 1989 年版。

是不能"终结",而总在征途中？

我认为,寻求本体,追问真知,是哲学得以存在、发展且绵延不绝的内在根据。这大概也是哲学理论不断发展与创新的内在动力。

1. 实践论的反思与深化

"实践",作为一个哲学范畴,人们通常以为它首先或主要是认识论范畴。因为马克思主义经典作家,包括马克思主义哲学的研究者、信仰者、传播者、教育者都说过,实践的观点是马克思主义认识论之首要的和基本的观点。20世纪30年代,毛泽东撰写著名的"两论",其中之一就是《实践论》。毛泽东1956年在与斯诺谈话时,认为《实践论》优于《矛盾论》,他说:"其实《矛盾论》不如《实践论》那篇文章。《实践论》是讲认识过程,说明人的认识是从什么地方产生的,又向什么地方去。"①在《实践论》中,毛泽东创造性地讨论了实践的形式、范围和内容,并重点研究了理论与实践的关系。毫无疑问,毛泽东也主要是在认识论视角、层面思考和理解"实践"问题的。

从西方哲学发展的历程看,实践作为一种社会现象早就引起了哲学家的注意,早在古希腊时期,"百科全书式"的思想家亚里士多德,就曾经把人的活动分为技术的活动和实践的活动,技术活动系指人对自然的活动,而实践指向人与人的伦理关系(活动)。但正式把"实践"概念引入哲学的,却是德国古典哲学家康德。问题在于,康德的"实践"概念没有脱离或只局限于伦理实践的范围。费尔巴哈则把"实践"和"生活"联系起来,提出了一些富有启发性的见解,从话语本身来看,费尔巴哈的理论观点非常"正确",但由于哲学立场、哲学基础、哲学根据有别,所以费尔巴哈不理解实践与生活的真实关系,不理解革命的、实践批判的活动的意义。黑格尔则更以抽象思辨的视角和形式揭示了人类实践活动的创造性特征,不仅指出了理论活动与实践活动的区别,而且深入讨论了实践在改造世界、创造人类历史方面的重要意义。但是,黑格尔讨论的实践在根本上是抽象的理念活动,现实人的活动只是这种抽象理念活动的"样式"或"折射"。从根本上说,黑格尔"是在抽象的范围内把劳动理解为人的自

---

① 《毛泽东文集》第八卷,人民出版社1999年版,第406页。

我产生的行动"的,人的生命表现为"一个与人自身有区别的、抽象的、纯粹的、绝对的本质的经历的过程"①。

前马克思主义哲学之所以没有正确解决实践的本质问题,除了各种哲学派别各自的主观原因以外,还有不可克服的客观原因,即实践作为人所特有的活动本身就具有矛盾的特征:一方面,实践是人的有思想、有计划、有选择、有目的的活动,包含着浓重的人的主观因素,受人的理性、意志、情绪、态度的支配,体现了人对理想世界和应然世界的追求;另一方面,实践又是作为物质实体的人通过各种技术手段同物质世界(其实不仅是物质世界)之间进行物质(也包括信息、能量等)交换的客观、历史过程。早在19世纪40年代,马克思发现,物质生产活动是人类的第一个也是最基本的历史活动,也是每日每时必须进行的生存、生命活动。当马克思把物质生产作为实践的首要的、决定性的形式和根本内容时,他所理解的实践是同自然过程既相联系又相区别的社会过程,是一种自在自为的人类活动,是现代意义上的对于自然有着巨大改造作用的工业生产。正是这种生产,使人的对象性活动的创造性、主体性提升到一个前所未有的高度,凸显了人与外部自然世界的关系的"为我"性,并从根本上改变了人的生产方式、生活方式和存在方式。按照马克思的观点,物质生产首先是人类调整和控制人与自然之间物质变换的过程;在这个过程中,人和人之间必然要相互交换并结成一定的社会关系。人和自然的关系制约着人和人的关系,人和人的关系又制约了人和自然的关系。同时,物质生产过程结束时得到的物质结果,在这个过程开始时就作为目的在生产者的头脑中以观念的形式存在着,这个目的是生产者"所知道的,是作为规律决定着他的活动方式和方法"②,并通过实践活动转变为现实存在。这是一个在实践基础上的"物质变精神"和"精神变物质"的过程。也即生产实践既是人和自然之间物质变换的过程,又是人和人之间相互交往、交换活动的过程,同时还是人和自然之间物质与观念的转换过程。显然,马克思找到了把能动性、自由性、创造性与现实性、客观性、物质性统一起来的真实的活动基础和物质载体。

---

① 《马克思恩格斯全集》第42卷,人民出版社1972年版,第175—176页。
② 《马克思恩格斯全集》第23卷,人民出版社1972年版,第202页。

在马克思的视野中,实践是指人能动地改造物质世界的对象性活动。对实践本质的这一理解和规定,首先肯定了实践活动的对象性质,即它是以人为主体、以客观事物为对象的现实活动。更重要的是,实践把人的目的、理想、知识、文化、能力等本质力量对象化为客观实在,创造出按照自然规律本身无法产生或产生的几率几乎等于零的事物,创造出一个属人的对象世界。从这个意义上说,马克思视野中的实践并不是"自然而然"的活动,而是人们自主、自愿、自由、自在的文化创造活动。实践是人所特有的对象化活动,其本质属性是创造性。正如马克思所说:"劳动的产品就是固定在某个对象中、物化为对象的劳动,这就是劳动的对象化。劳动的实现就是劳动的对象化。"①

作为人所特有的对象化的活动,人通过实践工程使自己的本质力量转化为对象物,让人在对象性活动及产物中看到或折射人的本质力量。在这一过程中,对象按照主体的要求和需要发生了结构与形式上的变化,形成了自然界原来所没有的种种对象物。这种种对象物是人在与外在世界相互作用中创造出来的,是人的体力和智力的物化,也就是主体的本质力量通过活动转化为静止的物质的存在形式。因此,主体的对象化也就是主体通过对象性活动向客体渗透和转化,即主体客体化。人类一切实践活动的结果都是主体对象化的结果。也可以说,物质生产实践的过程,就是技术的过程、人工物生产的过程,是人造物的过程。因此,从哲学意义上讲,人的本质具有技术性和工程性。抛开了技术,抛开了工程,抛开了人的对象性活动,人的本质就难以得到合理、全面的考量和合理的描述。

在主体对象化的同时,还发生着客体非对象化的过程。所谓客体非对象化,是指客体从客观对象的存在形式转化为主体生命结构的因素或主体本质力量的因素,客体失去对象化的形式,变成主体的一部分。在实践中,主体一方面通过物质和能量的输出改变着客体,同时主体也需要把一部分客体作为直接的生活资料加以消费,或者把技术工具作为自己身体器官的延长包括在主体的生命活动之中。这些都是客体向主体的渗透和转化,即客体主体化。

---

① 《马克思恩格斯全集》第 42 卷,人民出版社 1972 年版,第 91 页。

　　主体对象化或者说主体客体化造成人的活动成果的客观积累,形成了人类生产、再造、交换、传递、继承和发展自己本质力量的特殊方式——社会遗传方式,从而使人类的物质文明、政治文明、精神文明、生态文明与社会文明成果不致因个体的消失而消失。而人通过客体非对象化或者说客体主体化这种形式占有、吸收对象(包括前人的活动成果),则不断丰富人的本质力量,从而提高着主体能力,使主体能以新的更高的水平去改造客体。主体对象化和客体非对象化,或者说主体客体化和客体主体化的双向运动过程,是人类实践—工程活动中两个不可分割的方面,它们互为前提、互为媒介、互为基础,人们就是通过这种运动形式不断解决着现实世界的矛盾。这种运动形式是客体对主体的制约性和主体对客体的超越性的生动展现,也是人类实践—工程活动的本质内容,贯穿这一双向过程始终的是技术过程和工程过程。

　　确实,我们以往讨论实践,就是把实践当做一个"概念"、"范畴",而没有把它还原到人类真实的生产、生活、生命和生态中,没有把实践理解为人特有的生命、生存活动。因此,没有把实践理解为技术和工程的过程。实际上,实践—工程活动是通过目的、科技和结果的反馈调控过程而实现的。人对客观的微观世界的实践把握,正是通过这三个不可或缺的环节完成的。

　　目的是实践—工程开始之前在人的头脑中预定的活动结果。从目的的形成来看,目的首先是人们对自身需要的意识,同时包含着对客体、与主体关系、自然及社会环境的认识。由于外部对象不能现成地满足人的需要,因此人必须根据自己的内在需要对外部世界进行适应和改造。这种适应和改造首先是在思维中进行的,即通过"思维操作",消解外部世界"当前存在"的自在的客观性,在思维中形成了一个符合人的内在需要和主观要求的"理想存在"或"应然存在",在观念中建立起主体与客体新的统一关系。这种思维"改造"对于工程改造来说是一种超前改造,是工程改造外部世界的过程在思维中的预演。这种超前改造形成了实践—工程的目的,并规定了人们工程活动的目标。

　　指向实践—工程活动中的目的性把人的创造过程同自然运动过程区别开来。在自然运动过程中,客体和客观状态及其发展直接受因果规律制约,事物的现状主要是被过去的事件所支配,是过去制约现在。而人的实践—工程却不是一般的"原因—结果"的转化过程,而是"目的—结果"的转化过程,目的作为一个核心环节嵌入客观联系的因果链条之中,作为一种特殊的要素而起作用。在这种特殊的因果关系中,目的作为原因并不指向过去的事物,而是指向一种尚未发生的过程。因此,人的活动并不是纯粹地为过去的事物所制约,而是同时受到未来的引领,而未来在现实中还并不存在,它是主体选择的结果。这样,实践—工程就表现为一种自在自为的物质运动过程。这种过程改变了客体的自然进程,使其成为主体制约下的运动过程。这就是主体工程活动的客观性与客体运动的客观性的本质区别。"'因果关系的运动' = 实际上在不同的广度或深度上被捉摸到、被把握住内部联系的物质运动以及历史运动。"①可以说,这种互动首先是人类的认识和科学的前提和基础,离开客观因果关系,就无所谓科学。但是,同样重要的是,人的工程活动总是体现着目的性的活动,离开目的就无法说明人的工程活动,而这种有目的的工程活动与客观的因果性的关系并非如同冰炭而难以相容。正如恩格斯所说,人的活动能够"引起自然界中根本不发生的运动(工业),至少不是以这种方式发生运动,并且我们能赋予这些运动以预先规定的方向和范围。因此,由于人的活动,就建立起因果观念……人类的活动对因果性作验证……可以说是对因果性作了双重的验证。"②

当然,目的是主观的,而它要改造的外部世界则是客观的。目的不能直接作用于客观对象,"物质力量只能用物质力量来摧毁"③,外部世界只能被一种客观的物质力量所改变。社会主体——人的本质力量此时派上了用场,或者说人的本质在目的向直接现实活动转化中得到了展现和确证,这就是科技的发明与使用。科技作为人认识世界和改造世界的武器,的确是人的工具和手段,人发现、发明、掌握和运用它是为了满足人生存与发展的需要。人认识和改造客观世界,就是发明、使用技术,哪怕是最原始的技术,不运用技术的认识与改造,便不是人的活动,而是动物的本能。手段正是这样一种现实的客观力量。目的要在外部对象中实现自

①　《列宁全集》第55卷,人民出版社1990年版,第135页。
②　《马克思恩格斯选集》第4卷,人民出版社1995年版,第328页。
③　《马克思恩格斯全集》第3卷,人民出版社2000年版,第207页。

身，必须依靠手段，但是手段是依据主观目的的要求选定的，只有符合主观目的要求的"人工物"才能成为手段。实现不同的目的必须使用具有不同功能的手段。同时，手段功能的发挥也必须服从于目的，手段依据目的而运动，并始终为目的所制约。正如马克思所说，"劳动者利用物的机械的、物理的、化学的属性，以便把这些物当作发挥力量的手段，依照自己的目的作用于其他的物。"①因此，手段是服务于目的并为目的所控制的物质运动过程。

从技术哲学视角考察实践—工程活动，我们发现，中介、工具、手段就是主体置于自己和客体之间，用来把自己的活动传递到客体上去的物或物的综合体："这样，自然物本身就成为他的活动的器官，他把这种器官加到他身体的器官上……延长了他的自然的肢体。"②

因此，科技手段是人的身内器官的功能与身外自然力的矛盾统一。科技手段由身外的自然物所构成，它在人的实践活动中的功能却是人的身体器官功能的外化，是人的身"外器官"。正是依靠这种身"外器官"的作用，人首先占有和支配了一部分外部自然力，把这些自然力变成主体自身的力量，并用这部分自然力去征服其他自然力，以实现自己的目的。这样，人们就可以突破身体器官功能的局限，使主体的力量具有了无限发展的可能性。因此，马克思提出要注意"社会人的生产器官"和"批判的工艺史"问题，并指出："达尔文注意到自然工艺史，即注意到在动植物的生活中作为生产资料的动植物器官是怎样形成的。社会人的生产器官的形成史，即每一个特殊社会组织的物质基础的形成史，难道不值得同样注意吗？"③只要认真研究作为手段的工具，创建"批判的工艺史"，"工艺学会揭示出人对自然的能动关系"④。"社会人的生产器官"的形成表明，人的实践—工程活动的特点是使用人们自己制造的工具，而不是使用天然工具。这说明手段首先是人们过去活动的结果，然后才是未来活动的前提；手段不是天然的自然物，而是凝聚了、物化了人的过去活动的自然物。如果说人的身体器官是一种天然器官，那么科学技术作为一种身外器官却

---

① 《马克思恩格斯全集》第 23 卷，人民出版社 1972 年版，第 203 页。
② 《马克思恩格斯全集》第 23 卷，人民出版社 1972 年版，第 203 页。
③ 马克思：《资本论》第 1 卷，人民出版社 1972 年版，第 374 页。
④ 《马克思恩格斯全集》第 23 卷，人民出版社 1972 年版，第 409 页。

是一种人工器官,是"社会人的生产器官"。① 因此,技术与人的肉体器官的关系,不仅是身外器官与身体器官的关系,而且是人工器官与天然器官的关系。只有同时具备过去活动结果与未来活动前提这两种性质的东西,才具备科技手段的性质。换言之,科学技术中介是人的过去活动和未来活动的矛盾统一。

科技手段把人的过去活动与未来活动统一起来,把前人活动与后人活动统一起来,就使人的活动具有不同于动物活动的特点。这样,每一代人在使用手段进行活动时,实质上是把前人活动及其成果作为自己的手段,因而每一代人都突破了本身力量的局限,把人类历史上创造的力量的总和纳入自身之中,以"类"的资格去从事新的活动。这就使人类能力的发展成为一个不断向上的过程,形成了区别于生物进化规律的社会发展规律。

主观目的通过技术手段而实现。实践—工程活动结果就是在外部对象世界中以客观形式实现了的主观目的,因此实践—工程的结果是主观性与客观性的现实统一。在这个过程中,主体自觉地认识、把握和利用客体自身的规律,使客体达到适应主体需要的性质和状态。这样一来,自然界本身潜存着的因果联系,就通过"目的—科技、结果"的运动被有选择地实现了。

按照这种逻辑,人类首先应当是一种技术存在物,技术生存是人类主要依靠技术物和自身的知识(主要是技术知识)而生存的生存方式。这一点在人类的工业社会表现得尤为明显。工业生产是技术生存的基础。人类通过技术把自然物改造成为技术物,把天然自然改造成为人工自然,把自然环境改造成为人工环境。人类用技术物取代自然物和人自身,使人在自然面前成为"巨人"。技术物是人类根据自己的需要设计制造出来的物,技术物是人用技术手段对自然物进行的"重组"。技术物在自然条件下是不可能的物。大自然可演化出昆仑山、长白山,但却难以自然而然地演化出"长江三峡工程"和"嫦娥奔月工程"。

人不能创造自然规律,但可以创造自然规律发生作用所需的条件。如果人能创造相对于自然而言的"不正常条件",那么就会引起自然物的

---

① 《马克思恩格斯全集》第 23 卷,人民出版社 1972 年版,第 410 页。

"不正常变化"。所谓技术活动、工程活动,就其本质而言,就是人为地改变外部世界的"正常进程",迫使它朝着人类所设计的方向变化,即发生"不正常进程"。

这样一来,同物质世界运动的结果相比,人类的实践—工程活动的结果有一个显著的特点,这就是它具有成败的属性。自然结果仅仅是由原因引起的,自然运动本身受自然规律支配,不存在违背客观规律的可能性。所以,在这种原因和结果之间没有成败问题。而实践—工程的结果却始于目的,而且在整个实践过程中目的都没有消失,并支配着人的活动的方式和方法。在这个实践—工程过程中,人既可能遵循客观规律,也可能违背客观规律,因而实践—工程结果一旦形成,就马上进入与目的的对比之中。这种对比关系构成实践—工程结果所独有的成败属性。因此,实践—工程结果对实践目的具有反馈和映衬作用,人们可以以此或坚定或修正实践—工程活动的目的,反思实践活动,超越和提升实践—工程活动,在超越、提升中实现对实践—工程的理性自觉。

人的实践—工程活动不仅必然有技术嵌入其中,而且必须有理性贯穿其中。人作为主体,其活动根本特点就在于:在这个活动过程中,理性向主体展现了可供选择的客体的多种可能性以及对各种可能性后果的估计;同时又反映着主体内在需要的多种层次及其实现的可能性,从而确定活动的目标,把客体的可能性和主体的可能性结合起来,并在活动中把这种可能转为现实。这样,就实现了必然性与应然性的统一,创造出属人的对象世界,即人类世界。

属人的对象世界即人类世界是自然与社会的统一。摆在人们面前的是社会的自然和自然的社会。从本质上看,社会的自然也就是"人化自然"。毫无疑问,人们并不是在自在自然之外创造人化自然,而是在自在自然的基础上表现自己的本质力量,建造人化自然。人的实践—工程活动可以改变自在自然的外部形态和内部结构乃至其规律发生作用的方式,但是它不可能消除自在自然的客观实在性;相反,自在自然的客观实在性通过实践—工程活动延伸到人化自然之中,并构成了人化自然客观实在性的自然基础。人化自然又不同于自在自然,自在自然是独立于人的活动或尚未被纳入到人的活动范围内的自然界,其运动完全是自发的,一切都处于盲目的相互作用之中。人化自然和人的活动不可分离。人化自然是被人的实践—工程活动所造成的自然,它体现了人的需要、目的、意志和本质力量,是人的活动的对象化。人化自然的独特性就是它的主体性及其对主体实践—工程活动的依赖性。从根本上说,人化自然是人的实践—工程活动的对象化,属于人的对象世界。统一的物质世界本无自在自然和人化自然之分,只是出现了人及其活动之后,"自然之网"才出现了缺口并一分为二,即在自在自然的基础上叠加了一个与它既对立又统一的人化自然。而实践—工程就是自在自然和人化自然分化与统一的基础。

如前所述,实践—工程不仅使自在自然发生形态的改变,同时还把目的性因素嵌入到自然界的因果链条之中,使自然界的因果链条按同样客观的"人类本性"发生运转。生产实践虽然不能使外部世界的本性和规律发生变化,但却能把人的目的运用到物质对象上去,按人的方式来规范物质转换活动的方向和过程,改变物质的自在存在形式。正如恩格斯所说:"我们不仅发现一个运动后面跟随着另一个运动,而且我们也发现,只要我们造成某个运动在自然界发生时所必需的那些条件,我们就能引起这个运动,甚至我们还能引起自然界中根本不发生的运动(工业),至少不是以这种方式发生运动,并且我们能赋予这些运动以预先规定的方向和范围。"①在实践—工程活动中,自在自然这个"自在之物"日益转化为体现了人的目的并能满足人的需要的"为我之物",这一过程就是自然的"人化"过程,其结果是从自在自然中分化出人化自然。"自然的人化"强调的是"自然界对人说来的生成过程",换言之,"自然的人化"强调的不是自然界的变化,而是自然界在人的实践过程中不断获得属人的性质,不断地被改造为人的生存和发展的条件,成为人的本质力量的确证和展现。因此,人化自然"是人的现实的自然界",是"真正的、人类学的自然界"②。自然的"人化"过程同时就是人类社会形成和发展的过程。人们在从事物质生产、改造自然的同时,又形成、改造和创造着自己的社会联系和社会关系:"人在积极实现自己本质的过程中创造、生产人的社会联

---

① 《马克思恩格斯选集》第 4 卷,人民出版社 1995 年版,第 328 页。
② 《马克思恩格斯全集》第 42 卷,人民出版社 1972 年版,第 128 页。

系。"①没有人和人之间的社会关系,也就不可能有人与自然的现实关系,"一切生产都是个人在一定社会形式中并借这种社会形式而进行的对自然的占有"②。

这就是说,自然的"人化"是在社会之中而不是在社会之外实现的。正是在这个意义上,马克思指出:自然界的人的本质只有对社会的人说来才是存在的;因为只有在社会中,自然界对人说来才是人与人联系的纽带⋯⋯才是人的现实的生活要素;只有在社会中,自然界才是人自己的人的存在的基础。③

实践—工程改造自然世界,不仅仅是改变自然物的形态,更重要的是在自然界中嵌入的本质力量和社会力量,使人的本质力量和社会力量本身进入到自然存在当中,并赋予自然存在以新的尺度——社会性或历史性。在现实世界中,自然界意味着什么,自然对人的关系如何,人对自然的作用采用了什么样的形式、内容和范围等,都受到社会关系特别是生产关系的制约。一定的社会关系体现在人化自然上,并给自然物一种独特的社会性质。要把人化自然从实践—工程的社会形式中分离出去是不可能的。在现实世界中,自然不仅保持着天然的物质本性,而且被打上了人的烙印;不仅具有客观实在性,而且具有社会历史性。人化自然是一个社会(历史)范畴,本质上是社会的自然或"历史的自然"。

在属人的对象世界中,如同自然被社会所中介一样,反过来,社会也被自然所中介。人类社会是在劳动所引起的人与自然之间的物质变换中形成并发展起来的,人类历史也无非是"自然界对人的生成过程"。在人类世界中,作为客体的自然其本身的规律绝不可能被完全消融到对它进行占有的社会过程中。通过实践,自然进入到社会之中,转化为社会生活的要素,并制约着社会的发展。自然不是外在于社会,而是作为一种恒定的因素出现在历史过程中;社会的需要归根到底只有通过自然过程的中介才能实现。"在实践上,人的普遍性正表现在把整个自然界——首先作为人的直接的生活资料,其次作为人的生命活动的材料、对象和工

---

① 《马克思恩格斯选集》第4卷,人民出版社1995年版,第24页。

② 《马克思恩格斯全集》第46卷(上),人民出版社1972年版,第24页。

③ 《马克思恩格斯全集》第42卷,人民出版社1972年版,第122页。

具——变成人的无机的身体。"①人和自然之间的物质变换构成了社会存在和发展得以实现的"永恒的自然必然性"。社会发展既不是纯自然的过程,也不是脱离自然的超自然的过程,而是包括自然运动在内的、与自然历史"相似"的社会过程。正是在这个意义上,社会是自然的社会或"自然的历史"。把自然以及人对自然的理论和实践关系从社会(历史)中排除出来,是难以想象的。

社会的自然与自然的社会都是人们对象性活动的产物。实践——工程是社会与自然相互作用、相互制约、相互渗透的中介,也是两者互为中介的现实基础。一句话,实践——工程是人类世界得以存在的根据和基础,在人类世界的运动中具有导向作用。人类世界当然不能归结为人的意识、情绪和情感,但同样不能还原为自在自然。人类意识、人类社会以至整个人类世界对自在自然具有不可还原性。社会的自然和自然的社会都是通过人类的实践——工程活动实现或表现的。人类世界只能是实践——工程中的存在。实践——工程的本体论意义首先体现在它使世界二重化了,创造出一个与自在世界既对立又统一的人类世界。

其实,实践的本体论意义不仅体现在世界的二重化以及人类世界的形成上,而且还体现在人类世界的不断发展和演化中。如前所述,人类世界是实践——工程中的存在,而实践——工程活动本身就处在不断的变化发展之中。因此,属人的对象世界是一个动态的、不断生成、不断形成更大规模和更多层次的开放体系,人的本质力量也是逐渐生成和演化的。换言之,人的本质力量是如何计算更是不确定的,还富有强大张力。马克思早就批判过费尔巴哈唯物主义认识世界的直观性:"他没有看到,他周围的感性世界绝不是某种开天辟地以来就直接存在的、始终如一的东西,而是工业和社会状况的产物,是历史的产物,是世世代代活动的结果,其中每一代都立足于前一代所达到的基础上,继续发展前一代工业和交往,并随着需要的改变而改变它的社会制度"②;人与自然的统一"在每个时代都随着工业或慢或快的发展而不断改变"③;"这种活动、这种连续不断的

---

①　《马克思恩格斯全集》第42卷,人民出版社1972年版,第95页。
②　《马克思恩格斯选集》第1卷,人民出版社1995年版,第76页。
③　《马克思恩格斯选集》第1卷,人民出版社1995年版,第66—67页。

感性劳动或创造、这种生产,是整个现存的感性世界的基础"①。

　　人类世界对人的生存具有直接的现实性,所以马克思又把人类世界称为"感性世界"、"现存世界"、"现实世界"。人类世界的现实性包含着客观性,而人类世界的实践性又进一步确证人类世界的客观性,并使人类世界及其与自在世界的关系呈现出历史性。现实性、客观性、历史性、实践性,构成了人类世界及其与自在世界关系的总体特征,其中实践性是根本特征。人类世界只能是实践中的存在,实践构成人类世界的真正的本体。正因为如此,马克思把感性世界理解为"构成这一世界的个人的全部活生生的感性活动"②。正因为人类世界对人的生存具有现实性,而实践又构成了人类世界的本体,所以实践与人的生存状态密切相关。一句话,实践—工程是人的存在方式,即人的生存本体。马克思说过,"一个种的全部特性、种的类特性就在于生命活动的性质"③。这一论断极为深刻,它表明这样一个真理,即判断一个物种的存在方式就是看其生命活动的形式。具体地说,动物是在消极适应自然的过程中维持自己的生存的,动物的存在方式就是其本能活动,是由其生理结构特别是其活动器官的结构决定的。与此不同,人是在利用科技积极改造自然的过程中维持自己的生存的。实践成为人的生命之根和立命之本。人的秘密就在实践—工程活动中。正如马克思所说:"个人怎样表现自己的生活,他们自己就是怎样。因此,他们是什么样的,这同他们的生产是一致——既和他们生产什么一致,又和他们怎样生产一致。"④

　　实践—工程由此构成了人类特殊的生命形式,即构成了人类的存在方式和人们生存的本体。人的一切包含其生存状态的异化及其扬弃,都是在实践活动的过程中发生和完成的。"只有人本身才能成为统治人的异己力量","异化借以实现的手段本身就是实践的"⑤。

　　因此,马克思在确认实践是人类世界的本体的同时,又确认实践是人的生存的本体,两者是同一个问题的两个方面。由于马克思关注的是人

---

①　《马克思恩格斯选集》第 1 卷,人民出版社 1995 年版,第 77 页。
②　《马克思恩格斯选集》第 1 卷,人民出版社 1995 年版,第 78 页。
③　《马克思恩格斯全集》第 42 卷,人民出版社 1972 年版,第 96 页。
④　《马克思恩格斯选集》第 1 卷,人民出版社 1995 年版,第 67—68 页。
⑤　《马克思恩格斯全集》第 42 卷,人民出版社 1972 年版,第 99 页。

的生存异化状态的消解,所以在这个意义上,马克思哲学是生存论的本体论。

传统的本体论所追寻的宇宙本体是一个"不动的原动者",所以它必须断定有一个永恒的不动实体,在感觉事物之外有一个永不变动而独立的实体。这是一种脱离现实的社会、现实的人及其活动的抽象的本体,是一切现实事物背后的所谓的"终极存在",实际上是一种"不存在的存在"。从这种抽象的存在或本体出发,无法认识现实的生产、生活、生命。正如马克思所说:"达尔文注意到自然工艺史,即注意到在动植物的生活中作为生产资料的动植物器官是怎样形成的。社会人的生产器官的形成史,即每一个特殊社会组织的物质基础的形成史,难道不值得同样注意吗?"①马克思把哲学的聚焦点从整个世界转向人类世界,从宇宙本体转向人的生存状态,并确认实践是人本身感性存在的基础,也是人生活于其中的感性世界存在的深刻基础,确认实践是人的本体活动或活动本身,人通过实践创造了人的存在。因此,马克思并不是以一种抽象的、超时空的方式去理解和把握存在问题,而是从实践出发去理解和把握人的存在,从人的存在出发去解读存在的意义,并凸显了存在的根本特征——历史性。

这就是说,马克思的实践本体论把人的存在本身作为哲学所追寻的目标。这样一种本体论所探求的并不是"对象、现实、感性"的存在到底是什么,即不是探求所谓的"终极存在",而是探求"对象、现实、感性"的存在何以成为这样的存在,即它们存在的意义。意义来自人的生存实践,是"对人而言"的。换言之,"对象、现实、感性"与人以及人的生存实践是连接在一起的,本体论与人的生存实践密切相关。所以马克思认为,对"对象、现实、感性"不能只是从客体的形式去理解,而要同时"把它们当做感性的人的活动,当做实践去理解","从主体方面去理解",并明确指出:"对实践的唯物主义者即共产主义者来说,全部问题都在于使现存世界革命化,实际地反对并改变现存的事物。"②这样,马克思的实践本体论便开辟了一条从本体论认识现实生活世界的新道路。这恰恰是马克思主义哲学在西方哲学史上发生革命变革的关键之所在。

---

① 《马克思恩格斯全集》第 23 卷,人民出版社 1972 年版,第 409 页。
② 《马克思恩格斯选集》第 1 卷,人民出版社 1995 年版,第 75 页。

作为本体论的实践,应当是社会"万物之始"、"万物之根"。但长期以来,马克思主义哲学原理中,特别是实践本体论的学习、研究者们,往往把实践——作为本体论的实践——简单地理解为生产实践,理解为人与自然的实践关系,理解为人类对大自然的改造。这种对实践的理解之于马克思的全面实践观、毛泽东的全面实践观无疑是一个理论和历史的倒退,也许长期以来人们对实践——工程的片面理解,为 21 世纪人们思考工程哲学,创新社会工程哲学埋下了历史伏笔。

2. 历史观的反思与拓展

如何理解社会的本质、整体性及其规律的特殊性,这是历史观的核心问题,也常常是历史哲学争论的焦点问题。人类在唯物史观大门之前驻足徘徊了两千多年。暮色苍茫,艰辛求索,理论的出路和曙光在哪里?

人类思想史表明,人们不能不首先认识自然,但人们更不能不重视"认识你自己"。人们在认识自然的过程中,也力求认识社会、人生及其本质。然而,认识自然难,认识人类自身(社会)更难,不仅在唯物史观被"发现"之前,人类没有正确地把握社会、人的本质,就是在知识经济、信息社会时代,人们对社会、人的本质的认识也不是没有差异的,人们对唯物史观的认识也不是完全同一的,可以说,追求仍在继续,追问仍在进行。

在马克思"发现"唯物史观一个半世纪以后,我们再来反思唯物史观,不难发现,一方面,马克思"发现"的唯物史观仍然是人类思想上最伟大的发现,唯物史观经过一百六十多年历史风雨的洗礼,仍然闪烁着真理的光芒;另一方面,马克思"发现"的唯物史观作为人类思想史上一个(次)伟大的理论创新,也确实存在理论上的若干"前设",需要 21 世纪的人们适当合理地调整表达方式。一是资源和生产发展的无限性;二是科学技术史具有生产力功能,而其历史作用则始终是进步的和革命的,这些问题至今仍噬咬着人们——马克思唯物史观的信仰者、传播者和研究者——的良知和灵魂。

关于第一个理论前设:地球上的资源是无限的,人类改造自然的生产活动也可以无限制地进行下去。在某种意义上可以说,这一理论前设是非生态学的。它没有考虑到(当然不能苛求前人)人类在无限发展的过程中可能面临的总体性生态危机。

马克思在 1847 年的《哲学的贫困》——"我们的见解中具有决定意义的论点,在我的 1847 年出版的为反对普鲁士而写的著作《哲学的贫困》——中第一次作了科学的、虽然是论战性的概述"。① 在唯物史观的经典性表述《政治经济学批判》"序言"(1859)中,在 24 年后的《在马克思墓前的讲话》中,明确表达马克思一生两大发现的著名论述中,马克思和恩格斯都没有提到生产、发展、增长的极限问题,没有提到地球资源和人口负载的有限性问题、生存环境的污染问题。

不要怪罪马克思! 就是在整个 20 世纪,马克思及马克思唯物史观的宣传者、教育者所编写的历史唯物主义教科书也没有提到地球资源和人类生产、增长与发展的有限性问题,也没有对这一重大哲学问题进行深刻反思,因而也没有,当然也不可能有对造成这一问题的根源的深刻反思。

关于第二个理论前设:科学技术从属于生产力,正如生产力始终是进步的、革命的一样,科学技术也始终是一种进步的、革命的力量。客观地说,马克思既看到了科学技术是生产力,又对科学技术的负价值发出了预警:在《资本论》中、在《哲学的贫困》中,马克思反复强调科学技术的作用,同时,也指出:"机器劳动极度地损害了神经系统,同时它又压抑肌肉的多方面运动,侵吞身体和精神上的一切自由。甚至减轻劳动也成了折磨人的手段,因为机器不是使工人摆脱劳动,而是使工人的劳动毫无内容。"②从马克思主义哲学发展史的历史真实看,我们不能不说,马克思逝世以后,恩格斯主要是从正价值的角度去理解、诠释和"光大"马克思的科学技术思想。一味强调马克思关于"科学是最高意义上的革命力量"的观点,以至于后来人类只看到了科学技术是第一生产力,而没有看到科学技术在一定社会历史背景和条件下,也可能成为第一破坏力。

对此,西方学者率先提出质疑。其一,西方生态学家和未来学家早在20 世纪 70 年代,就对人类生存的危机作出了反思。1972 年,《增长的极限》的作者——丹尼森和麦多斯提出了资源、生产、增长和发展的限度问题,从而从根本上动摇了唯物史观的第一个理论前设。1974 年,《人类处在转折点》的作者[美]米萨诺维克和[德]帕斯托尔指出:"人类必须正

① 《马克思恩格斯选集》第 2 卷,人民出版社 1995 年版,第 34 页。
② 马克思:《资本论》第 1 卷,人民出版社 2004 年版,第 486—487 页。

视现实，大量的危机已经构成世界发展中遇到的一种危机综合征——如果人类要探索新的发展道路，那么必须对于若干旧的观念重新进行评价。"①其核心思想在于主张人类与自然的关系不应当仅仅是改造与被改造、占有与被占有、控制与被控制的关系，而应当是依赖与被依赖、适应与被适应，一定程度地改造与被改造的和谐共处的关系。其二，胡塞尔和海德格尔对现代科学技术的历史作用提出质疑。胡氏在1936年《欧洲科学的危机和先验现象学》中指出："19世纪的下半叶，现代人的整个世界观都受到实证科学的规定，并使自己受到实证科学所造就的繁荣的迷惑。这种独特性表明，对于那些真正的人来说，极为重要的问题被轻描淡写的问题抹去了，只看重事实的科学造成了只看重事实的人……我们常听说，在我们生活的危难中，实证科学对我们什么都没有说。它从原则上排除了这样一个问题，即整个人类的存在有无定义的问题，而对于我们这个不幸的时代来说，解决这个与人的命运转变息息相关的问题已经迫在眉睫。"②在胡氏看来，欧洲科学在繁荣发展的同时，也就是科学陷入危机的一个标志，因为它只关注事实而不关注人类的命运和生活的意义。"早在伽利略那里，一个以数学方式构成的理念的世界已经取代了这个唯一现实的、通过知觉现实的被给予的、被经验到并可能被经验到的世界——我们的日常生活世界，这是值得重视的最重要的世界。"③存在主义大师海德格尔则把批判的重心放在技术上。在1950年《技术的追问》一书中，他区分了两种技术：一是手工技术，二是现代技术。他认为现代技术与手工技术不同，是全新的东西："现代技术的本质在我们称之为座架东西已经显现出来。"④"座架"包含两方面的思想：一是我对自然的支配与控制；二是一部分人对另一部分人的支配与强制："哪里被座架所支配，哪里就存在着最高意义上的危险。"⑤他甚至认为，现代技术已经毫不留情地将人——技术的创造者连根拔起，人类已经面临深渊。其三，哈贝马斯揭示科学技术的意识形态功能。哈贝马斯是西方世界第一个明确提出

① 米萨诺维克、帕斯托尔：《人类处在转折点》，中国和平出版社1987年版，第9页。
② E. Husserl, D. : "ekisisd die franszentale phaenomenologie Relix Meiner Verlag", 1982, p. 4.
③ E. Husserl, D. : "ekisisd die franszentale phaenomenologie Relix Meiner Verlag", 1982, p. 52.
④ M. Heiolegger, *Quesstion concerning techolosy*, Happer colophon Booris, 1977, p. 23.
⑤ M. Heiolegger, *Quesstion concerning techolosy*, Happer colophon Booris, 1977, p. 28.

在当代社会"科学技术已经成了第一生产力"的思想家。1970 年,他把"科学技术化"、"科学研究与技术之间的相互依赖"、"科学、技术及其应用结成一体"视为科学技术成为第一生产力的主要根据和重要标志。

值得关注的是,哈贝马斯主张科学技术是第一生产力,并不是为了推崇科学技术,而是旨在揭示科学技术所产生的消极的政治效应。他认为,科学技术在现代社会已经履行意识动态功能,其主要功能就是顺应既定的社会存在:"科学技术今天具有双重功能,它们不仅是生产力,而且也是意识形态。"①所谓意识形态就是虚假意识。作为生产力,科学技术实现了对自然的统治,作为意识形态,科学技术实现了对人的统治甚至制裁。

当代西方学者的新思考,特别是他们对唯物史观理论前设的新思考,是富有启发的。但西方学者关于"抛弃"历史唯物主义或者"重建"历史唯物主义的观点,我们是难以赞成和接受的。这不仅是出于我们的政治立场或政治信仰,而且是出于我们对历史唯物主义自身的理论潜力的理性思考。比如,阿尔文·托夫勒认为:"不能借助马克思主义去了解高技术的世界现实。今天,用马克思主义来诊断高技术社会的内部结构,就像在有了电子显微镜的时代,还是只用放大镜。"②哈贝马斯认为,复兴马克思主义是没有必要的,我们所谓的重建就是把一种理论拆开,并以新的方式再把它组合起来,以便更好地达到它自己已经确立的目标。

综上所述,我认为,马克思的历史唯物主义理论、理论潜力,西方学者对马克思历史唯物主义理论的解构与分析,现代社会与马克思生活的时代的历史时空跨越等,都启示着我们,应当与时俱进地改变和调整历史唯物主义的表达或者叙事方式。

第一,按照马克思的思维逻辑:人们为了能够创造历史必须能够生活,为了能够生活必须首先解决衣、食、住等问题,而为了生产物质生活本身,就必须在人们的生产、生活、生命中植入生态学语境。

第二,按照马克思的思维逻辑:在资本主义大工业生产中,机器成了

---

① Habermas, Technir and wissenschaft als "Ideologie", Franrifurt Aim, Suhrkainp Verlag 1970, pp. 28—89.

② 阿尔文·托夫勒:《预测与前提:托夫勒未来对话录》,国际文化出版公司 1984 年版,第 200 页。

生产剩余价值的手段,而工人则成了机器的附庸。科学、技术的力以及主体——人的创造性劳动都已嵌入机器体系之中,并同机器一道构成主宰主体——人的权力。因此,必须对生产力、对科学技术的历史作用作出具体的新的历史的分析与说明。

第三,按照马克思的思维逻辑:全部社会生活在本质上是实践的,凡是把理论引向神秘主义的神秘的东西,都必然在人的实践—工程中以及对这个实践—工程的理解中得到合理的解决。因此,应当把"实践"范畴具体化、历史化、现实化,深入研究"实践"的历史内涵、现实内涵和文化内涵,力争做到对"实践"的深入理解。

第四,按照马克思的思维逻辑:人与自然的关系是在历史(社会)中发生的,人们在生产中不仅影响自然界,而且也相互影响。"只有以一定的方式共同活动和互相交换其活动,才能进行生产。为了进行生产,人们相互之间便发生一定的联系和关系,只有在这些社会联系和社会关系的范围内,才会有他们对自然界的影响,才会有生产。"①因此,在对科学技术的生产力功能进行反思之时,必须深入思考人与人(社会)的关系,应当深入研究人的活动方式、人的生存模式以及社会运行的机制和社会活动的图式等问题。

所有这些思考,应当说,是马克思思维逻辑的一个继续。在马克思的视野中,或者在历史唯物主义的理论框架中,生产力、生产关系、经济基础、上层建筑、社会存在、社会意识等,都不是也不应当仅仅是抽象的概念,而是生动活泼的实践活动,是一个个包含着"多样性综合"的"思维具体"。它的唯一的物质承担者只能是实践的人们和人们的实践,即"全部社会生活在本质上是实践的"。值得注意的是,马克思关注的只是"实践"本体论,充其量又讨论了"生产"本体论,即把历史唯物主义历史地定格在"实践"或"生产"本体论的层面了,使历史唯物主义的理论创新,仅仅实现了人类社会哲学的一次革命性变革而已。高宣扬教授指出:"实践是马克思学说中最中心也是最一般化的概念。所以在马克思逝世以后,实践概念不仅是正确理解和发展马克思思想的关键,也成为各个学派

---

① 《马克思恩格斯选集》第 1 卷,人民出版社 1995 年版,第 344 页。

相互争论,并导致马克思学派分化的重要理论概念。"①

如何把"实践"(生产)概念历史化、现实化、具体化? 如何在"思维具体"中抽象地再现"实践"? 这就给工程哲学提出了历史性的挑战。我们应当创新"工程"、"社会工程"范畴。"实践"范畴所反映的是人类感性活动的一般规定,并不包含人类感性活动的个别规定性,因而缺少用以思考个别感性活动程序的功能,因而,是一个缺少可操作性的范畴。所以,实践范畴并不能将自己所张扬的从人类主体的感性活动看世界的实践哲学原则贯彻到底。

3. 辩证法的反思与探索

辩证法是唯物史观的一块重要的理论基石,也是人们建构工程哲学的一个十分重要的方法论,因此,在社会工程哲学体系中,不能不把辩证法问题作为一个重要的哲学理论问题提出来作专门讨论,为辩证法找到真正的"载体"和"归宿",不能让辩证法"四处漂泊",居无定所。

辩证法究竟是什么? 辩证法有没有主体? 或者有没有承担者? 或者说辩证法是"谁"或"什么"的辩证法? 在马克思的经典文献中,我们大致可以概括出五个基本命题。

命题一:辩证法是关于自然、社会和思维规律发展的普遍规律的科学(恩格斯);

命题二:辩证法是毫无片面性弊病的关于发展的学说(列宁);

命题三:辩证法也就是认识论(列宁);

命题四:辩证法的本质是批判的、革命的(马克思);

命题五:辩证法是建立在通晓思维的历史和成就的基础上的理论思维(恩格斯)。

经典作家的经典定义我们暂不宜置喙。我们现在需要思考和追问的是,辩证法的"主体"是谁? 或者是什么? 换言之,辩证法是自然辩证法、历史辩证法,还是思维辩证法? 还是三者共同的辩证法? 如果分别是自然、历史、思维的辩证法,那么,辩证法在三者中有没有什么区别? 如果是三者共同的辩证法,那么如何理解自然、历史和思维三者的关系? 孙正聿

---

① 高宣扬:《当代社会理论》(下),中国人民大学出版社 2005 年版,第 939 页。

教授曾经把辩证法分别理解为人的认识本性和存在本性的辩证法、人的存在方式和生活态度的辩证法和马克思实践论反思的辩证法。这些思考与研究对我们进一步追问辩证法问题是颇有启示的。比如,孙教授把辩证法与哲学基本问题统一起来理解辩证法,从辩证法的世界观、认识论和方法论的统一理解辩证法,从辩证唯物主义与实践唯物主义的统一理解辩证法,等等。①　当然,我更主张把自然放在历史(社会)中,把自然与社会现实联系起来、联结进来,思考辩证法问题。这一点,实际上,马克思早在 19 世纪 40 年代就已经做了。马克思曾经指出:"迄今为止的一切历史观不是完全忽视了历史的这一现实基础,就是把它仅仅看成与历史过程没有任何联系的附带因素。因此,历史总是遵照在它之外的某种尺度来编写的;现实的某种生活生产被看成是某种非历史的东西,而历史的东西则被看成是某种脱离日常生活的东西,某种处于世界之外和超乎世界之上的东西。这样,就把人对自然界的关系从历史中排除出去了,因而造成了自然界和历史之间的对立。"②可以说,在马克思的视野中,自然史与社会史彼此是相互制约、相互联结的,在现实社会生产生活中,自然和社会是不可分割的。因此,辩证法必然是自然与社会相统一的现实生活的辩证法。也就是说,辩证法的"主体"首先应当是人们的现实的生产和生活的辩证法。

现实的生产生活,就是现实的人的生产生活;现实的人,就是从事"感性的活动"、现实地生产生活的人;现实的世界,就是人们生动地进行实践活动的世界。按照这样一个逻辑,全部辩证法(如上所述经典作家讲五种辩证法)的最切近的基础、最根本的主体只能是人们的社会实践,只能是"社会生活的本质"。换个角度来思考,人类社会的自然历史过程,人类社会的发生发展、演化过程,人们的生产生活过程本身,就是一个辩证的、历史的、发展的过程。哲学的基本问题——思维与存在的关系问题所蕴涵的全部矛盾关系,都置身于"社会生活的本质"——实践的辩证本性,都应当也只能展开于人们的全部实践活动之中。

---

①　参见孙正聿:《马克思辩证法理论的当代反思——马克思主义的当代价值》,人民出版社 2002 年版。

②　《马克思恩格斯选集》第 1 卷,人民出版社 1995 年版,第 93 页。

在马克思看来,人的意识、精神不可能与人的感性活动完全二分乃至具有先天性和决定性;意识作为现实的有生命的个人的意识在任何时候都只能是被意识到的存在,而人们的存在就是人们的现实的生活过程。在马克思生活的时代,这个"现实生活过程"就是越来越发达的现代工业和不断扩大的市场所带来的革命性变革。所以辩证法首先就应当是这个现实生活过程,现实社会变革的辩证法。

从哲学基本问题视角考察辩证法——实践的辩证法,人们很合乎逻辑地就会兼顾"常识"层面,而又超越"常识"层面去思考日常生活的辩证法,就会创新概念,用"概念的逻辑"去表达人们日常生活的辩证法,对日常生活的变化、发展与复杂进行最深层次的理论分析与概念创新。社会工程哲学显然要追问社会工程的辩证法,特别是社会工程与其相关社会事物的辩证关系,讨论现实社会工程中诸要素之间的辩证关系。从而把这些关系提升为"思维具体"作为社会工程哲学的基本范畴,进而发挥这些范畴对社会工程建构与创新的方法论意义。

综上分析,我们发现,哲学作为一个学科门类,作为追问与反思的学问,作为人类对异乎寻常事物的异乎寻常的思索,不仅没有终结,也永远不会终结,而且由于哲学家们思维范式的局限性和超越性,哲学在自身发展进程中不断爆发出内在动力。

二、现代社会实践的制高点

黑格尔说:"哲学是思想中把握的时代。"马克思曾经指出:"哲学不是世界之外的遐想","任何真正的哲学都是自己时代精神的精华,因此,必然会出现这样的时代:那时哲学不仅在内部通过自己的内容,而且在外部通过自己的表现形式,同自己时代的现实世界接触并相互作用"。① 每一个新的文明时代,每一个新的社会历史时代,尤其是重大的社会转型期,都是这样的时代。哲学应当以追问这样的时代的哲学范式为神圣使命。

---

① 《马克思恩格斯全集》第1卷,人民出版社1995年版,第220页。

1."全球问题"的哲学透视

全球问题，即全球化问题，是哲学难以绕过的一个问题。或者说，在全球化的时代，如果哲学把全球化问题拱手让与文化学、政治学、民族学、经济学或法学等，而自己对其漠不关心，那么哲学无疑会有边缘化之虞。

全球化是一个整体性的社会历史变迁过程，其基本特征是，在经济一体化的基础上，世界范围内产生一种内在的、不可分割的和日益加强的相互联系。全球化过程本质上是一个内在地充满矛盾的过程，它是一个矛盾的统一体：它包含有一体化的趋势，又包含有分裂化的倾向；既有单一化，又有多样化；既有集中化，又有分散化；既有国际化，又有本土化。全球化首先表现为世界经济一体化，但经济生活的全球化，必然对包括政治生活、文化生活等在内的全部社会生活产生深刻影响。从新世纪以来全球化的实际效应看，经济全球化不仅极大地改变了人类的生产方式、消费方式、交换方式，也极大地改变了人们的思维方式和行为方式。

所以，我认为，全球化问题既需要政治学研究、经济学研究，更需要哲学研究。从哲学视角思考、讨论全球化，是否可以这样理解：全球化是一种意识、一种现象、一种行动、一种变革、一种过程。

其一，全球化是一种世界范围内人们相互尊重意识的发展。全球化的形成与发展，让人们体会到彼此都生活在一个文化多样的、个体相对独立的但又相互依赖相互尊重的世界——地球村。没有一个人、一个国家、一个民族能够置身于全球化的潮流之外而与世隔绝。这种全球意识的发展促使人类更加关心全球性问题，比如和平、发展、合作、环保、网络等问题。

其二，全球化是一种社会价值变迁现象。全球化已经成为改变自然、改变社会、改变世界的一股重要力量。全球化是一种当代社会伦理、政治、文化价值变迁现象，在一定意义上，"世界社会"可能成为现实。

其三，全球化是一种建构全球秩序的现实活动。全球化已经不仅仅是一种意识，而且已经成为一种现实的人们的现实的生产与生活。纵观全球化的趋势与现实，我们不难发现，长期以来，国际社会普遍关注的"共同行动"的基本目标是建立世界政治新秩序，促进人们相互尊重、平等互利、共同生活，进而促进人类社会的可持续发展。

其四,全球化是一种人类关系的深刻变革。在全球化的历史进程中,人与人之间的关系已经和正在发生明显的变化。人们彼此之间在相互依赖、相互信任、相互尊重的关系网络中共同生活,而且还存在着一种既竞争又合作的关系。

其五,全球化是一个持续进行的过程。一方面,全球化已经开始,当然远没有结束;另一方面,全球化也是一种复杂的变动过程,它将渗透到人类生活、生产、生命和生态的各个领域、各个方面、各个层次、各个角落。

马克思在1848年2月发表的《共产党宣言》中指出:"资产阶级,由于开拓了世界市场,使一切国家的生产和消费都成为世界性的了。使反动派大为惋惜的是,资产阶级挖掉工业脚下的民族基础。古老的民族工业被消灭了,并且每天都还在被消灭。它们被新的工业排挤掉了,新的工业的建立已经成为一切文明民族的生命攸关的问题;这些工业所加工的,已经不是本地的原料,而是来自极其遥远的地区的原料;它们的产品不仅供本国消费,而且同时供世界各地消费。旧的、靠本国产品来满足的需要,被新的、要靠极其遥远的国家和地带的产品来满足的需要所代替了。过去那种地方的和民族的自给自足和闭关自守状态,被各民族的各方面的相互往来和各方面的相互依赖所代替了。物质的生产是如此,精神的生产也是如此。各民族的精神产品成了公共的财产。民族的片面性和局限性日益成为不可能,于是由许多民族的和地方的文学形成了一种世界的文学。"[1]150年前马克思关于历史向世界史转变的伟大思想已经被21世纪的全球化趋势和现实所证明。

2. "和谐世界"的时代呼唤

全球化本身就是一个矛盾丛、问题堆。于是就有一个如何认识这些矛盾和问题,如何消解这些矛盾和问题的问题。在全球化的历史进程中,中国人主张全球化的过程应当是构建"和谐世界"的过程。

在政治思想领域,"和谐世界"理论的提出,可谓一次理论创新,其历史地位和作用被西方权威媒体称为可与"三个世界理论"同日而语的理论。在哲学发展史上,"和谐世界"理论的提出,既可以理解为中国传统

---

① 《马克思恩格斯选集》第1卷,人民出版社1995年版,第276页。

文化"和谐"思想价值的历史回归,又可以理解为"和而不同"思想在新世纪的一次新的提升与超越。

"和谐世界"应该是一个和平、稳定的世界。在这样的世界里,各国之间相互信任、和睦相处,通过公平、有效的安全机制,共同维护世界的和平与安全;应该是一个民主、公正的世界。在这样的世界里,各国主权平等,国际关系以法制和多边主义为基础,世界上的事务由各国协商解决;应该是一个互利、合作的世界。在这样的世界里,经济全球化以及科技的进步,有利于国际社会的共同发展,特别是发展中国家的发展;应该是开放的、包容的世界,在这样的世界里,不同文明开展对话,取长补短,不同社会制度和发展模式相互借鉴、共同发展。

确实,在全球化的过程中,人类社会结构发生了许多深层次变化:超越国家组织对国内政治生活的影响日益增大;跨国组织不仅控制全球化进程,而且在相当程度上左右着民族国家的国内政治;国家的传统职能受到严重的限制和削弱;国际因素已经成为制约国内政治发展的基本力量;全球问题的增加使国家权力的边界在一定程度上开始变得模糊。

但是,可以肯定的是,在全球化的进程中,现代性并没消弭国家这个仍然是最重要的政治权力主体的"神圣物";领土仍然是划分国家的基本标志;国家认同和民族认同仍然是最重要的政治认同;国家的公民仍然是最重要的成员资格权;国家利益仍然是根本的政治利益;国家仍然是正式规则的主要制定者;国家仍然是国际社会最重要的行为主体。在一定意义上,我们似乎可以这样认为,在整个全球化的过程中,社会越来越复杂,国家越来越复杂。社会问题、国家问题都具有不可想象的复杂性、多元性和过渡性。中国人率先发出构建"和谐世界"的时代呼喊,致力创造安全稳定的国际和平环境,致力建立共同发展的新型国际关系,打造自主选择、求同存异、和谐合作、大小国家一律平等的国际局面;致力积极推动国际格局走向多极化,推进国际关系民主化。这是中华民族的坦荡胸怀,又是 21 世纪时代精神的具体体现。

在这样的历史时代,文明多样性是人类社会的基本特征,也是人类文明进步的重要动力。各种文明只有在对话和交流当中才能更好地发展、丰富与完善。尊重各国自主选择社会制度和发展道路的权利,相互借鉴以推动各国根据本国国情实现振兴和发展;加强不同文明的对话和交流,在竞争中取长补短,在求同存异中共同发展,努力消除相互的疑虑和隔阂,使人类更加和睦,让世界更加丰富多彩;以平等开放的精神,维护文明的多样性,促进国际关系民主化、协力构建各种文明兼容并蓄的和谐世界。所有这些,既是世界人民共同渴望,又是摆在世界人民面前的世纪难题和世界难题。

3. "和谐社会"的基本旋律

人类迈入 21 世纪以来,社会面临的发展机遇前所未有,面对的挑战也前所未有。和平、发展、合作成为时代潮流,世界多极化和经济全球化的趋势深入发展,科技进步日新月异。同时,国际环境复杂多变,综合国力竞争日趋激烈,影响和平与发展的不稳定不确定因素增多,中国社会仍将长期面对发达国家在经济、科技等方面占优势的压力。市场经济体制日趋完善,物质文明、政治文明、精神文明建设不断加强,综合国力大幅度提高,人民生活显著改善,社会政治长期保持稳定。同时,中国正处于并将长期处于社会主义初级阶段,人民日益增长的物质文化需要同落后的社会生产之间的矛盾仍然是中国社会的主要矛盾,统筹兼顾各方面利益的任务艰巨而繁重。特别是中国已进入改革发展的关键时期,经济体制深刻变革,社会结构深刻变动,利益格局深刻调整,思想观念深刻变化。这种空前的社会变革,给经济社会发展进步带来巨大活力,也必然带来这样或那样的矛盾和问题,主要是:城乡、区域、经济社会发展很不平衡,人口资源环境压力加大;就业、社会保障、收入分配、教育、医疗、住房、安全生产、社会治安等关系群众切身利益的问题比较突出;体制机制尚不完善,民主法制还不健全;一些社会成员诚信缺失、道德失范,一些社会主体的素质、能力和作风与新形势新任务的要求还不适应;一些领域的腐败现象仍然比较严重;等等。当然,任何社会都不可能没有矛盾,人类社会总是在矛盾运动中发展进步的。构建和谐社会是一个不断化解社会矛盾的持续过程。所有这些,启示人们科学、理性地分析影响社会和谐的矛盾和问题及其产生的原因,更加积极主动地正视矛盾、化解矛盾,最大限度地增加和谐因素,最大限度地减少不和谐因素,不断促进社会和谐。这是中国人的奋斗目标,也是 21 世纪的时代精神。

4.“人类中心”的理性觉醒

随着科技的发展，人类生存环境面临着各种问题，通过研究人与自然的关系，学界提出了人类中心主义、非人类中心主义的问题。人类中心主义主张人是人与自然关系的中心，非人类存在物只有对人的工具价值，环境保护的根本目的是保护人类。从自然哲学角度思考人类中心主义，我们发现，“人类中心主义”，是一种把人视为宇宙的中心实体或目的的观点。这一观点从产生至今已由一种朴素观念扩张为“人是自然界的主人，人主宰一切”的主体主义观念。特别是自工业革命以来，它过分强调人的主体性地位，把人与自然的关系完全看成是认识论意义上的主客体关系，并且随着“工具理性”的日益强盛，把作为客体的自然界及其规律对人而言的先在性和基础性也抹杀掉了，从而使它在从古希腊柏拉图起就开始的“主—客观二分”世界中获得了绝对至上的地位。又由于人类中心主义的主要任务是通过对自然的征服、改造，因而既满足了人类的需要、维护了人类的利益，积极推动了生产力的进步和经济物质方面的繁荣，又使人类尽快摆脱自身被自然的统治和奴役。这就是说人类中心主义的生成和发展，对人类生产力的发展和物质财富的创造，对人类历史的进步，起到了巨大的推动作用。但是人类中心主义，作为一种伦理观，只看到了人类的需求，人眼前的物质利益和人对自然的征服、改造、占有与利用，或者说，只看到了人的利益而没有看到生态系统生存发展的需要及其对人的长远价值，在实践活动中造成了严重的环境问题和社会问题，这些问题已严重威胁到人类的进一步生存与发展。这是历史的悲哀，人类的悲哀！

人类中心主义何以可能？哲学对人与自然关系理解的片面与抽象化是根本原因，而主—客两极思维模式是造成人与自然关系理解失误的重要因素。主—客模式的根本缺陷在于对主体理解的抽象性，泯灭了不同个体的具体性，忽视人之间的交往关系，致使认识的动力和运行机制僵化。这种思维模式具有摇摆性，在人类理性快速上升时期必然趋向主体一极而产生人类中心主义，主—客—主模式的根本特点在于把人作为认识的中心，并把人作为互有平等地位的多极主体。作为多极主体的人都有生存与发展的权利，而作为人类生存环境的地球只有一个。作为一极主体的个人或个体群在这唯一的自然环境中求生存、求发展时,就不应危害其他极主体的生存与发展,即不仅不能危害同时期的其他主体,也不能危害未来主体的生存与发展,所以人们在对利用资源、改造自然作价值判断时,也要把未来人的利益考虑在内。而当一主体的行动危及到其他人时,由于社会交往的反自身性,也必然不同程度地危及自身。对自然的保护不是为了自然的什么价值主体地位,而是为了作为多极主体的人的自身的生存与发展。这就是人与自然关系的本质。

现代人类中心主义是在20世纪中叶以来生态危机日益严重的情况下,人类重新审视了自身在宇宙中的地位,重新审视了人与自然关系而提出的。国外一些哲学家们主张"开明的人类中心主义",认为人类是自然的改造者和管理者,人是具有能动性和创造性的社会动物,能够认识自然和改造自然。在人与自然的相互作用中,人是积极主动的一方,自然则是消极被动的一方。生态危机是由人类活动造成的,解决人与自然矛盾和冲突只能由人类、自己去进行。但是,人类为什么要保护自然? 保护自然的目的是为了保护自己,人类维护自然的生态平衡就是为了维护人类的整体利益和长远利益。这是人类保护生态环境的出发点和归宿点。

国内一些学者也有同样的观点,认为人类的中心地位是相对的,人和其他自然物是一种"伙伴"关系;人类利益和需要的实现也是有条件的,人类要想保护自己,必须同时保护自然;保护生态环境也是有条件的,保护环境的目的是为了人类的整体利益和长远利益。合理形态人类中心主义认为人作为具有平等地位的多极主体在求生存求发展时,不应危害其他极主体的生存发展需要;在对自然的关系上,坚持人类文明的"生态化"目标,确立"人地共生"的新观念。生态人类中心主义的核心观点就是主张在人与自然的相互关系中将人类的利益置于首要的地位,这种人类的利益只能是人类的整体利益和长远利益,反对与那种以人的眼前利益为目的和尺度的人类中心主义或强人类中心主义同流。

现代人类中心主义是在对人与自然关系问题上的全面反思、对传统人类中心主义进行解构的基础上的一种新的诠释,是对传统人类中心主义的扬弃、超越与重构。应该说传统人类中心主义在发挥人的创造力、改变人从属依附于自然的地位、促进生产力发展和社会进步等方面,有它的历史功绩。然而,传统人类中心主义片面地凸显和张扬人的主体性,没有认识到主体性的发挥所应有的限度。在对待自然的态度上,首先,认为人类力量所向无敌,完全可以随心所欲地驱使自然,表现出一定程度的人类沙文主义。其次,片面强调人类利益的至上性和对物质财富的追求。人类通常用经济价值标准来衡量自然界一切物质的价值,度量人类实践的成败,把自然界看成是一个取之不尽用之不竭的天然宝库,不懂得人与自然共生共荣的休戚相关性。再次,传统人类中心主义实际上还是形形色色的群体中心主义和个人中心主义。不同的利益主体往往以"小我"的利益和需要为尺度最大限度地追求自己的特殊利益,却丝毫不考虑这种行为对生态环境,对他人及后代人产生的影响。毋庸置疑,这种强人类中心主义理应被人类所抛弃。

现代人类中心主义弱化了人类对自然的骄横态度,强化了人类对自然保护的责任,吸取了非人类中心主义的部分合理内核,改变了传统人类中心主义被指责为生态危机的罪魁祸首的不良形象,是一种科学合理的价值观。它主张消除传统人类中心主义的积弊,放弃它们片面强调主体一极的偏激主张;在强调人类主体性原则的同时,反对违背自然规律,凌驾于自然之上的人类专制主义;强调以人类的利益为出发点、归宿的同时,并不否认自然界在调节生态平衡中的作用,主张人与自然和谐统一,并且把它看成是实现人类价值的前提条件;强调人类追逐特殊利益的同时必须最大限度地服从整体利益和长远利益,实现可持续发展。

21 世纪以来,人们开始致力于再超越现代人类中心主义。现代人类中心主义对传统人类中心主义的超越主要表现在人类主体性地位的弱化上,即把人类凌驾于自然之上,带有人类专制主义色彩的强人类中心主义,弱化为倡导人类与自然和谐共生的弱人类中心主义。人类是实践主体,其认识主体地位是不容改变的,即认识论和生物学意义上的人类中心论是难以反对和弱化的。我认为:认识论意义上的人类中心是不能反对的,因为任何一种用来反对人类中心论的思想都是由人提出来的,都不可避免地要带上人的烙印;反对这种人类中心论只能陷入自相矛盾的怪圈中。诚然,21 世纪,人口总量、就业人口总量、老龄人口总量面临新的高峰,自然资源超常规使用,生态环境日益恶化,工业化和城市化的快速推进,区域之间的平衡加剧等,都可能或即将成为人们改造世界、谋求和谐发展的瓶颈,因此,必须对人类中心主义进行哲学批判,把可持续发展作为人类改造世界行为的丰碑。

不管什么"性质"的人类中心主义,总之,在 21 世纪科学技术已经成为"帝国"的背景下,人类应当自觉地在怜悯自然界的同时,应当更深层次地反思人类自身。一方面,必须意识到人类自己生存永远有个限度,是不能随意跨越自然界长期以来所提供和规定的环境指数的;另一方面,问题的根本更在于人类必须找到人类自己生存的支点,拷问自己生存、生活、生命的意趣究竟是什么? 究竟在哪里? 人类比其他物种的"高贵"与"可爱"之处何在? 面对自然界,人类是否应当以天为镜,警钟长鸣!

三、哲学理论与风险社会的契合点

1. 哲学范式的自觉转变

如果从古代希腊和中国先秦时期算起,人类思考哲学问题的历史可谓久矣。然而,哲学却似乎总是"回到源头",总要重新追问这个似乎在一开始就已经弄清的元问题。

"哲学"是什么? 人们为了急于理解哲学,常常进行逆向思维,往往从反面入手,追问"哲学不是什么",似乎排除了"不是",剩下的就该是"是"了。叶秀山先生曾经分析认为:科学固然也是"概念"系统,但是它的"概念"在现实经验世界都有一一对应的"对象",而哲学的"概念",或者说它的重要的核心"概念",像"理念"、"无限"、"自由"、"实体"等,似乎很难在现实世界找出相应的"对象"来,勉强指出来,也难以"服众",而"科学"是要具有"服众"的特性的。"哲学"常常似乎是处处"讲理",但却难以"服众"。我可以承认你黑格尔的哲学说得也许有"道理",但是我仍然"不信"你那一套,我要"另起炉灶",另建一座"大厦",仍然可以很坚固,像叔本华那样。叔本华和黑格尔两套哲学犹如两个"大厦",后人都可以去住住,不大容易说哪座就更结实些,但是后来做哲学的也都不甘心一辈子就住在哪一座现成的大厦里,而总是要"建筑""自己"的"大厦"。"哲学家"不是在前人的"大厦"上"添砖加瓦",而是"另建大厦",当然在"另建"的工程中,要用前人的"砖瓦材料"以及设计的经验,但是"建构"出来的是"另一座""大厦",所以哲学史上有很多哲学的"大厦",从事哲学的都要进去住住,但凡是真正的哲学家,决不会在任何大厦中久住下去,所以那些大厦的真正的"住户",只是"建构"它的哲学家本人,一个萝卜一个坑;他可以"邀请"许多的"客人",但"主人"只有"他自己"。人们关于"科学"观念的变迁,可以从美国托马斯·库恩的《科学革命的结构》一书中看到概貌。①

托马斯·库恩曾经为人们展示了一幅崭新的科学发展历史图画,在他看来,科学史并不像通常想象的那样按部就班靠着经验一点一滴"积累"起来的,而是由一连串的"范式"转换以及在转换之间的"常规科学"工作组成的,而"范式"的转换,乃是一场"革命","革命"就是"转换"。其中"常规科学工作"是"积累性"的,而"范式转换"却是"颠覆性"的,当然,科学家经常性的工作是在一定的"范式"指导下做常规的工作,只有到了常规工作发生"危机"时,原有"范式"才会被突破而产生新的"范式";然后,再有一批科学家在这个"新范式"指导下,进行常规科学的工作。这位著名的科学哲学家以大量的科学史事实来证明他的这种科学观和科学史观。

通常我们也知道科学史上有一些"革命",譬如由"日心说"到"地心说"等,不少科学家还为一种科学观的确立和弘扬而献出自己宝贵的青春甚至生命。库恩的"发现"是很有启发的。哲学也是有"范式"的。任何称得上"哲学"的著作都是一个"范式",《柏拉图对话》、《形而上学》、《纯粹理性批判》、《精神现象学》、《关于费尔巴哈提纲》等莫不如此。哲学家的工作就是建构—创造"范式",一个哲学家一个"范式"。哲学史上有许多哲学学派无不用自己特有的"范式"去解决一些具体的哲学问题。从这个意义上理解,大概哲学与科学一样,也有常规的研究工作,正是在这种大量"常规"的研究工作中,某种哲学的"范式"被发现需要修改、发展和突破,甚至要寻求、建构另一种或一些新的"范式",原有的"范式"便会发生转换或"革命",这一点已经被哲学史所证明。

当一种哲学"范式"与解释、指导具体实践发生抵触时,那么总有一方需要"修改"——有时需要调整人们的实践方式,有时需要"革命"哲学"范式",即要发展、完善某种"范式"。李瑞环同志认为:"当理论和实践不一致时,修改的应当是理论。实践是理论产生的基础,如果不承认依据

① 参见叶秀山:《哲学作为哲学》,《中国社会科学》2005 年第 6 期。

实践可以修改理论,那就否认了实践的基础作用;实践是检验真理的标准,如果不承认依据实践可以修改理论,那么实践就失去了检验的意义;实践是发展理论的动力,如果不承认依据实践可以修改理论,那么实践也就不成其为动力了。"①看来,哲学范式的调整、转换、革命是"哲学"作为哲学的题中应有之义。如同库恩说的,科学发生了危机时,"范式"本身就会发生"转换"。科学哲学家库恩主张的所谓"科学革命"与"范式转换",竟然也都具有浓厚的"哲学"意味,也就是说,这些科学家在进行"科学革命"时,自觉不自觉地正是在做一件"哲学"工作,哥白尼如此,爱因斯坦亦如是。科学上的重大变革之所以被哲学家重视,不仅仅说明科学对哲学的影响,还意味着他们在某种意义上都从事着范式转换的事业。哲学家应当而且必须看到哲学隐蔽着的危机,哲学家应当而且必须时刻怀有危机感,经常做到"无事生非"、"居安思危"。

总结中外哲学发展的历史,哲学家往往总是探险"不毛之地"的第一人。这片"不毛之地"对于哲学而言是必需的,哲学家往往在这片不毛之地上创造"概念",在"现实的王国"中建构"思想的王国"。创新是哲学的常规生活,范式的转换是哲学的常规工作。必须指出的是,在哲学发展史上,人们很难说"黑格尔代替了康德",更很难说"后现代"代替了柏拉图、亚里士多德、康德、黑格尔、胡塞尔、海德格尔。与库恩的范式理论不同,科学一旦革命,则"范式"之间就可以相互替代了。而哲学研究范式的转换则恰恰相反,新"范式"的建构,并不意味着旧的哲学"范式"被替代,而是一种扬弃和创新。

2. 哲学之树常青之根本

按照德国诗人歌德的观点,"理论之树是灰色的,生活之树是常青的",所以似乎哲学之树,应当是理论之树,因此,哲学之树就没有"常青"的假说了。实际上,哲学很难说就是理论本身,哲学本身也可以说是一种活动或运动,哲学是一种特殊工具;是一种有现实基础又要超越现实的创造活动。从这个意义上说,哲学也堪称人的本质的一种创造性升华。黑格尔曾经认为,"人类所具有的最高的光明",不爱护、培养、护持哲学,

---

① 李瑞环:《辩证法随谈》,中国人民大学出版社 2007 年版,第 256 页。

"人的本质就直觉熄灭了、沦落了"①。海德格尔说："哲学永远是一种没有止境的感恩与怀念"，当尼采在晚年穿透历史而发出"重估一切价值"的豪迈口号时，他仍然以感恩的心情，由衷地称叔本华是他的最早的教育者，从而一览无余地展现出尼采这位唯意志大师的"永恒回归"的广阔理论视野。显然，哲学并不就是一般的僵死的理论，它的常青，它的理论生命力恰恰是哲学本质的力量，人的本质力量的外化。

确实，我们抛开哲学与文化、哲学与社会诸种关系不论，单就哲学自身考察或思考其绵延数千年却生命力旺盛不衰的根本原因，一是到当下为止，我们很难对人类历史的轴心时代，东西方哲人提出的哲学问题已经定论了，成型了，天下归于"统一"了；二是人们对尚未解决的哲学问题总是不尽追问。问题没有解决，另一方面问题还要继续解决，所以哲学就不能终结。哲学与其他具体学科不同，哲学给我们的往往不是答案，不是确定的知识，而是数不尽的问题，而每一代，每一位哲学家的哲学理论又都有其不可替代的哲学价值，而这种价值往往不在于它的思想体系本身，而在于提供一种在哲学思维上解决问题的独特方式。在人类社会现实生活过程中，人的思想领域、精神领域一直都存在有限与无限、理想与现实、此岸与彼岸、暂时与永恒、今生与来世、社会与自然、人生与社会的矛盾，人类命中注定要突破这些矛盾和界限，所以哲学永远没有终极答案，永远常讲常新，甚至百思不得其解。

3. 哲学范式的时代转向

马克思曾经指出："哲学不是世界之外的遐想。""任何真正的哲学都是自己时代的精神上的精华，因此，必然会出现这样的时代：那时哲学不仅在内部通过自己的内容，而且在外部通过自己的表现，同自己时代的现实世界接触并相互作用。"②马克思这一至理名言启示我们，每一个新的文明时代，每一个新的历史时期，哲学研究的进展应当也必然表现在研究主题的重新确立和研究范式的自觉转变上。在发达国家已经完成工业化，中国正处在工业化中后期的"风险社会"时代背景下，哲学研究的主

---

① 黑格尔：《小逻辑》，商务印书馆1977年版，第33页。
② 《马克思恩格斯全集》第1卷，人民出版社1995年版，第220页。

题似应围绕人与自然、人与人、人与社会的重大问题而确定自己的问题域，但马克思主义关于人与自然的关系，归根到底反映的是人与人的社会关系的重要观点则启示我们，当代哲学应当重点关注和讨论人与人的关系、人与社会的关系等新的重大哲学问题。因而，哲学研究的范式也应当实现从纯粹形而上学的思辨范式向实践哲学研究的转变，从一般的实践哲学向工程哲学的转变，从自然工程哲学向自然工程哲学和社会工程哲学并重，进而凸显社会工程的范式转变，使哲学真正回归到现实生活世界，实现对人、人的关系、人的世界的终极关怀。

"风险社会"已经成为当下现代社会的代名词。"风险社会"是德国著名社会学家贝克在20世纪80年代首次系统提出的认知现代性社会的核心概念。贝克认为，风险社会具有不断扩散的人为不确定性逻辑。风险导致了现有社会结构、制度以及关系向更加复杂、偶然和分裂的状态转变。在贝克的视野中，风险社会的风险包括经济的、政治的、生态的和技术的，如核技术的、化学的、生物的风险等。这些风险是现代化的产物，是人为的风险。其根本旨趣是：其一，风险是人类知觉系统感觉不到的，风险的严重程度走出了预警检测和事后处理的能力；其二，风险能够全球传播，甚至传给下一代，并且不分贫富差距；其三，风险原因的传播和受害者的赔偿，风险计算无法操作，导致保险失灵；其四，灾难性事件产生的结果多样，使得风险计算使用的计算程序、常规标准等无法把握，甚至超出了现代社会的控制能力；其五，今天的风险就是昨天的理性决策。贝克认为，马克思和韦伯意义上的"工业社会"或"阶级社会"的概念围绕的一个中心论题是：在一个匮乏社会中，"社会性地生产出来的财富是怎样以一种社会性地不平等但同时也是'合法'的方式被分配的。"而"风险社会"则建立在对如下这个问题的解决基础之上："作为现代化一部分的系统性地生产出来的风险和危害怎样才能被避免、最小化或引导。"①耐人寻味的是，几乎与贝克提出"风险社会"的概念同步，从20世纪80年代开始，一股全球化的力量迅猛发展并不断撞击着当下人们生活其间的世界，越来越多的事件和事实似乎表明：人类正在进入一个贝克所预设的"风险社会"。全球化不仅是经济全球化、金融全球化、文化全球化、技术全

---

① 乌尔里希·贝克：《风险社会》，何博闻译，译林出版社2004年版，第16页。

球化,同时也是一种风险全球化。在全球化时代,人类社会面临着比以往任何时候都更多的风险:大规模失业、贫富分化以及生态风险等,"风险社会在这个意义上是世界性的风险社会"。①

就其本质而言,社会风险是一种导致社会冲突,危及社会稳定和社会秩序的可能性,换言之,社会风险意味着爆发社会危机的可能性。一旦这种可能性变成了现实性,社会风险就转变成了社会危机,对社会稳定和社会秩序都会造成灾难性的影响。从哲学视角考察"风险的概念直接与反思性现代化的概念相关。风险可以被界定为系统地处理现代化自身引致的危险和不安全感的方式。风险,与早期的危险相比,是与现代化的威胁力量以及现代化引致的怀疑的全球化相关的一些后果"。②"换一种方式说,在风险社会中,不明的和无法预料的后果成为历史和社会的主宰力量。""风险社会是一个灾难社会。"③从"风险社会"概念的首创者贝克的观点看:"在发达的现代性中,财富的社会生产系统地伴随着风险的社会生产。相应地,与短缺社会的分配相关的问题和冲突,同科技发展所产生的风险的生产、界定和分配所引起的问题和冲突相重叠。"④由此可见,风险社会中的风险与现代社会的科学技术,与现代社会的生产方式息息相关,它使人类"生活在文明的火山之上"。⑤

以正在走向工业化、现代化和国际化的中国社会为例,就可略见一斑。当前中国社会风险的累积对社会稳定和社会秩序构成了潜在的威胁,从而也对构建和谐社会形成了严峻的挑战。随着社会现代化程度的不断提高,市场化进程的不断推进,社会分化日益严重,社会问题层出不穷,社会矛盾日益凸显,整个社会已经不再是传统的常态社会,传统的治理手段无法整合当代社会。从中国社会的总体运行态势分析,中国经济持续快速发展,政治体系运行平稳有序,社会整体发展保持着良好态势,但各种新问题和新矛盾也接踵而至,不少问题和矛盾还呈现出继续恶化

---

① 乌尔里希·贝克:《风险社会》,何博闻译,译林出版社 2004 年版,第 21 页。
② 乌尔里希·贝克:《风险社会》,何博闻译,译林出版社 2004 年版,第 19 页。
③ 乌尔里希·贝克:《风险社会》,何博闻译,译林出版社 2004 年版,第 22 页。
④ 乌尔里希·贝克:《风险社会》,何博闻译,译林出版社 2004 年版,第 22 页。
⑤ 参见热罗姆·班德主编:《开启 21 世纪的钥匙》,周云帆译,社会科学文献出版社 2005 年版。

的态势,如"三农"问题、腐败问题、贫富悬殊问题、就业问题、安全生产问题、诚信危机等。所有这些问题都潜藏着巨大的社会风险,如果长期得不到较好地解决和处理,累积到一定程度,就可能失控从而形成社会危机,构成中国的社会风险之源。

"风险社会"不是偶然的突发事件,而是一个社会发展阶段,它的出现,是有其深刻社会根源的。风险社会作为现代化和现代性本身的结果,其根源何在?贝克认为:"在19世纪和今天,被大多数人作为灾难经受的后果,是与工业化和现代化的社会过程相联系的。在两个时代中,我们关心的都是对人类生存境况的剧烈的和威胁的干预。它们的出现是与生产力、市场整合以及财产和权力关系的发展的确切阶段相联系的。每次都会有不同的物质后果——19世纪是物质的贫困化、贫穷、饥饿和拥挤;今天是生活的自然基础的威胁和破坏。"①显然,风险社会的根源不在现代社会外部,而在现代社会内部,与现代社会并生,与现代社会共存。具体地讲,风险社会中的风险,发生和发展于人与自然的关系("生产力")和人与人(社会)的关系("市场整合"、"财产关系"、"权力关系")之中。②

根据马克思唯物史观的基本观点深入分析风险社会的根源,我们不难发现,第一,人与自然的关系包含在人与人(社会)的关系之中。在马克思看来,自然界与历史并不是对立的,把两者对立起来是旧唯物主义的观点。他指出:迄今为止的一切历史观不是完全忽视了历史的这一现实基础,就是把它仅仅看成与历史过程没有任何联系的附带因素。因此,历史总是遵照在它之外的某种尺度来编写的;现实的生活生产被看成是某种非历史的东西,而历史的东西则被看成是某种脱离日常生活的东西,某种处于世界之外和超乎世界之上的东西。这样,就把人对自然界的关系从历史中排除出去了,因而造成了自然界和历史之间的对立。他指出:费尔巴哈从来不谈人的世界,而是每次都求救于外部自然界,而且是那个尚未置于人的统治之下的自然界。但是,每当有了一项新的发明,每当工业前进一步,就有一块新的地盘从这个领域划出去,而用来说明费尔巴哈这

---

① 乌尔里希·贝克:《风险社会》,何博闻译,译林出版社2004年版,第15页。

② 乌尔里希·贝克:《风险社会》,何博闻译,译林出版社2004年版,第58页。

类论点的事例借以产生的基地，也就越来越小了。第二，如果把人与自然同人与人（社会）的关系进行比较，那么，人与人（社会）的关系比人与自然的关系更为根本，更加重要。马克思指出："人们在生产中不仅影响自然界，而且也相互影响。他们只有以一定的方式共同活动和互相交换与其活动，才能进行生产。为了进行生产，人们相互之间便发生一定的联系和关系；只有在这些社会联系和社会关系的范围内，才会有他们对自然界的影响，才会有生产。"①"生产者相互发生的这些社会关系"是"他们借以互相交换其活动和参与全部生产活动的条件。"②按照这种思维和历史逻辑，风险社会的根源可以从两个视角来考察，进而得出两个基本结论。所谓两个视角，一是人与自然的关系视角，二是人与人（社会）的关系视角。所谓两个基本结论，其一，"社会"的社会风险是人与人（社会）的关系不和谐造成的；其二，"自然的"社会风险也是人与人（社会）的关系不和谐造成的。确实，不仅社会生活中的贫富差距、城乡差距、恐怖主义等显然是人与人（社会）的关系问题造成的，而且生态危机、环境问题等，就其根本原因而言，实际上也是人与人（社会）的关系不和谐带来的后果。就中国风险社会而言，进入风险社会具有一定的必然性。近三十多年来，中国现代化进程加快，社会转型不断推进，融入经济全球化程度不断加深。在此过程中出现的严重利益失衡，可以说是当前中国社会风险不断累积的主要原因。

第一，现代化的快速推进在一定程度上导致了利益分配不均和利益分化加剧。20世纪70年代末以来，中国的现代化步入了快速发展的轨道，这在一定程度上也是利益分配不均与利益分化加剧的过程，进而导致了社会风险的不断累积。其一，中国现代化发展战略一直实行的是一种不平衡发展战略，必然造成利益分配的不平衡。在相当长的时期内，包括改革开放近三十年来，中国实行的是一种重点发展战略，一定意义上就是社会不平衡发展战略。这种战略的实施在一定的社会背景下，对推动中国社会的现代化进程发挥了重要作用。但当现代化达到一定阶段，特别人均GDP达到1000—3000美元阶段，这种不平衡战略的负面效应便日

---

① 《马克思恩格斯选集》第1卷，人民出版社1995年版，第344页。
② 乌尔里希·贝克：《风险社会》，何博闻译，译林出版社2004年版，第344页。

益凸显:国家、社会、人和自然层面或者同一层面内部部分受益而其他部分受损的局面越来越严重,社会的发展因而不是一种和谐均衡的发展,而是在一定程度上片面的、不平衡的发展。特别是20世纪90年代以后,最具现代性特征的市场经济迅速发展,这种不平衡发展战略造成的后果与市场经济的某些负面效应相结合,更加导致了利益分化的加剧。在经济层面,出现了单纯追求GDP增长的情况,一些地方忽视人与自然的协调发展;在社会层面,阶层分化和利益分割加剧,一些地方或领域劳资之间的力量对比发生重大变化;在精神层面,市场经济的趋利本性暴露出来,出现诚信缺失、道德滑坡、信仰危机;在人与自然的关系方面,粗放的经济增长方式,造成了人口、资源、环境之间关系日益紧张的局面。这种不平衡发展战略就使不同社会主体在现代化进程中在利益分配上出现不平衡,并且付出的成本与收益之间也不平衡,由此加剧了不同社会主体之间的矛盾和冲突,产生了许多严重的社会问题。其二,现代化的快速发展使利益分化加剧。在现代化加速推进的过程中,随着市场经济发展和社会阶层结构的变化,利益分化明显加剧,人与人之间、个人与集体或个人与社会的价值关系发生重大变化,不同社会群体受益程度出现很大差别,原有的利益结构、利益主体和利益类型也发生显著变化:从利益平均化到利益多极化,从利益依赖性到利益独立性,从利益稳定性到利益多变性。英国学者拉尔夫·达尔道夫(Ralf Dahrendorf)的研究表明:"现代的社会冲突是一种应得权利和供给、政治与经济、公民权利和经济增长的对抗。"①这种利益分化加剧的负面影响如果得不到及时控制和缓解,就会增加社会风险,成为社会冲突和社会动荡的隐患。

第二,社会转型与制度转轨导致成熟的利益分配与协调机制缺失。从一般意义上讲,中国社会风险的累积与中国社会由传统社会向现代社会转变密切相关。借鉴贝克的风险社会理论分析发现,社会进入现代化的一定阶段后,必然伴随社会风险的增长。许多西方学者都认为,当今现代社会是一个充满风险的社会,风险是现代性的基本要素,风险社会是现代性的重要特征。"现代性正从古典工业社会的轮廓中脱颖而出,正在

---

① 拉尔夫·达尔道夫:《现代社会冲突》,中国社会科学出版社2000年版,第3页。

形成一种崭新的形式——(工业的)'风险社会'。"①英国学者安东尼·吉登斯(Anthony Giddes)认为,风险概念标识了现代社会与前现代社会的根本差异。在自然和传统消亡后生存的世界,其特点是从"外部风险"逐渐向"人造风险"转移。② 处在历史转型过程中的中国社会,贝克和吉登斯所说的"自然终结"和"传统终结",③两种现象是比较明显的。特别是中国在社会转型的同时,还面临着制度转轨,因而缺乏成熟、合理的利益分配与协调机制,这更加剧了中国社会风险的累积:贫富悬殊加剧、腐败问题严重、市场秩序混乱等,并对构建和谐社会构成严峻挑战。

　　第三,经济全球化背景下国际利益裂变的压力。在融入经济全球化进程中,中国从经济全球化中既获得了利益,又面临经济全球化背景下国际间利益裂变的强大压力。经济全球化在很大程度上是市场经济的全球扩展,并且经济全球化是由发达国家主导的,发达国家处于明显有利的地位,而发展中国家则相对处于不利地位。英国学者戴维·赫尔德(David Held)等人认为:"全球化是一个深刻分化并充满激烈斗争的过程。全球化的不平衡性使得它远不像整个星球都体会到的那样是一个日趋一致的过程。"④美国学者约瑟夫·斯蒂格利茨(Joseph E. Stiglitz)认为:"西方已经驱动了全球化的日程表,以发展中世界的代价确保它储存不均衡的利益份额。"⑤在经济全球化过程中,中国的经济安全、政治安全、文化安全与环境安全等都面临着更多、更大的压力,相应地也就增加了中国的经济风险、政治风险、文化风险与生态风险。"现时代人类已经进入世界风险社会。在世界风险社会中,非西方世界与西方社会不仅共享相同的空

---

　　①　乌尔里希·贝克:《风险社会》,何博闻译,译林出版社2004年版,第2页。

　　②　参见安东尼·吉登斯、克里斯多弗·皮尔森:《现代性——吉登斯访谈录》,新华出版社2001年版,第194—195页。

　　③　安东尼·吉登斯和乌尔里希·贝克所说的"自然终结"并不是说自然环境消失了,而是说物质世界的方方面面不受人类干预和影响的已经寥寥无几,人类在很大程度上凌驾于自然之上。"传统终结"则是指人与自然、人与社会之间关系的剧变。在传统社会中,人生活的方方面面往往都受到传统的严格约束,人必须循规蹈矩地生活,听天由命地接受命运的安排。而现代社会则是一个自由开放的社会,人所受传统的束缚很少。他们认为,这两种变化是人类进入风险社会的重要原因。

　　④　戴维·赫尔德、安东尼·麦克格鲁:《全球化与反全球化》,社会科学文献出版社2004年版,第1页。

　　⑤　约瑟夫·E.斯蒂格利茨:《全球化及其不满》,机械工业出版社2004年版,第4页。

间和时间——更重要的——也共同分享第二现代性的基本挑战。"①显然,中国融入经济全球化的过程也是中国融入风险社会的过程。

从哲学视角考察,风险是现代社会内生的,伴随着人类的决策与行为,是各种社会制度,尤其是工业制度、法律制度、自然技术和工程科学等正常运行的共同结果;风险是广泛存在的,并已成为现代社会的基本特征,成为后工业社会的内在本性。特别需要关注的是,"风险社会"或"社会风险"已经不仅仅是一种社会现象,而是现代社会的一个本质特征,它折射着一个"崭新"时代,因此,需要哲学研究领域和研究范式的深刻变革。

"风险社会"呼唤"社会工程"。风险社会既然是当下社会的真实存在,是现代社会的一个时代表征,是人们深入理解现代社会的重要视角,那么把"风险社会"本身纳入哲学问题域,作为一个哲学问题思考,选择"社会工程"这一新的哲学范式作为理论工具而讨论之,就显得十分必要了。如果一种重大的社会历史转折时期一种新的时代已经生成,哲学家找不到人类所面临和遭遇的新问题和新主题以及反思这些新问题、新主题的哲学范式,那么哲学必然会成为一种落伍的"独白",进而走向"寂寞"。在风险社会早已来临的背景下,哲学关注的焦点应当从外在的物质、自在的自然、客观规律性、给定的实在、超验的实体、普遍的真理转向人、实践、主体性、交往、价值、文化等,特别是环绕着现代科学技术和全球化背景下人与自然的关系、人与人的关系、人类历史和人类社会的重大问题,开辟一系列新的研究领域和新的生长点,如工程哲学,特别是社会工程哲学,并且在实践理性的复兴、主体意识的成熟、发展观念的更新、文化精神的重建等方面取得重要进展。

"社会工程"范畴,恰恰是风险社会时代精神需求的"凝结",是"人"、"实践"、"主体性"、"社会交往"、"社会价值",特别"人与自然"、"人与人"等重大问题的高度概括。所谓社会工程,就是社会主体以社会理论为基础,以社会技术为中介,适应、改造、调整社会关系,建构社会体制的实践过程。这一概念是近代特别是在现代科学技术高度发达,人们的社会理性高度自觉的基础上提出来的,在人类社会生产、生活、生命、生

---

① 乌尔里希·贝克:《世界风险社会》,南京大学出版社 2004 年版,第 2—3 页。

态中,社会工程不仅具有认识论、方法论、价值论意义,而且具有本体论价值。

从认识论视角分析,"社会工程"是完全可能的。"社会工程"是一个比"社会实践"的内涵更丰富、更具体、更可设计的哲学概念。它的提出及其哲学思考标志着风险社会存在的哲学研究领域和研究范式的深刻转向。由于西方工业化现代化模式风靡世界,现代自然科学技术理性,甚至文化必然成为现代社会的主导力量。诚然,在现代社会中,由于自然科学技术的强大威力,一切存在,物质的、精神的和生物的都被数量化了,一切变得可测度、可计算、可交换、可创造、可复制了。如今不论在西方、东方、中东、非洲、拉美,全世界各地区,不论社会制度如何,只要与工业化、现代化和科技化相联系,一切都已经纳入了量化和计算之列。生命行为的质量已经被数量所取代,甚至生命形式本身都列入了自然科学技术的范畴。与工业化、现代化通过科技数量化客观存在的后果几乎一致,通过自然技术对人类生活进行简单化处理,特别是通过现代通信和影视技术,把人类生活变成了可以复制、可以演示、可以逆转、可以组合的机械事物。生命存在形式的多样性和独特性消失了,一切的一切都纳入了千篇一律的统一形式当中。一切精神价值的等级体系和宗教式的纯粹理想都难以确立和维持,终极的、绝对的道德和信仰修养变成了人们不屑一顾的空泛理论。与其相联系,社会科学,如统计学、经济学、法学、社会学等也让我们相信社会是可以设计、规划、"计算"和"制造"的,人类社会发展和生活的神秘性消失了。从古代、近代哲学的形而上学倾向到马克思的实践哲学是人类认识史上一次根本的哲学转向。这种转向结束了"哲学家只是用不同的方式解释世界"的历史,开启了"问题在于改变世界"的新境界。从此"实践"的范畴告别了仅限于认识论范畴的历史命运获得了本体论意蕴的新生。但发人深省的是在"实践"范畴的讨论中,人们虽然反复强调的是感性的实践,可是讨论的却是实践的主客观性质及其构成要素,而与实践的历史内涵、现实内涵、社会内涵、文化内涵等相去甚远,进而使本来被马克思高扬的实践思维又回到理论思维,而改变世界的哲学并没有得到根本的发展。

从本体论视角分析,"社会工程"比"实践"更丰富。新世纪以来工程哲学的创立,把"实践"研究向前推进了一步,在哲学领域主张用工程思维发展实践思维,丰富理论思维,这无疑是哲学研究的一大进步。然而在许多哲学家和工程师的视野中,工程就是自然工程,就是"三峡工程"或者是"南水北调"工程,而社会体制改革工程,构建和谐社会工程等诸如此类的社会工程只是一种比喻,并不是真正意义上的工程。这种狭义的工程观、片面的工程观使刚刚破土而出的工程哲学的哲学价值大打折扣。因而社会工程哲学研究在风险社会背景下实现了哲学研究的又一转向。这一转向强调人们调整社会关系、建构社会体制需要工程思维,需要工程设计,需要工程规划,需要工程评估,把只能需要理论思维把握的各种社会关系纳入可以"改造"、可以"生产"、可以"制造"的工程哲学逻辑框架中,真正体现了社会规律。特别是在风险社会背景下,如何应对社会风险,避免或减少社会震荡,关键是实施好社会工程,或者把许多复杂的社会矛盾消解,社会体制的改革与重建当做社会工程来设计、来规划、来实施。为消解风险社会的风险,需要实施"建立公平合理的利益分配机制"工程、"建立健全利益协调机制"工程、"加强国际安全合作机制"工程等等。如果把这些重大社会工程都按照"工程"的规律去规划、设计和施工,那么每一项具体的社会工程成功的概率就会大大提高。

从价值论视角分析,"社会工程"在消解"社会风险"中的作用是不可替代的。在风险社会(世界)时代,调整人与自然的关系,促进经济发展,增加经济总量是增强综合国力的基本途径,但不是唯一途径。"国民的文化、教育、心理和身体素质,国家的科学技术水平,民族文化的优越性,国家的人才资源和战略人才储备情况,政府的合法性与凝聚力,社会的团结和稳定程度,经济和社会发展的可持续性等变得日益重要"。[①] 针对中国面临的社会风险,德国社会学家贝克认为,"当代中国因巨大的社会变迁正步入风险社会,甚至将可能进入高风险社会。从西方社会发展的趋势来看,目前中国可能正处于泛城市化发展阶段,表现在城市容纳问题、不均衡发展和社会阶层分裂,以及城乡对比度的持续增高,所有这些都集中表现在安全风险问题上"。他认为,"这些仅仅是中国社会风险的次要部分,它的主要部分我认为是信任风险。任何一个社会制度得以维系都需要有不可或缺的两种关系:一是法律关系,二是伦理的信任关系。这两

---

① 俞可平:《论全球化与国家主权》,《马克思主义与现实》(双月刊)2004 年第 1 期。

种关系不仅是市场经济存在的灵魂,而且也是社会经济发展最根本的动力和保障"。① 这些社会因素,这些人的关系的因素,在化解社会风险中的作用越来越明显。因此,调整这些社会关系社会工程的作用也就越来越重要。这些矛盾和问题,或者说这些社会风险仅仅依靠"自然工程"是难以消解的。只有以调整人与人(·社会)关系为目标的社会工程的精心规划、设计和实施,才有可能理顺这些复杂的"人的关系",才能化解社会风险的风险。

总之,哲学并不是一种给定的、静止的、抽象的、封闭的理论体系或人们可以一劳永逸地套用的逻辑公式,而是内在于人的生存之中的一种生生不息的理性反思。因而,哲学的问题领域及其研究范式也应当是与时俱进的。风险社会时代,哲学应当由长期以来关注人与自然的关系,转向对人与人(社会)关系的关注,由对抽象的"物质"的关注,转向对具体的"实践"的关注,由对"一般意义上的实践"的关注,转向对"工程",特别是对"社会工程"的关注,"在思辨终结的地方"开启对现实社会生活——风险社会的哲学反思。

---

① 薛晓源、刘国良:《全球风险世界:现在与未来》,《马克思主义与实现》(双月刊)2005 年第 1 期。

第二章

学科边界：人类改造社会 世界之谜的哲学追问

哲学是时代的光焰，是一个时代最精致、最深刻的思想。社会越是向前发展，人们的实践越是复杂，社会生活越是多彩，时代的变革越是深刻，就越是需要重视哲学、发展哲学、创新哲学。社会工程哲学就是人类改造社会世界之谜的哲学追问，是实践唯物主义与社会技术哲学、工程哲学的有机结合。或者说，社会工程哲学不是社会哲学，不是社会技术哲学，也不是一般意义上的工程哲学。社会工程哲学是人们改造社会世界问题的哲学研究，不是人们认识社会世界问题（当然有认识社会世界问题）的哲学探索；社会工程哲学不是关于人们改造世界问题的哲学研究，而是人们改造社会世界问题的哲学反思（尽管社会工程的实施中也可能包括自然工程）。

一、社会工程哲学反思人与社会世界的实践关系

人的问题，是一个既涉及人的理性，更关乎人的情感的重大理论和实践问题。在人类认识史上，自从苏格拉底第一次提出"认识你自己"以后，人类对"自己"的探索、研究就一直没有停止过。对"人"的问题的认识，可以说是人类认识论的一个重要转向和永恒的指向。哲学当以人为研究对象，这既是哲学的崇高使命，也是人类理性之光的至上追求。特别是在现代哲学中，人的问题越来越突出，人的生产、生活、生命、生态，即所谓人生（民生）问题日益凸显，因此关于人的哲学也日益演变成显学。许多现代西方哲学的流派，如存在主义、人格主义、结构主义、生命哲学、唯意志主义，甚至后现代主义也都从不同视角把人作为自己的研究对象和研究重点，都公开申明以人的问题作为其哲学研究的出发点和中心问题，

力图回答人的本质、人在世界中的地位、人的个性形成途径、人的需要、人的价值、人类中心主义、非人类中心主义等问题。

实际上,马克思哲学的出发点或关注点也是人。马克思一踏上哲学研究之路,就有一种基本倾向,不大关心世界的本体,而是特别关注人;不大关心自然,而是注重社会。人—社会问题一直是马克思哲学指导的一条重要线索。马克思早期、中期、晚期研究的重点有变化,使用的话语有调整,但实现人的自由和解放都是马克思终生不渝追求的哲学价值目标。马克思和恩格斯写于1845—1846年的《德意志意识形态》开宗明义:"我们的出发点是从事实际活动的人——这种研究方法并不是没有前提的。它从现实的前提出发,而且一刻也没有离开这种前提。它的前提是人,但不是处在某种幻想的与世隔绝、离群索居状态的人,而是处于一定条件下进行的现实的、可以通过经验观察到的发展过程中的人。"①显然人学或者人的哲学,是人类诸多学问中的最高学问。

在社会工程哲学视野中,人表现为感性实体的存在、历史性存在、社会性存在;作为一个矛盾性的存在物,人同时具有极强的自为性,人不仅以生命活动的方式存在,而且意识到自己的生命活动,并且根据自己的意志和意识进行生命创新活动。这样,人的生命活动就成为实现人的目的性要求的活动,把自己的目的性要求转化为人所希望的现实的活动,让世界满足自己的需要的活动。正因如此,生存活动、创造活动、对象性活动本质上是统一的,人的生命活动已不再是纯粹适应自然以维持自身存在的生存方式,而是改造自然以创造人的世界的生活方式。

社会工程哲学就是从这样的"人"出发,解构"人"——自然性和社会性、现实性和历史性、主体性和客体性、目的性和规律性等的统一这样一个复杂的矛盾体,把"人"的关系、人的社会关系、人与社会的关系的"灰箱"打开,创立社会工程哲学的基本范畴,然后进行逻辑推衍和哲学论证,构建社会工程哲学思想体系。换言之,社会工程哲学就是在当今社会工业化、城镇化、国际化、市场化的背景下,在构建"和谐世界"的伟大实践探索中,把人当做手段与目的的统一,当做主体与客体的统一,当做人与社会的统一,当做人与环境的统一,即"人即人的社会","人的世界"。

---

① 《马克思恩格斯选集》第1卷,人民出版社1995年版,第73页。

社会工程哲学把人作为研究的逻辑起点,主要是从人的现实存在出发,从人的现实需要出发,从人的全面发展出发。"人"在社会工程哲学中是"丰富"的、具体的;"人"在社会工程哲学的逻辑起点地位是基础性和前提性的。社会工程哲学着力反思的就是人的社会、人的世界,人与社会世界的适应、依赖和改造关系。

1. 社会是人类工程活动的产物

什么是社会?怎样分析和研究社会?研究社会的目的是什么?能否真正把握社会的本来面目?社会的真正面目的辨别标准是什么?

我曾在 2006 年人民出版社出版的《社会工程哲学引论》中讨论了社会是什么的问题,那是选择了社会学、现象学视角。今天看来,那种分析有道理,但局限性也很明显,主要是没有从发生学视角讨论"社会"是怎么样的,也没有从未来学视角讨论社会应该是什么,忽略了马克思关于社会是"产物"的重要思想以来,现在我们可以肯定地说,社会是人类工程活动的产物。正如马克思所说:"社会——不管其形式如何——是什么呢?是人们交互作用的产物。"①马克思还认为:"整个世界历史不外是人通过人的劳动而诞生的过程,是自然界对人的生成过程。"②可以说,社会有机体本身也是人造物。

在西方历史上,黑格尔、孔德、迪尔凯姆、韦伯等人虽然都对整个社会的发展进程作过大量的论述,并曾经试图去说明推动社会发展的基本因素,但是,他们都是以一种或几种因素对社会演化的动力来进行说明的。例如,黑格尔将事物的运动变化和发展过程看做是一种精神的产物,是一种绝对理念的外化;孔德将社会变革原因理解为人类知识的不断积累和不断进化等。

作为唯物史观的创立者,马克思极其深刻地意识到"社会"对于"历史科学"的奠基作用,并认为,任何历史事件,都必须从历史本身中寻找它的动力,最终都必须从社会经济中寻找动力,即一切社会变迁和政治变革的终极原因。社会不仅是人类实践活动的基本空间,而且是历史运动

---

① 《马克思恩格斯选集》第 4 卷,人民出版社 1995 年版,第 532 页。
② 《马克思恩格斯全集》第 42 卷,人民出版社 1979 年版,第 131 页。

的真实主体。因此,只有具体地、历史地认识社会,清晰地界定"社会"概念,人类才能真实地认识自身及其历史。1844 年年初,青年马克思开始集中主要精力研究政治经济学,在异化劳动理论的基础上,开始界定"社会"概念。此时马克思所指的社会或类本质并不是后来科学的社会概念。在《1844 年经济学哲学手稿》中,马克思把类——社会概念推向了社会生活的层面。在生产劳动这个人类生存和发展的基本层面上界定社会概念,并用以批判现实生活中形成的人物颠倒、主客错位的异化关系。在《1844 年经济学哲学手稿》之后,随着对政治经济学研究的深入,马克思逐渐开始试图从人对物质生活资料的依赖关系中推出人们之间必然的相互关系。他认为,社会是一切社会关系的总和,是一个具体的历史范畴。"社会不是由个人构成而是这些个人彼此发生的那些联系和关系的总和。"①我认为这个总和至少可以分为以下三个层面加以理解:一是由人的工程活动所创造的社会物质条件。当代社会文化的发展,使该层面的文化因素建构起人们生活和社会活动环境的所谓"第二自然"。现代社会中,人们的工程活动同真正客观自然的关系,已经被人们自己构建的第二自然所隔离,也使人的工程活动在一定程度上相对独立于第一自然。二是人们通过工程活动建构的一系列多元符号、密码和信号所形成的各种社会制度、体制。三是人们自己通过工程活动构件直接渗透到人们自然心灵的思想观念、水准和价值体系。此三者相互作用,共同构成人类实践—工程活动的前提、内容和体系。

社会是一个起源于物质生产过程的具体历史范畴,人们在进行物质资料生产的同时,也生产着他们之间的社会关系,这些"生产关系总合起来就构成为所谓社会关系,构成为所谓社会,并且是构成为一个处于一定历史发展阶段上的社会,具有独特的特征的社会"。②"社会是什么形态,发展到什么阶段,不管其形式如何,就其本质而言,是一种'产物'。"③所以在一定意义上说,社会本身就是人类工程活动的产物。准确地讲,社会本身就是人工"物",是人们创造、创新、生产、制造的产物,是"人们交互

---

① 《马克思恩格斯全集》第 46 卷,人民出版社 1979 年版,第 220 页。
② 《马克思恩格斯全集》第 6 卷,人民出版社 1961 年版,第 487 页。
③ 《马克思恩格斯选集》第 4 卷,人民出版社 1972 年版,第 320 页。

作用的产物"（马克思语）。不生产、不创造，就不会有"社会"这个宇宙中的"产物"。因此，我们也可以说"社会"本身是"工程"的结果，是人们通过"工程"而适应和制造的人工"物"。换言之，社会的生成过程是"工程"，社会的进步过程是"工程"，社会的改造过程是"工程"。如果社会是一个有机体，如果社会是一个"关系网"，那么创新这个"有机体"，改造这个"关系网"的活动就是社会工程。正如霍布斯所言："我们能知道其原因和结果的物体，都是哲学要加以研究的课题。有自然物体和人为物体，或者国家，即由人所创制的物体。"①

2. 社会科学是人类认识自己的理论成果

把"实践"范畴工程化，其核心在于把"实践"活动科学化、技术化。这就需要深入研究和探索"实践"范畴和"实践"活动的科学基础和技术基础。这就需要深入研究和探索社会科学和社会技术。

罗素曾经说过，当我们问"科学是什么"的时候，我们就已经提出了科学的哲学问题。同理，当我们提出和回答"社会科学是什么"的时候，我们就已经自觉或不自觉地进行了关于社会科学的哲学探索。

社会科学哲学是关于社会科学的本质、特点、规律、方法等问题的哲学探索。它不是思考某一门或者某几门具体社会科学，而是在与自然科学的参照与比较下，探索社会研究的本质、特点和规律，对数百年来社会科学能否和何以成为科学等基础性和前提性问题进行思考，为社会科学研究提供哲学方法论。

在实证主义框架下，社会科学哲学的根本主旨是将反思自然科学时所取得的成功方法、规律和概念，引入到社会科学的相关、相同问题域中，用以确立和提升社会科学的"科学地位"。但是自从库恩1962年《科学革命的结构》一书问世以来，社会科学哲学也已经和正在摆脱自然科学哲学的阴影，作为一个活动而激动人心的哲学研究领域重新登上哲学的殿堂：哲学与社会科学的关系、自然科学与社会科学的关系、社会科学方法论的自我意识等问题，都成了哲学认识论的中心问题。

当然，社会科学哲学流派纷呈：实证主义的社会科学哲学、解释主义

---

① 梯利：《西方哲学史》，商务印书馆2005年版，第297页。

的社会科学哲学、批判主义的社会科学哲学、后经验主义的社会科学哲学等。不管属于哪种社会科学哲学派别,其核心是对社会科学进行反思性的实践活动。①

从社会科学发生、发展的历史看,社会科学是研究社会现象的学科或者科学。"19世纪下半叶以来,人们仿效自然科学模型,借鉴自然科学方法,研究日趋复杂的社会现象,形成了政治学、经济学、社会学、法学、教育学等现代意义上的社会科学。社会科学从多侧面、多视角对人类社会进行分门别类的研究,力图通过对人类社会的结构、机制、变迁、动因等层面的深入研究,把握社会本质和发展规律,更好地建设和管理社会。"②"相对于自然科学而言,近代以来社会科学显现出发育的滞后性、学科边界的模糊性、发展的非规范性、体系结构的复杂性等特点。"③

科学学家贝尔纳认为:"人类对他生活在里面的社会的知识远比人类对周围物质世界的知识,或者对这个世界里生长和生活着的植物和动物的知识更难于获得,过去如此,现在还是这样。关于人类社会的各门科学作为一个类别而论,都是些最年轻的和最不完备的科学,而且,就其现有形式来看,它们被称为科学,有些人是怀疑的。"④

在西方,以孔德等为代表的实证主义者认为,社会现象和自然现象本质上是一致的,即都是客观的、因果性的和有规律的,主张借用自然科学的方法和基本原则对人类社会进行研究,试图将社会科学建构成"研究社会的自然科学"。但把社会科学自然科学化的思想观点和理论尝试一直遭到质疑和批判,特别是20世纪60年代以来,反对者的声音越来越高:一是来自马克斯·韦伯开创的社会学人文主义传统的批判,他认为社会科学与自然科学在逻辑上大相径庭,坚决反对用自然科学法则来使社会科学科学化;二是来自一些自然科学家和社会科学家的批评,他们认为,"社会科学的研究结果不如自然科学",因而对社会科学的科学性表示怀疑;三是来自狄尔泰的怀疑,他认为自然、自然科学与社会、社会科学的区别是本体论的,是原则性的,它们之间存在着诸如纯粹的客观性、外

---

① 殷杰:《当代开放社会科学哲学研究现状》,《中国社会科学》2006年第3期。
② 刘大椿:《科学技术哲学导论》,中国人民大学出版社2005年版,第410页。
③ 刘大椿:《科学技术哲学导论》,中国人民大学出版社2005年版,第405页。
④ 贝尔纳:《历史上的科学》,科学出版社1983年版,第549页。

在性与自由的创造性、确定性与非确定性、普遍性与个别性、分类的循环与诠释的循环的对立。

实际上,孔德的观点和孔德观点批判者的观点都有失偏颇。自然科学与社会科学在人的社会性和感性活动的基础上是统一的,两者之间的区别主要表现为客体范围不同,即自然科学的对象是人的感性活动造就的自然对象,而这种自然对象的物化所形成的人的自然恰恰是社会科学研究对象不可分割的部分。从整体上讲,尽管社会科学与自然科学"和而不同",但二者毕竟是"两位一体"。应当承认,社会科学自产生之日起,就一直是在自然科学的思维方式影响下发生和发展的,但社会科学的系统发生是有其客观现实基础的,这就是自然科学技术革命引发的社会结构的深刻变化。正如卡尔·霍恩所说:"工业革命以前的社会并不是没有变化,但是技术的兴起使这种变化迅速得多,并且打破了传统的生活模式而又没有新的模式来代替。社会科学的产生部分的原因就是努力寻求这种新的模式。"①可以说,社会科学的系统发生,是自然科学思维方式的影响和客观对象的现实需要共同推动的结果。这就决定了社会科学在研究社会对象时,其思维方式和研究方法既与自然科学密切相关,又必然要保持必要的"张力"。社会科学家也往往按照自然科学的思维模式研究社会对象,进行观察、概括,建立模型,提出假设并进行验证。这已经成为长期以来自然而然和习以为常的研究方式。卡尔·霍恩认为:"科学的基本方法——观察、概括和验证——用于社会实践的研究就同用于生物和自然事件一样。但着重于收集和试验数据的方法可能要求有区别,这个事实并不是社会科学有什么独特之处。"②

"社会科学通过对社会改进提出批评,或者更准确地说,通过尝试性地发现一些经济行为或实践行为是否同样会产生一种期待或结果。"③社会科学研究的人类群体行为,本身就是由一定的社会集团及其行为构成的。这是一个融会着事实、价值和意识形态的对象领域,一定的社会集团

---

① 卡尔·霍恩:《变革时代的社会科学》,李述一译,社会科学文献出版社1989年版,第46页。

② 卡尔·霍恩:《变革时代的社会科学》,李述一译,社会科学文献出版社1989年版,第59页。

③ 戴维·米勒:《开放的社会和思想》,张之沧译,江苏人民出版社2004年版,第333页。

及其价值关系以自觉的思想观念或不自觉的无意识渗透到社会科学理论中。社会科学不仅其研究主体具有意识形态性,而且研究对象本身也具有意识形态性。这就不仅限制了社会科学理论的评价与选择,而且制约着社会事实的收集与认定。因此,从本质上讲,社会科学必然是科学性与意识形态性的统一。但从发展趋势看,社会科学发展、创新的过程必然是科学性不断强化和意识形态性不断弱化的过程。社会科学它不仅包含了科学发现中的理性与非理性、科学理论的普遍性与特殊性等关系,而且以更加明显的方式包含了事实与价值、科学性与意识形态性、科学理论与现实的人等诸多矛盾关系。在社会科学研究,特别是对社会科学进行哲学思考时,应当统筹兼顾,既不能以研究对象的客观特质及其所要求的科学的理性思维方式来否定社会科学研究中的价值和意义方面,也没有理由因社会科学的意识形态性,而将意识形态作为社会科学的根本性规范和标准,来否定社会科学的科学性。

由此可见,社会科学是人们对整体社会的各个不同方面的研究,是对支配社会生活不同领域特殊规律的相对正确的把握,是人类认识自己的理论成果,因而具有不同于其他学科或科学类型的特性。

社会科学研究对象具有自为性。社会世界是物质世界发展到一定阶段的产物。它是通过人的有意识、有意志、有情感的活动才得以形成的,社会世界现象的运动、演变也必须依靠人的有意志、有目的的活动来维持。因而,社会科学的研究对象具有鲜明的自为性。社会世界不仅包括经过人工物,而且包括经过人的主观意志而建构的社会制度、社会关系、社会组织、社会机构等。因而,社会世界中的因果关系与自然世界中的因果关系相比,更为复杂,它不是单线的、机械的,而是极其复杂的、非线性的、具有统计性质的因果关系。

社会科学研究对象具有价值与事实的统一性。马克思恩格斯曾经说过,全部历史的第一个前提无疑是有生命的个人的存在。因此,第一个需要确定的事实就是这些个人的肉体组织以及由此产生的个人对其他自然的关系;而人类历史的第一个历史活动则是生产和满足人的物质生活的需求。对这种社会事实,"可以用纯粹经验的方法来确认"。① 社会事实

① 《马克思恩格斯选集》第 1 卷,人民出版社 1995 年版,第 67 页。

与社会价值总是互为表里、互相依存、相辅相成的。在现实性上,任何社会事实都渗透社会价值,社会事实总是以不同的形式体现社会世界改造者的意义追求和价值凝结。换言之,无论是社会的人,还是人的社会,都既是一种社会事实存在,又是一种社会价值存在。人的认识和改造社会世界的活动,不仅是为了解决衣、食、住、行的需要,而且是为了实现人的价值和提升或者重塑人的本质。

社会科学研究对象还具有主体间性。马克思曾经指出:无论是在性质方面,还是在范围、程度和方式上,社会认识主体与社会认识客体之间总具有某种内在的对应性和相关性。主体对客体的需要和把握客体的能力、水平往往决定了外部事物转化为客体的范围、程度与层次,成为主客体关系建立所不可缺少的主体性条件。同时,客体对主体需要的有用性及其可知性则使主体对客体的关注成为可能,成为主客体关系所必不可少的对象性前提。"对象如何对他来说成为他的对象,这取决于对象的性质以及与之相适应的本质力量的性质。因为正是这种关系的规定性形成一种特殊、现实的肯定方式。"①"从主体方面来看:只有音乐才能激起人的音乐感;对于没有音乐感的耳朵来说,最美的音乐也毫无意义,不是对象,因为我的对象只能是我的一种本质力量的确证。"②在社会认知活动中,社会认知的主体是人,是生活在社会世界中的人,社会认知客体则是通过人的认识和改造活动而形成的社会世界。由此派生出了社会认识系统中的诸多难题。以一定的社会结构为例,作为社会科学研究,既要把社会结构当做客观存在,又不能把它同创造和不断重建这个社会结构的人相隔离。这样一来,社会结构作为研究的对象,一方面是历史积淀的产物,与过去和现在的人及其社会基础相关;另一方面,当下社会结构也已完全渗透着来自人的主观推动,价值因素所干预的各种复杂事物。比如,社会进步的标准问题、社会发展的动因和动力问题、社会和谐的判据问题、社会改革的力度问题、社会变迁的轨迹问题、社会转型的模式问题、社会制度的创新问题、社会悖论的脱悖问题、社会理想的构建与实现问题等等,所有这些决定了社会科学必然在"它"视野所及、能力允许的社会条

---

① 《马克思恩格斯选集》第 42 卷,人民出版社 1979 年版,第 125 页。
② 《马克思恩格斯选集》第 42 卷,人民出版社 1979 年版,第 126 页。

件下给这些社会问题以"应有"的解释，创新一定社会背景下可圈可点的社会理论成果，否则社会科学将有被"开除"学籍之虞。

3. 社会技术是人类改造社会世界的物质手段

笛卡尔曾经指出："哲学是关于人所能认识的一切事物的完善的知识，既是为了指导生活，也是为了保持健康，发现各种技术。"①社会技术就是人们为改造社会世界而"发现"的一种特殊技术。

什么是社会世界？这本身就是解释学意义的问题。或者说，当我们思考"社会世界"是什么的时候，实际上是在选择一种或者几种理论框架，选择一个或者多种概念、范畴，对"社会世界"作出解释，然后给出一个比较能够令人认同、接受的说明和论证。社会世界是一个复杂的系统。在人类认识史上，人们对社会世界的解释是多而复杂的。有马克思的历史唯物主义的解释，有卡尔·波普尔的反历史决定论的解释，有后现代西方社会理论反对或解构现代性的解释，等等。

值得注意的是，我们研究"社会世界"的本质时，总是与人们对社会科学的理解息息相关。或者说，社会世界的本质问题是社会科学的核心问题，对社会世界的解释，在一定意义上也可以理解为对社会科学的理解。从纯粹哲学解释学的视角考察，是否可以这样说，有什么样的社会科学，就有什么样的社会世界？有了对社会科学的哲学反思，社会技术问题在逻辑上就迎刃而解了：社会科学是社会技术的理论基础，社会技术是社会科学发生作用的中介，因此，社会技术是人类改造社会世界的物质工具或手段。当然这里的"物质"不是物理学主义上的物质，而是哲学主义上的物质——客观实在性。

整体性、系统性、有机性是社会世界的最基本和最突出的一个特性。整体性、系统性是指构成社会世界复杂系统的各个组成部分相互联系和相互制约而形成的有序的整体。社会世界的整体性不是自发的、自然而然的，而是需要调整、改造、控制和整合的，是社会技术发生作用的结果。调整、整合、协调社会运行，正是为了正常地发挥社会中各个子系统、各个部门、各个环节的功能，从而达到预期的社会整体效果。社会技术恰恰是

---

① 梯利：《西方哲学史》，商务印书馆 2005 年版，第 305 页。

人们调整、改造社会世界角色的扮演者。

哈贝马斯曾把知识类型分成四类,它们大致是技术知识、理论知识、道德实践知识、美的实践知识,而它们产生的可以留传下来的成果分别是技术、理论、道德、法律观念和艺术作品。

福柯在去世后出版的《文集》(1988)中,把技术分为四大类型:生产型技术,这是我们通常理解的狭义技术,如产品的制造、组装等;权力型技术;符号型技术;自我型技术。这个观念受到许多人的重视,也产生了许多研究。

受其思想的启示,我们可对以上分类加以扩充,把技术分为自然技术、社会技术及思维技术三大类(本书不讨论思维技术),也是特有启发性的。

我国学者李喜先把技术特性概括为覆盖性、开放性、系统性、实用性。任何分类系统必须满足覆盖性。这也就是对于已有的技术一定要在框架中有其一定的地位。覆盖性也就是完备性。但是,技术系统不是封闭的、一成不变的体系,它每时每刻不断进步、不断创新,高新技术层出不穷,如果我们的技术分类不能包容新的技术门类,就是技术哲学研究的极大缺陷。因此,技术系统的分类要足够宽泛,能够包含技术进步带来的新事物,这就是技术的开放性。过去技术分类的一个缺点是缺乏系统性。各种技术平摊在一个层次上,缺少多层次的隶属关系,这种技术分类有较大的局限性。当然,任何分类没有绝对的科学性及客观性。分类系统多少要反映分类者的目的,也反映分类者认识的局限性。因此,在任何时候,分类应该考虑实用性。在此基础上,李先生把技术系统分为三个级别:

基元技术:是技术的原子,相当于化工中的单元操作。所有技术中的操作由八大类基元技术构成:获取技术、加工技术、组装技术、调控技术、输运技术、交流技术、设计技术、转换技术。

基本技术:其对象是自然物质与物质系统、人工物质与物质系统、能量系统、生命系统、个人、个人思维、信息系统、社会系统。

复合技术:则是基元技术和基本技术经过分化、组合、交叉及整合而成,大部分实用技术均为复合技术,如医疗技术、教育技术等。

虽然社会技术并非一个新概念,但也还远未为学界所共识。日本学者三隅二不二把社会技术界定为控制人际关系和精神现象的技术，①美国人赫尔默、布朗和高登则把社会技术视为社会科学的方法，而金周英把社会技术包括在"软技术"范畴内。② 有关社会技术的研究还处于起步阶段，主要的困难在于对"社会"和"技术"这两个范畴没有一个明确的并得以共识的界定，各家所说的"社会技术"所指并不完全相同。

从起源的视角看，社会技术与自然技术几乎一样源远流长。但从其科学性的视角看，社会技术却远远落后于自然技术。无论是自然技术还是社会技术，都首先是从经验中产生并发展起来的。但是，在自然科学发展起来之后，自然技术又有了自然科学这个基础，从而成为"科学的自然技术"。虽然从 18 世纪起人们就开始努力发展社会科学，但迄今也没有社会科学的学科成熟到可与自然科学相比拟。社会技术之所以落后于自然技术，就是因为缺乏真正的社会科学为其基础。"科学的社会技术"有赖于社会科学的进步，期待着社会科学家摆脱意识形态的禁锢。

"社会技术"，在哲学视野中，还是比较新颖的哲学范畴，作为本世纪初我国科学技术哲学界部分青年学者深入挖掘、发挥，并从哲学视角着力讨论的一个新概念，社会技术的哲学理论基础是什么，或者说社会技术的哲学之源何在。近年来，我发现社会技术是有学理依据的，本人已经作出大胆的猜想和设计。研究表明，从亚里士多德到康德到马克思"两重实践观"堪称为社会技术的哲学依据。本文把"社会技术"与康德和马克思的"两种实践"中的本体论联系起来，并不是说"社会技术"是康德和马克思"两种实践"的本体论指归，而是意在论证康德和马克思"两种实践"的本体论已经折射出实践智慧的光芒和社会技术的本质，并使社会技术在逻辑上具有了本体论旨趣，通过对这一问题的深入讨论为社会技术哲学的发展奠定理论基础。

在西方哲学史上，亚里士多德最早对人的活动的不同类型作出了思考，在《大伦理学》中，他批评了苏格拉底关于"美德就是知识"的著名观点，认为这一观点混淆了人类灵魂的两个不同部分，从而也就混淆了人类活动的两种不同类型。在亚氏看来，人的灵魂是由两部分组成的：一部分

① 参见三隅二不二：《社会技术入门》，白亚书房 1995 年版。
② 参见金周英：《软技术——创新的空间与实质》，新华出版社 2002 年版。

是理性,它涉及人的感觉、认知、理智和思辨,关系到人的制作、生产和技术方面的活动;另一部分是非理性,它涉及人的激情、欲望和意志,关系人的德性和伦理、正义和政治方面的活动。苏格拉底所谓的"美德"属于灵魂的非理性部分,而"知识"则属于灵魂的理性部分,这两者不能等同,与其相对应的是两种不同的活动类型。在《尼各马可伦理学》中,亚里士多德明确区分出人的活动的两种不同类型:一种是制作,即人们生产、制造所需物品的活动,这种活动是受理智指导和支配的,人们通过自己的理智来确定哪些东西是真的和假的。另一种行动是受"实践的智慧"指导和支配的,而"实践智慧关系到行动"。① "实践智慧"告诉人们哪些是善的,哪些是恶的。他强调:"行动不是制作,制作也不是行动。"②由此可见,亚氏已经初步区分出作为生产劳动的活动和作为伦理、政治行动的活动。按照他的提法,只有后一种活动,才是真正意义上的实践活动。因为在这种活动中,活动者的意志是完全自由的,因而他必须承担与其活动相应的、伦理和政治方面的责任。

在亚里士多德关于人的活动类型和初步划分基础上,德国古典哲学开创者康德明确地区分了理性的两种主要的类型,一种是"思辨理性",它关涉到自然必然性,是在现象界的范围内展开的,其中起立法作用的是知性;另一种是"实践理性",它关涉到自由,是在本体界的范围内展开的,其中起立法作用的是善良意志。在康德看来,思辨理性涉及的是人与自然之间的关系,人通过自己的认识活动和技术发明活动去认识、把握和利用自然的必然性,而实践理性则涉及人与人之间的关系,人通过建立伦理规范来追求并实现自己的自由。与亚氏相同的是,康德在比较严格的意义上,把后一种活动看做是实践活动;与亚氏不同的是,康德以更加明确的见解鲜明地揭示了这两种活动之间的差异,康德特别关注调整人与人之间的社会关系的实践活动,强调"人们不应该提出使纯粹实践理性隶属于思辨理性这样过分的要求,从而颠倒了两者之间的次序,因为所有的旨趣归根结底都是实践的,甚至思辨理性的旨趣也是有条件的,唯有在

---

① R. McKeon edited, *The Basic Works of Aristotle*, Random House 1941, p. 1141b.

② R. McKeon edited, *The Basic Works of Aristotle*, Random House 1941, p. 1140a.

实践的应用中才是完满的"。① 然而,康德意识到,在日常生产生活中,特别是在学术讨论中人们并没有按照他关于"思辨理性"和"实践理性"的严格区别来考察人的活动。确实人们不但没有像康德一样把以本体论为基础的与自由相关的伦理、政治方面的活动称为"实践",而且也把康德所不赞成的、以认识论和技术主义为基础的、利用自然规律以改变和控制外部自然界的活动也称为"实践"。这样一来就形成了两个不同的实践概念。在《判断力批判》的导论中,康德认为:"迄今为止,在不同原理和哲学的分类上应用这些术语时,流行着一种引人注目的误用语:人们把遵循自然概念的实践和遵循自由概念的实践认作是同一个东西。"②而在康德看来,绝不能把遵循自然概念的实践和遵循自由概念的实践混淆起来。因为这两种实践形式之间存在着根本性的差异,前者属于现象界,是人的认识指导下的实践活动,后者属于本体界,是道德法则指导下的实践活动。正是在这个意义上,康德进一步指出:"假如规定因果性的概念是一个自然的概念,那么这些原理就是技术地实践的;但是如果它是一个自由的概念,那么这些原理就是道德地实践的。""道德地实践的各种规范完全建立在自由的概念上,完全排除来自自然方面的意志的规定,则构成了各种规范中的一种完全特殊的样式:它们也像自然所服从的规则一样,可以直接称为规律,但不像后者那样基于感性的条件,而是基于超感性的原理,在哲学理论部分的近旁,为自己单独地要求着另一部分,这个部分可以命名为实践哲学。"③显然康德哲学中"实践哲学"的地位是至高无上的。

当然,康德的"道德"是先验的道德,康德的"自由"是以先验的道德法则为基础的自由,康德的"实践"是"道德地实践",是"遵循自由概念的实践"。但是,康德对"两种实践"的区分,是西方实践概念发展史上的重大理论创新,也是长期以来被人们忽略的康德哲学的一个重大理论问题——"道德地实践问题"。在康德看来,"实践哲学"中的"实践"是"物自体"世界中的实践,这种实践比"技术地实践"更根本,更具有本体论意

---

① I. Kant, *Kritik der praktischen Vernunft*, Suhrkamp Verlag, 1989, p. 252.

② I. Kant, *Kritik der praktischen Vernunft*, Suhrkamp Verlag, 1989, p. 78.

③ I. Kant, *Kritik der praktischen Vernunft*, Suhrkamp Verlag, 1989, p. 80.

义。可是这种实践哲学由于一些哲学家比如黑格尔只把"物自体"视为认识论范畴,消解了其本体论意蕴,或者如培根主张"知识就是力量",或者如孔德把自然科学及其导向的自然"技术地实践"视为"正宗",从而遮蔽了康德的实践哲学——"道德地实践"的本体论旨趣,因而,把本来在康德视野中具有本体论意蕴的人与人之间的关系(伦理、政治等)彻底淹没了,调整人与人之间(社会)关系的"实践智慧"——"社会技术"也合乎逻辑地被一同淹没了!

确实,康德认为"两种实践"是不能混淆的,但康德也曾为把"两种实践"统一起来而不懈努力。在康德看来,应该以"道德地实践"的活动为基础来统一"技术地实践"的活动,应当以本体论解释框架内的实践概念为基础来统一认识论解释框架内的实践概念。但"统一"的工作似乎并没有产生"正果"。正如俞吾金教授所说:虽然康德力图运用反思判断力和目的论来统一感性与超感性、自然与自由、理论哲学与实践哲学、"技术地实践"活动与"道德地实践活动"、"遵循自然概念的实践"与"遵循自由概念的实践",然而,在他那里,"现象"与"物自体"之间的鸿沟是如此之深,以致这个统一工作收效甚微。① 他没有做好方法论创新,终会有人来完成的。

马克思以更宽广的理论视野,更高的思维境界主张把生产和其他一切领域的实际活动都理解为实践。他明确指出:"全部社会生活在本质上是实践的。凡是把理论引到神秘主义方面去的神秘东西,都能在人的实践中以及对这个实践的理解中得到合理的解决。"②马克思不赞成康德把此岸世界(现象界)与彼岸世界(物自体)割裂开来,从而把两种实践活动割裂开来。他说:"康德只谈善良意志,哪怕这个善良意志毫无效果他也心安理得,他把这个善良意志的实现以及它与个人需要和欲望之间的协调都推到彼岸世界。"③马克思还指出:"这种活动、这种连续不断的感性劳动和创造、这种生产,是整个现存世界的非常深刻的基础,只要它哪怕停顿一年,费尔巴哈就会看到,不仅在自然界将发生巨大变化,而且整

---

① 参见俞吾金:《从康德到马克思——千年之交的哲学沉思》,广西师范大学出版社2004年版。

② 《马克思恩格斯选集》第1卷,人民出版社1995年版,第60页。

③ 《马克思恩格斯全集》第3卷,人民出版社1960年版,第211—212页。

个人类世界以及他(费尔巴哈)的直观能力,甚至他本身的存在也就没有了。"①显然,马克思没有否定康德关于"两种实践"不能混淆的观点,但认为两者是可以统一的。在马克思的视野中,当人们从人与自然的关系的角度,即人改造、控制自然的认识论角度去考察问题时,实践就是"技术地实践";而当人们从生产关系乃至整个社会关系的角度,即从人们改造社会世界、追求自由的本体论角度去考察问题时,实践就又成了"道德地实践"。从马克思的上述引文中,我们可以清晰地发现,马克思是在人类生存论、哲学本体论的层面来讨论两种实践及其统一的真正基础的。第一,马克思首先把"实践"当成与理论思考和理论活动相对立的人类现实活动。从这个意义上说,马克思的实践概念系最一般的人类活动。第二,由于马克思所处的特殊历史条件,他所强调的实践从一开始就具有革命性和物质性特征,并把从事物质的实践活动看做是他的社会观乃至世界观的核心。正如他所说:"实际上和对实践的唯物主义者,即共产主义者来说,全部问题都在于使现存世界革命化,实际地改变和反对事物的现状"。② 第三,马克思把亚里士多德和康德的"两种实践"概念改造为"同一个实践"概念,尤其是人们改造世界的两个不同维度和不同领域。第四,马克思把物质生产实践视为实践概念中最基础的层面,把调整生产关系实践视为物质生产实践的前提条件。所以,我们可以说,马克思的实践概念是或者至少首先应当是从本体论,而不是从认识论视角加以把握的。这大概也是马克思的哲学被人们称为实践哲学或者实践唯物主义的根本理论和逻辑依据。

既然马克思在本体论层面统一了自从亚里士多德、康德以来的"两种实践"观,把人与人(社会)之间的关系,视为最自然的关系,那么,相当于亚里士多德和康德主张的"实践智慧"的社会技术,也就自然而然地获得了本体论的特殊旨趣。

康德和马克思"两种实践"中的自然技术和社会技术。如前所述,康德强调"两种实践"相分,并力图在本体论——物自体层面统一两种实践,即以"道德地实践"为基础统一"技术地实践",强调自由、道德、伦理、

---

① 《马克思恩格斯全集》第3卷,人民出版社1960年版,第50页。
② 《马克思恩格斯全集》第3卷,人民出版社1960年版,第48页。

政治的至上性,主张人与人之间关系规范的权威性和绝对性。

马克思也从本体论视角统一"两种实践",这一点与康德是一致的。但是,马克思所谓的本体不是"物自体",而是生产实践:"社会生活在本质上是实践的。"康德的"物自体是抽象的、空虚的东西"(黑格尔语),而马克思的生产实践则是历史的具体的实际活动。

应当承认,在马克思的著作中,我们确实难以找到"社会技术"这个概念,但作为一个伟大的哲学家,马克思怎样看待社会关系,怎样主张变革社会关系进而有没有"社会技术"思想,不能仅仅看其是否提出"社会技术"的概念,而应当在马克思的重要理论著述中,寻找和体会其重要理论观点的特殊历史语境,把握马克思技术哲学思想的内在逻辑,从中领悟马克思的社会技术思想的一般规定。

马克思在标志其唯物史观正式诞生的《德意志意识形态》中开宗明义:"任何人类历史的第一个前提无疑是有生命的个人的存在。因此第一个需要确定的历史事实就是这些个人的肉体组织,以及受肉体组织制约的他们与自然界的关系。"[①]马克思还认为:"人们在生产中不仅仅同自然界发生关系。他们如果不以一定方式结合起来共同活动和互相交换其活动,便不能进行生产。为了进行生产,人们便发生一定的联系和关系;只有在这些社会联系和社会关系的范围内,才会有他们对自然界的关系,才会有生产。"[②]马克思的整个唯物史观的核心,就是讨论人与自然界的关系和人与人(社会)的关系,以及这两种基本关系的关系。我们是否可以这样理解:人们调整、改造人与自然界的关系的实践性知识体系是自然技术,而人们调整、改造人与人(社会)关系的实践性知识体系是社会技术。对此,日本哲学家三木清是赞同的:"技术存在于主体对环境的积极适应和使之发生变化并创造新的环境过程中——如果我们所说的环境不仅仅指自然环境,还包括社会环境的话,那么除了有作用于自然的技术,还应当有作用于社会的技术。相对于自然技术来说,应当有社会技术。"[③]可见,三木清的解释,似乎符合马克思的思维逻辑。

---

① 《马克思恩格斯选集》第 1 卷,人民出版社 1995 年版,第 24 页。
② 《马克思格斯选集》第 1 卷,人民出版社 1995 年版,第 344 页。
③ 邹珊刚:《技术与技术哲学》,知识出版社 1987 年版,第 57 页。

　　"所谓社会技术，系指社会主体人改造社会世界，调整社会关系，控制社会运行的实践性知识体系。"①在马克思的历史唯物主义中，生产关系包含技术生产关系（即在生产过程中，由自然技术要求而形成的劳动者之间的社会关系）和经济生产关系（即由生产资料所有制形式决定的人与人之间的社会关系）。生活关系是指人们在物质、精神生活过程中相互交往而形成的社会关系。"人的本质在其现实性上，是一切社会关系的总和"，凡是有人的地方，人的社会关系就普遍地存在着，并随时随地对人们的思想和行为产生影响。于是，如何处理、协调、改造或改善人与人（社会）的关系，就成为社会运行的关键。马克思指出："凡要进行生产，就必须采用特殊的方式和方法使劳动者和生产资料结合起来。"这里讲的"结合的特殊方式和方法"②，除了工艺流程之外，显然还包括组织管理的方法。他说："如果把不同的人的天然特性和他们的生产技能上的区别撇开不谈，那么劳动生产力应当取决于：①劳动的自然条件……②劳动的社会力量的日益改进，这种改进是由以下各种因素引起的，即大规模生产，资本的集中，劳动的联合，分工，机器，生产方法的改良……以及其他各种发明……并且劳动的社会性质或协作性质也是由于这些发明而得以发展起来。"③如果没有"协作"，怎么会"变成直接的生产力"呢？这样看来，在马克思的视野中，所谓社会技术就是人们在生产、交往中所形成的"社会关系"、"社会联系"中蕴涵的规范的、稳定的实践性知识体系。显然，马克思虽然没有提出或者使用"社会技术"概念，但绝不等于马克思没有"社会技术"思想。仔细思考，我们发现马克思的实践哲学中包含着丰富的社会技术思想，并且赋予了社会技术以更深邃的本体论旨趣。

　　社会技术是自然技术发生作用的前提，社会技术比自然技术更根本。正如康德所谓"技术地实践"指称人与自然的关系，而道德地实践则指称人与人（社会）的关系，在马克思的视野中，自然、人和社会是一个有机系统，人与自然、人与人（社会）相互影响，相互作用，相互制约。人类运用自然科学和社会科学，在揭示自然规律和社会规律的基础上，创造、发明

---

　　① 田鹏颖、陈凡：《社会技术——改造社会的实践性知识体系》，《科学技术与辩证法》2002年第4期。
　　② 《马克思恩格斯全集》第24卷，人民出版社1972年版，第44页。
　　③ 《马克思恩格斯全集》第16卷，人民出版社1972年版，第140页。

了自然技术和社会技术,并用以改造自然世界和社会世界。马克思指出:哲学家们只是用不同的方式解释世界,而问题在于改变世界。而人们改造的世界是两个世界——自然世界和社会世界,人们使用的技术是两种技术——自然技术和社会技术。社会是在一定物质生产活动基础上形成的相互联系的人类生活共同体。如何更深刻、更合理地"发现"这些关系,那是社会科学的使命。如何更深刻、更合理、更科学地设计和发明处理、协调这些关系的方式方法,这是社会技术的使命。需要强调的是,人是联结自然世界和社会世界的中介,人把这两个世界联系起来的手段和中介是自然技术和社会技术。在这两种技术当中,社会技术是自然技术发生作用的现实前提。为了协调人与自然世界的关系,马克思认为:"人们相互之间便发生一定的联系和关系;只有在这些社会联系和社会关系的范围内,才会有他们与自然界的影响。"①特别是进入现代社会以来,人们以自然技术作为手段,满足自身和社会的需要时,常常也会伴随着生态的破坏、资源的短缺等社会问题。要解决这些问题,除了更好地改进和创新自然技术外,更需要不断地创新社会技术,以调整生产关系,为自然技术的创新、使用提供体制和规则保障。马克思在《机器、自然力和科学的应用》中,详尽论述了纺织革命的原因和过程。马克思由此得出结论,这些机器的不断发明和改进,把以前需要由技术能手轻巧地运用自己的工具来完成的那些操作,由人用最简单的机械方式(转动手柄、踩动轮子踏板)所产生的运动转变成工作机的精细运动;随着机器生产体系的继续发展,把从前各自独立的生产部门联合起来,"在工厂里把纺和织联系起来并形成一个连续不断的体系",从而开创了纺织业的真正发展史②。只有发挥好社会技术的功能,协调好人与人(社会)的关系,才能更好地实现改造自然和改造社会的目的。

社会技术作为"实践智慧"是社会规范的权威样式,社会技术中经济社会技术具有原生性。在马克思的视野中,社会技术是分层次的,不同层次的社会技术其作用的领域、作用的性质、作用的大小也有所不同。马克思指出:"人们在自己生活的社会生产中发生一定的、必然的、不以人的

① 《马克思恩格斯选集》第 1 卷,人民出版社 1995 年版,第 344 页。
② 马克思:《机器、自然力和科学的应用》,人民出版社 1978 年版,第 93 页。

意志为转移的关系，即同他们的物质生产力的一定发展阶段相适合的生产关系。这些生产关系的总和构成社会经济结构，即有法律的和政治的上层建筑竖立其上有一定的社会意识形式与之相适应的现实基础。物质生活的生产方式制约着整个社会生活、政治生活和精神生活的过程。"①显然，由社会生产力决定（本体论意义）的社会技术中，经济社会技术与政治社会技术上是互动的，但两者有着原生和派生的关系。从本体论意义上讲，"社会的物质生产力发展到一定阶段，便同它们一直在其中运动的现存生产关系或者财产关系发生矛盾——随着经济基础的变更，全部庞大的上层建筑也或慢或快地发生变更"②。

　　社会技术作为实践智慧不是完全的伦理评价，而是社会管理的技术。康德的实践哲学把实践紧紧限定在道德领域，因而，"实践智慧"主要是在道德、伦理评价中显示其功能，而马克思则认为，真正的"实践智慧"和社会技术应当是社会管理的手段。马克思指出："随着大工业的发展，现实财富的创造较少地取决于劳动时间和已消耗的劳动量，较多地取决于在劳动时间内所运用的动因的力量，而这种动因自身——它们的巨大效率——又和生产它们所花费的直接劳动时间不成比例，相反地却取决于一般的科学水平和技术进步，或者说取决于科学在生产上的应用。"③如何有效地应用则是社会技术的功能，是社会技术在生产管理中的作用。"随着一旦已经发生的、表现为工艺革命的生产力革命，还实现着生产关系的革命。"④而生产关系的总和就是经济基础，随着经济基础的改变必定又引发上层建筑的革命，从而推动整个社会历史的进程。科技的发展，造成生产力和生产关系、经济基础和上层建筑之间的矛盾，要解决这些矛盾，就要进行社会革命，采用有效的社会技术。在微观领域，机器大工业时代的到来，是在资本主义制度已经建立的基础上实现的。在这里，机器直接成了缩短必要劳动时间的手段。而工人为了保护自己的利益，成立了工人联合会这种新型的社会组织，从而使人的社会关系更加复杂化。马克思认为，资本主义的管理就其内容来说是二重的，这是因为它所管理

　　① 《马克思恩格斯选集》第2卷，人民出版社1995年版，第32页。
　　② 《马克思恩格斯选集》第2卷，人民出版社1995年版，第33页。
　　③ 《马克思恩格斯全集》第46卷（下），人民出版社1979年版，第217页。
　　④ 马克思：《机器、自然力和科学的应用》，人民出版社1978年版，第111页。

的生产过程本身具有二重性。其一,工场手工业的社会化生产体现技术的历史存在。以分工为基础的协作,在工场手工业中取得了自己的典型形态。① 其二,工人的片面活动现在取得了一种最适合于狭隘活动范围的形式。在这里,马克思认识到机器大工业生产带来的重要的社会管理方面的需要,同时,他还提出了社会保障的问题。无论是对一定社会的经济发展来说,还是对整个社会生活的组织和社会发展来说,社会保障都是必需的。"资本主义生产方式同时为一种新的更高级的综合,即农业和工业在它们对立发展的形式的基础上的联合,创造了物质前提。"②

在马克思的视野中,"在社会发展某个很早的阶段,产生了这样一种需要:把每天重复着的生产、分配和交换产品的行为用一个共同规则概括起来,设法使个人服从生产和交换的一般条件。这个规则首先表现为习惯,后来便成了法律。随着法律的产生,就必然产生出以维护法律为职责的机关——公共权力,即国家。"③马克思在深刻地分析了资本主义的各种社会关系后,提出了工厂法问题。在所有使用妇女、少年和儿童的工业部门中,工厂法的推行被人为地加速了。强制规定工作日的长度、休息时间、上下工时间,实行儿童的换班制度,禁止雇用一切未满一定年龄的儿童,等等。工厂法的建立,迫使资本家采用更多的机器,用蒸汽代替肌肉充当动力。工厂法的制定,是社会对其生产过程自发形式的第一次有意识、有计划的反作用。它像棉纱、走锭精纺机和电报一样,是大工业的必然产物,也是一项社会管理技术。

社会技术在人类生存的本体论层面与自然技术一样也是社会生产力。马克思在 19 世纪 50 年代末和 60 年代初,论述了科学技术和生产力的关系问题。马克思指出,劳动的社会,生产力既包括科学的力量,又包括生产过程中社会力量的结合(社会技术)。"社会关系的含义是指许多个人的合作",一定的生产方式与一定的共同活动的方式联系着,"而这种共同活动方式本身就是'生产力';由此可见,人们所达到的生产力的总和决定着社会状况。"他又说:"受分工制约的不同个人的共同活动产

---

①《马克思恩格斯全集》第 23 卷,人民出版社 1972 年版,第 373 页。

②《马克思恩格斯全集》第 23 卷,人民出版社 1972 年版,第 552 页。

③《马克思恩格斯选集》第 2 卷,人民出版社 1995 年版,第 538—539 页。

生了一种社会力量,即扩大了的生产力。"他们的力量就是生产力,……而这些力量从自己方面来说只有在这些个人的交往和相互联系中才能成为真正的力量。"①然而,长期以来,人们只认为自然技术才是生产力,也就只注重自然技术,而忽略了社会技术的生产力功能,在提高"生产力的总和"上下的功夫不够。

总之,我们从亚里士多德,特别是康德和马克思的"两种实践"观中可以得出四个基本结论:第一,"两种实践"指涉两种不同的实践领域;第二,"两种实践"是可以统一的;第三,"两种实践"需要两种不同的技术手段;第四,"实践智慧"、调整人与人之间的社会关系的"技术手段"——社会技术,更具有本体性、绝对性、权威性和至上性。

4. 社会工程是人类改造社会世界的现实载体

毫无疑问,社会世界是属人的世界,在人类出现之后,人类就把自然界纳入了实践(生产)的过程,使其合乎人类主体的目的。因此马克思认为,整个所谓世界史不外是通过人的劳动而诞生的过程,是自然界对人说来的生成过程。因此自然界的历史性意味着自然过程纳入人类历史过程,成为人类历史的一个重要方面。自然界的历史性主要是指自然界在人类历史过程中所发生的、由人的实践(生产)活动所引起和造成的变化。在这变化发展之中,自然界不断获得属人的性质,也不断地成为人的生存和发展的基本前提条件,而人的实践(生产)是自然界纳入人类历史的工程基础。马克思在批判费尔巴哈时指出:他没有看到,他周围的感性世界绝不是某种开天辟地以来就已存在的、始终如一的东西,而是工业和社会状况的产物,是历史的产物,是世世代代获得的结果……马克思说:"历史可以从两方面来考察,可以把它划分为自然史和人类史。但这两方面是密切相联的;只要有人存在,自然史和人类史就彼此相互制约。"还说:"人同自然界的关系直接就是人和人之间的关系,而人和人之间的关系及人和自然界之间的关系,就是它自己的自然的规定。"②在社会世界中,人与人的关系和人与自然的关系是无法分割的。早在 19 世纪 40

---

① 《马克思恩格斯选集》第 1 卷,人民出版社 1995 年版,第 80 页。
② 《马克思恩格斯全集》第 42 卷,人民出版社 1979 年版,第 219 页。

年代,马克思就从"劳动"、"活动"、"对象性"、"实践"等视角研究了社会生活、社会交往和社会关系,并在《关于费尔巴哈提纲》中明确指出:"社会生活在本质上是实践的。"一个半世纪以来,"实践"概念逐渐被泛化和抽象化了,所谓"社会生活在本质上是实践的"只成了一个不争的"结论"。实际上,在唯物史观的维度上,"实践"概念具有相当大的理论张力,把"实践"理解为社会生活的本质,并没有也不可能是唯物史观的"终结"。研究表明,在人类社会发展的"自然历史过程"中,社会主体的工程活动是社会关系的承载者,是社会进步的推动者,是社会理想的实现者。是否可以这样说,"社会生活在本质上是工程的"。"工程"是"实践"的"延伸"、"量化"和"具体化","工程"是人类对世界的依赖、适应、制造和改造的基本"平台"。由于世界分为自然世界和社会世界,"工程"合乎逻辑地可分为"自然工程"和"社会工程"。我们不妨将前者称为"硬工程",而将后者称为"软工程"。所谓社会工程,就是人类以对社会发展规律的认知、把握为基础,以社会技术为中介,改造社会世界,调整社会矛盾,解决社会问题,控制社会运行的实践活动过程。①

我们研究社会工程的哲学问题,就要关注人与人的社会关系,关注相对狭义的"社会世界",即关注人与人的关系的世界,关注人对社会的依赖、适应和改造工程。

迄今为止,在人类社会历史长河中,现实与理想、约束与自由、压迫与抗争一直构成人类命运交响曲的基本旋律。人猿揖别,特别是进入文明社会以来,求生图存谋和谐的人类本质,使人类越来越深地纠缠、挣扎于连环的枷锁之中。这是人类不可抗拒的历史命运,抑或人类自身发展中不可摆脱的社会悖论。可歌可泣的是,人类为了实现从"必然王国"向"自由王国"的跨越,从未停止过抗争与呼号。但是,在工业社会到来之前,人类的抗争一直被宿命的阴霾紧紧裹压,在缓慢发展的历史进程中,难以见到雷鸣闪电般的炫目光辉。而机器大工业的轰鸣则掀起了人类历史变革的狂涛巨浪,人类不再盲目、软弱地跪倒在命运的脚下,甘心充当无谓的玩偶。无可奈何的是,人类不得不面对现代性的诘难和追问,人类不得不对现代社会"应该怎样"、"能够怎样"作出科学合理的规划与设

---

① 参见田鹏颖:《社会工程哲学引论》,人民出版社 2006 年版,第 135 页。

计、问责和反思！

　　人的需要是人类思考和探索社会世界"应该怎样"的一个重要依据。所谓人的需要，主要是指人类及其社会的需要。在人的需要系统中，存在着社会主体的人在对待社会的价值体系时的一种特定状态，即价值的实现。在马克思视野中任何人如果不同时为了自己的某种需要和为了这种需要的器官而做事，他就什么也不能做。人的需要即决定人成为人，决定人的本性的需要，应当是社会性需要。人类根据需要去改造社会世界，是社会世界的改造者。人类必须对社会世界进行改造，必须首先对"改造"本身进行设计、规划和实施，按照一定的社会规则去改造社会世界。确实，一定社会的经济体制、行政体制、教育体制、文化体制、卫生体制、社会保障体制等的社会工程的改革、改造和创新，就是人们对社会世界的改造、对人与人之间特定关系的调整。所以，社会工程是人类改造社会世界的现实载体。

　　既然社会世界是属人的世界，在人类出现之后，人类就把自然界纳入了实践、活动、工程过程，使其合乎人类主体的目的，那么，自然界的历史性意味着自然过程纳入人类历史过程，成为人类历史的一个重要方面。自然界的历史性主要是指自然界在人类历史过程所发生的、由人的实践活动所引起和造成的变化。在这变化发展之中，自然界不断获得属人的性质，也不断地成为人的生存条件。而人的实践是自然界纳入人类历史的基础。人对他周围的感性世界绝不是某种开天辟地以来就已存在的、始终如一的东西，而是工业和社会状况的产物，是历史的产物，是世世代代获得的结果。历史可以从两方面来考察，可以把它划分为自然史和人类史。

　　"人是理性动物"、"人是政治动物"。这些至理名言皆出自于亚里士多德的真知灼见。而实际上不管人是什么"动物"，他（她）的根本旨趣有两个：一个是认知，另一个是改造。这两种根本旨趣的核心是解决世界（自然世界、社会世界、主观世界）"本来怎样"、"应该怎样"、"能够怎样"、"本应怎样"的问题，解决世界（自然世界、社会世界、主观世界）"过去怎样"、"现在怎样"、"将来怎样"的问题。就他（她）与社会世界的关系而言，所谓"认知"，就是弄清社会本身究竟是什么样子？社会认知的最高成果是社会理论。社会科学理论面对的是人的世界，这个世界随时都在发生和解决"本来怎样"和"应该怎样"的问题。所谓"改造",就是弄清并实现社会世界由"本来怎样"向"应该怎样"的转变,探索"怎样"才能变成"怎样"的问题。

这就把认知和改造、科学与技术、理论与实践、设计与工程,特别是社会科学理论、社会技术手段与社会工程的宗旨(本质)比较严格地区分开来了,这种区分的理论意义在于,在科学技术哲学、工程哲学发展过程中,确立了"社会工程"范畴和"社会工程哲学"的相对独立的学术、理论地位,为深入讨论、研究社会工程哲学的其他问题扫清了理论障碍。

5. 社会工程哲学是人类改造社会世界的自我反思

实际上,人与社会世界是浑然一体,不可分割的。但是,为了研究和表达问题的方便,我们还是在认识论上作一假设,采取主客两分法,对人和社会世界作一区分,这种区分的哲学理论基础就是唯物史观。

马克思关于"研究的前提是人","从事实际活动的人"的重要理论,是我们建构社会工程哲学逻辑起点的重要方法论根据。这一重要理论启示我们,深入思考新世纪以来人与世界的关系,即"人与自然"的关系和"人与社会"的关系、"人与自身"的关系。社会工程哲学与自然工程哲学(工程哲学)不同,其中主要之点首先在于研究对象的不同,即社会工程哲学重点研究人与社会的关系,而不是研究人与自然的关系,更不是研究人与思维的关系。还需要申明的是,社会工程哲学并不是一般地研究人与社会的所有关系,如认识关系、价值关系等,而是研究人与社会的实践、建构、改造、协调、适应的关系。当然在重点研究人与社会的实践关系的同时,可能要涉及人与社会的认识关系和价值关系。

如果说人的本质问题应当包括人和自然的关系、人和社会的关系以及人和思维的关系的话,那么人和社会的关系则是其他两种关系中介,是沟联人与自然和人与思维关系的黏合剂。从哲学视角考察,人与自然的改造关系,以人与人的社会关系为前提,人的思维是在人如何改造自然和社会的实践中生成的,因此抓住人与人(社会)关系就成了理解人与自然、人与思维关系的关键。

在马克思主义哲学产生以前的近代哲学中,始终未能科学地阐明人和社会的关系。哲学家们要么把人和社会的关系归结为人和自然的关系；要么把人和社会的关系归结为人和思维的关系；要么直接地从人和自然的关系跨越到人和思维的关系。

18世纪法国唯物主义哲学把人的本质归结为自然本质，在解释人和社会的关系时，即用理性、意志来"帮忙"说明社会。爱尔维修首先从人的肉体感性出发，认为人具有感觉特性，一切观念和心理都从感觉得来，刚出生的人在没有获得感觉之前，心灵是一块白板，所以人的智力天然平等。后来人的差别是由教育造成的，因此教育万能。教育包括多方面的因素，所有因素统称环境，所以环境决定人。环境中最重要的是国家法律，环境决定人也就是法律决定人。法律的好坏决定于立法者的理性，只有天才的立法者才能制定完善的法律。理性是天才的人的理性，理性决定法律就是人决定法律，法律决定环境就是人决定环境，这种貌似合乎逻辑的论证，实际上使人和社会关系的讨论陷入了环境决定人和人决定环境的恶性循环。当爱尔维修从感受性说明人的本质时，他把人的本质归结为自然本性，由此导致环境决定人；当他用天才的理性说明法律时，把人的本质归结为理性，由此导致人决定环境。尽管爱尔维修在研究人和社会的关系问题时没有给出历史唯物主义的结论，但其理论价值是不可低估的。

在德国古典哲学中，黑格尔的"精神哲学"，系统而充分地展示了人类社会的各个领域、各个方面。整个哲学体系不仅是关于绝对精神的学说，而且是关于人们的联系与关系的不同形态以及人类精神活动的不同形态阶段的学说。在哲学的主观精神阶段，黑格尔阐述了人的意识和人格；在其哲学的客观精神阶段，阐述了权力、道德、伦理，其中包括家庭、市民社会、国家和世界历史；在其哲学的绝对精神阶段，又阐述了艺术、宗教和哲学。黑格尔的社会哲学思想，其内容是现实的，包含了现实社会的各个方面；但它的形式却是抽象的，因为这一切不仅是绝对观念的表现，而且服从于绝对观念自我意识的需要。

如果说对爱尔维修的社会理论，黑格尔充分发挥了理性决定环境的一面，费尔巴哈又充分发挥了其环境决定理性的一面。费尔巴哈并不是没有注意到人的社会性而只关注人的自然本性，而是没有为人的社会性提供科学的哲学基础。

所以，黑格尔确实把社会和思维联系起来，他不能正确诠释社会；费尔巴哈确实把社会和自然联系起来,但当他是一个唯物主义者的时候,历史在他的视野之外,当他进入社会历史领域时,他又绝对不是一个唯物主义者。所以,费氏同样不能正确解释和说明人。这时理论创新的机遇就降临了。

马克思汲取前人、超越前人,把人、自然、社会、思维通过实践—技术是它的中介或手段,联系起来、统一起来了。在马克思主义视野中,人与科技的关系是揭示人(社会)本质的重要维度。马克思认为,科技是人为人的需要满足所创造的工具,同时,又是人的本质活动的体现。最现代、最复杂的都是一种技术活动,都是人的活动的体现。科技不管是简单的还是尖端的,都是人创造的成果,是人的实践活动的产物,认识科技创造、发明、发展的主体,是掌握、传播、运用技术的主人。

马克思正是在实践(经过其物质手段—技术)及其下游诸多链条中揭示人与社会的复杂的关系。

在马克思主义哲学视野中,人和社会的关系,是揭示人的本质的重要方面。马克思在《关于费尔巴哈的提纲》中指出:人的本质并不是单个人所固有的抽象物。在其现实性上,它是一切社会关系的总和。在这里,既要从个人出发去理解一切社会关系,又要从一切社会关系的总和来理解个人。这就是正确阐述人和社会的关系的两个方面,也只有从这两个方面的结合中去揭示人的本质。当我们阐述人和自然的关系时,是从自然出发的,当我们阐述人和社会的关系时,则是从人和自然的关系出发的。也就是说,任何人之间的最初、最简单的关系,都是人和人之间的自然关系。马克思在《1844年经济学哲学手稿》中明确指出:人和人的直接的、自然的、必然的关系,也就是这种男女关系。在这个自然的族类关系中,人和自然的关系直接就是任何人的关系,而人和人的关系直接就是人和自然的关系,就是人和他自己的自然机能的关系。所以,在这个关系中,人的本质对人类到什么程度为止成了自然,或者自然对人类到什么程度为止成为人类的人的本质,却被感性地显示出来,还原成一个显然可见的事实。所以人们可以从这个关系出发来判断人类的整个发展水平。人和人的这种直接的、简单的关系,既是人和自然的关系与人和人的关系的连接点,又是整个人类社会的细胞形态,社会生活的组织形式由此发展而来,社会形态的丰富内容、经济基础、上层建筑、伦理道德观念等也都反映在其中。从社会生活的组织和存在形式方面来说,人与人的这种男女关系发展为家庭,由家庭而至村落、氏族、部落、民族、国家、世界。从社会形态的内容方面来说,男女之间的分工已经是最简单的生产关系,由分工而至占有财富、私有制、政党、政治、法律以及在此之上的政治法律思想、哲学、宗教、道德、艺术等社会意识,从而展现出人类社会的各个方面。人是社会的生物,人的生活的一切表现,都是社会生活的表现,脱离一定的社会关系而绝对独立的个人或个人的活动都是不存在的。人的有些活动,在其直接的表现形式上是个人的活动,但本质上却仍然是从事的社会活动。只要是人所从事的活动,他的活动材料,甚至进行思维时借以活动的语言本身,都是作为社会的产物而提供的,个人活动的目的,不论他是否意识到,总是带有社会的性质。人的社会性,决不是一种简单的关系,不能把社会性仅仅归结为某一方面,而应将人的本质看做一切社会关系的总和。在这一切社会关系中,人的本质首先由生产关系所造成。个人和社会的关系也首先在生产中、分配中表现出来。在社会生活中,个人和国家的关系、个人和民族的关系、个人和家庭的关系、个人和教育的关系、个人和朋友的关系、个人和各种信仰及思想精神关系等都是社会关系。在人和社会的关系中,有些内容是各种社会形态所共有的,有些内容则是某一社会形态或社会发展的某一阶段所特有的。无论是哪一方面的内容,在不同的历史时代,又有其具体的特点。也就是说,从事实际活动的人的本质,总是带着一定的历史时代的烙印,人的本质只有通过不断变化的社会关系才能加以描述。因此,在分析人的本质时,既要从其经济关系、政治态度、文化背景、道德水准,又要从社会地位、社会环境中去考察,更要注意这些方面的不同时代的历史特征。这种情况决定了各个不同的社会制度、社会形态、社会阶段的人,具有不同的信仰、理念、追求、命运的本质。这里的人是一定的社会关系中的人,即从事实际活动的人。马克思和恩格斯指出:社会关系的含义是指许多个人的合作。这里说的也就是人和社会的统一。在考察了人与自然的关系和人与社会的关系之后,马克思和恩格斯指出:我们才发现:人也具有意识。就是说,在考察人的本质问题时,人与意识(精神、思维)的关系是比人与自然(物质)和人与社会更高的范畴。因为"'精神'从一开始就很倒霉,注定要受物质的'纠缠'……意识一开始就是社会的产物,而且只要人们还存在着,它就仍然是这种产物。"社会工程哲学就是在思维中把握"人与社会世界"的关系，把握"人与社会世界关系"的实践方面。诸如人对社会世界的改造何以可能？人对社会世界的改造何以必要？人对社会世界的改造方式、手段、途径是什么？人对社会世界的改造与人对自然世界的改造是什么关系？人对社会世界改造的依据是什么？人对社会世界的改造本身有没有规律性？人对社会世界改造的根本动机、动力、目的何在？人对社会世界除了改造之外，还有没有依靠、适应的关系？等等。

二、社会工程哲学的基本特性

1. 社会工程哲学的反思性

反思性是哲学的根本特性，但在不同的时代，不同的哲学，其反思性的具体表现有着明显的区别。这些区别既是理论自身逻辑发展的结果，又与人的生存状态的变化有着密切的关联。因而，从哲学与人类生存状态的密切关系考察，哲学反思性的演变往往表现为"哲学研究什么和哲学怎么研究"的演变，即哲学范式的演变。

西方哲学始终关注的是"存在"本身，面对"存在"的关注本身就是"反思"。亚里士多德认为，形而上学的使命即研究何为"存在"。在西方社会发展的不同历史时期，人们对于存在本身的理解有着很大的区别，与此相应，不同时期哲学反思性的表现也有了明显的差异。这集中地体现在"提问方式"的变化上。与古代人类的生活环境相关，哲学家是这样提问的：真正的存在本身是什么？这种存在首先是作为对象被认识的，但是，这种对象并没有完全对象化，也就是说，对象性没有以自觉性的方式显现出来。因此古代哲学就表现为独断论，反思的对象性则以一种隐含的方式显现出来。那时，事实本身带有整体性或者模糊性的特点，没有从其他因素中独立出来，事实自身并没有被逻辑化。这就决定了作为对事实反思的哲学并没有在原则上与对具体事实的研究区分开，因而，古代哲学被称为"知识的总汇"。在那种认识水平上，人们只能服从某种超越性的伦理秩序，或者是这种秩序的人格化形式。古代哲学的反思是对超越于人类的这种秩序的反思。在此后的基督教哲学中，理性"神"被人格化了，神性的人格化是超越性伦理秩序极端化的后果，但并未根本性地改变古希腊哲学的反思取向。

近代西方,由于现代性的兴起,古代的等级制度被打破了,人与人之间变得愈来愈平等。此时,现实性的物质利益成为人们关注的核心,宗教由一种控制人的外在力量转化为一种内在道德、信仰力量,伦理秩序具有了世俗性特征和功能。这时哲学反思的对象性便以一种直接的方式显现出来。因而,近代哲学的中心问题转化为:人如何能够正确地认识世界本身,认识论问题成为近代哲学的核心问题。哲学既然是一种反思,那么它不能不包含着对于意义的揭示,而意义本身具有超越性。实际上,现代性问题之所以成为问题,在很大程度上就是人们由对现代性的事实判断转变为对现代性的价值选择的结果。

当代哲学是对现代化负面效应理论上的批判与反思。它从一开始就出现两种不同的思考路径:一种是实证的方式;另一种是人本的方式。前一种哲学思考方式是对近代经验论的继承与发展。在当代哲学实证主义的潮流中,外部世界是否存在被认为是毫无意义的问题,这样,哲学的逻辑就突破了事实性逻辑的束缚,意义性开始以独立于事实性逻辑的方式表征出自身。当代实证主义认为哲学是一种向人们提供实在、有用、确定、精确、建设性的、相对的等作为人类最高属性的知识的哲学。后一种思考方式将人的生存问题作为哲学关注的根本问题,人生存的意义成为哲学所要思考的中心问题。当代人本主义哲学是从叔本华、尼采开始的,哲人们将哲学的反思对象转向了非理性经验,认为人生存于这样的经验之中,而理性的经验则只起工具性的作用。在当代人本主义哲学初期,将非理性的经验与理性经验对立,明显地显示出非理性主义的倾向。而随着哲学思维的不断深入,特别是现象学的出现,作为哲学思考对象的非对象性特点逐渐地转化为思维方式的非对象性特点。哲学的反思性最鲜明地体现在哲学与科学的区别之中。科学是以客观世界为研究对象,以获得关于客观世界的客观规律为目的;而哲学则以关于世界的思想为研究对象,以实现思想前提的自觉和转换为目的。科学与哲学的区别,从哲学的基本问题,即"思维与存在的关系问题"的角度看就更为明显:科学是以"思维"和"存在"为研究对象,力图实现思维和存在在规律层面的统一;而哲学则是以"思维和存在的关系问题"为研究对象,力图揭示思维与存在统一的根据、标准和尺度。科学是知识,是由各种知识组成的知识体系;而哲学则是对知识的反思和超越,用康德的话说,是对"知识何以可能"的追问。因此,只有超越哲学的知识论立场,才能理解哲学。

哲学的反思的理论本性,意味着哲学追问必定是一个不断反思、不断超越、永无止境的过程。哲学追问,重要的不在于能否达到某种结论或达到一个什么样的结论,而在于对原有的思想观念的不断反思,不断理解。不仅任何既定的思想观念都是哲学反思、理解的对象,而且哲学反思、理解所达到的新的结论又会立即成为新的哲学反思、理解的对象。因此,"哲学就是爱智"这个关于哲学的最古老的解说,最能体现哲学的本性:哲学不是某种所谓高明的智慧,而是对智慧的永恒热爱和执著追求与理解。正如诗人哲学家歌德所言:"凡值得思考的事情,没有不是被人思考过的;我们需要做的只是试图重新加以思考而已"。① 21 世纪,世界正在发生广泛而深刻的变化,当代中国正在发生广泛而深刻的变革,哲学研究范式会发生何种转向呢?

如第一章所讨论,社会工程是"风险社会"的重要哲学范式,社会工程哲学是思想把握的"风险社会"时代,因此本身具有反思性。讨论社会工程哲学的反思性,就需要搞清反思的主体是谁? 反思的客体是什么? 以及如何反思等认识论的基本问题。

社会工程哲学则着力解决人类如何把"如何改造社会世界的方法论"用于改造社会世界的具体实践活动之中。因此,社会工程哲学反思的主体是人,反思对象是社会世界,重点在于反思人与社会世界的这种实践关系。如果说,哲学对人的关注是天经地义,社会工程哲学对人的关注则是江河行地,自然而然。社会工程哲学不是社会工程学,而是从思维与存在的关系、从主体与客体的关系、从主观与客观的关系层面把握人与社会世界的关系,它不是就事论事、听风是雨,而是通过批判人与社会世界的实践关系,为人们改造社会世界提供方法论借鉴。在社会工程哲学视野中,人不仅以生命活动的方式存在,而且意识到自己的生命活动,根据自己的意志和意识进行生命、生活、生产以实现对自身的超越。

---

① 黄瑞祺:《社会理论与社会世界》,北京大学出版社 2005 年版,第 251 页。

2. 社会工程哲学的理解性

伽达默尔指出:"哲学中创造的和留传下来的概念、词汇并不是标志某种明确意义的固定标号和记号,而是在人通过语言而形成的解释世界的交往活动中产生的。这些概念、词汇将这些交往活动继续推进,发生着变化并日益丰富,进入掩盖着旧关系的新关系里,沉落到半无思想的状态,并有在新的怀疑思想里重新活跃起来,所以把哲学的概念工作都以一种诠释学向度为基础,这种向度目前人们是以一个不甚精确的词'概念史'来标志的,这种方向不是那种不讲事实,只讲我们的使用的理解手段的第二位努力,而是我们概念的使用过程本身中的批判因素。"[①]认识是一种理解。在理解中,理解者对于历史的参与是理解的中心环节。"理解并不是重建,而是调解。我们是把过去传递到现在的传递者。即使是最小心地试图在过去之中看过去,理解在本质上仍然是把过去的意义置入当前情境的一种调解或者翻译。"他认为:"理解是一种事件,是历史自身的运动,在这种历史中无论解释者抑或文本都不能被视作自主的部分。理解本身不能仅仅视作一种主观性的活动,而应视为进入一种转换的活动,在这种活动中过去和当前不断地交互调解。"[②]伽氏甚至认为:"整个理解过程乃是一种语言过程。理解的真正问题以及那种巧妙地控制理解的尝试——这正是诠释学的主题——在传统上都归属于语法和修辞学领域,这一点决不是没有理由的。语言正是谈话双方相互了解并对某事取得一致意见的核心。"[③]伽氏不仅认为解释学是方法论,而且认为解释学是一种本体论。这对我们思考社会工程哲学的解释特性应当是很有启示的。

相对而言,社会工程哲学的理解性则更为明显。

讨论社会工程哲学的理解性,就要对社会工程的基本问题,特别是对本体论、认识论、方法论和价值论等进行追问与理解。

在这一点上,德国哲学家康德的先验哲学是不无启示的。康德作为

---

① 伽达默尔:《真理与方法》上卷,洪汉鼎译,上海译文出版社 1999 年版,第 743 页。
② 伽达默尔:《哲学解释学》,夏镇平等译,上海译文出版社 2005 年版,第 6—7 页。
③ 伽达默尔:《真理与方法》下卷,洪汉鼎译,上海译文出版社 1999 年版,第 490 页。

启蒙哲学的杰出代表,对西方传统哲学、宗教与文化进行了深刻批判,对启蒙思想原则与方法进行了哲学升华,作出了精辟的论述,尤其是他以"理性批判"的名义,对启蒙思想基础——人的理性能力,从形而上学、认识论、伦理学、美学、目的论等哲学的根本视野进行了深入剖析和解释,建构起了以张扬理性为目的的先验哲学,使理性——"为自然立法"、"为道德立法"的伟大力量,成为建构一个不同于中世纪宗教信仰社会的理性社会的基石。康德认为,感性是接受表象的能力,而知性则是主动用先天的概念对表象进行综合,使之获得规律性的认识的能力。感性接受外界刺激的先天形式是时间和空间,而知性综合感性的先天形式则是"纯粹知性概念"——范畴。范畴作为一种综合、一种构造,它的有效性不是独立的,而是必须与经验联系在一起的,也就是说,只有在作为经验的先决条件时,才体现出它的有效性。因此,这种有效性可以概括为范畴对感性的先天有效性,先验演绎就是对这种有效性的证明。

　　康德哲学中"概念"、"范畴"的先验性、综合性、创造性,对我们理解社会工程哲学中"社会工程"概念的理解性是颇有启发的。"社会工程"概念就是对"社会工程"活动的理解和认知,从这个意义上说,社会工程活动的本质是"社会工程"赋予的,亦即"社会工程"范畴是人们戴"社会工程"这一有色眼镜反思现实生活中的社会工程的结果。社会工程哲学是人们对社会工程的哲学理解或者解释。康德指出:"我们的一切知识都从经验开始,这是没有任何怀疑的;因为,如果不是通过对象激动我们的感官,一则由它们自己引起表象,一则使我们的知性活动运作起来,对这些表象加以比较,把它们联结或分开,这样把感性印象的原始素材加工成称之为经验的对象知识,那么知识能力又该由什么来唤起活动呢? 所以按照时间,我们没有任何知识是先于经验的,一切知识都是从经验开始的。但尽管我们的一切知识都是从经验开始的,它们却并不因此就是从经验中发源的。因为很可能,甚至我们的经验知识,也是由我们通过印象所接受的东西和我们所固有的知识能力(感官印象只是诱因)从自己本身中拿来的东西的一个复合物。"①对经验的这种"人为"的"增添",就是主体对事物、经验的理解和认知。社会工程哲学就是对"社会工程"的哲

① 康德:《纯粹理性批判》,邓晓芒、杨祖陶译,人民出版社2004年版,第2页。

学"增添"（康德语）。这大概就是社会工程哲学的理解性。

作为一个哲学学科——社会工程哲学将把现代社会中人们对社会世界适应、调整、依赖和改造（革命、改革）的一切行动，总揽于自己的"怀抱"，用社会工程特有的思维，对这些实践活动进行"改造"；从思维与存在关系视角把握社会工程主体与客体、主观与客观的关系；从"主体的方面"去理解人们改造社会关系的工程活动，并从中归纳、总结、反思带有规律性的认识结论，以此为人们重写、续写提供哲学借鉴。

3. 社会工程哲学的规范性

人为了自身需要而无法脱离社会。人从一开始就是社会性群居动物，而且世代相传。因此，虽然人在社会中会经常感到各种或强或弱、或长或短的不愉快乃至痛苦，但他们仍要生活在社会中，他们仍在某种意义上感到社会在保护、支持，使他们享有即使是最基本的生活需要。当人们在社会中感到不愉快乃至痛苦时，人们首先而且主要选择的是改造社会而非脱离社会，改造社会规范而不是脱离社会规范。正如舍夫勒所认为的那样，"凡是使人类生命在层次上高于动物生命的一切东西，都属于积淀下来的社会文化和技术财富。如果他们被剥夺了这种财富，那么他们也同时被剥夺了使其成为真正人类的一切。"①正是这种社会文化和技术财富，把社会规范化了。"如果没有社会规范，那么经济世界就会变得松散而混乱。"②

当法学家、道德家或思想家极力倡导某种法律规范、道德规范时，只要这些规范还没有成为大多数人的共识，它就不是真正存在着的规范及其观念。规范性实际上或者直接满足大多数人的整体利益，或者直接满足强势性控制集团的整体利益，但是它在社会上具有控制性力量。这是最基本的社会事实，也就是说，社会生活不可能还原成几条凭理智归纳出的准则，因此必须对社会规范进行具体研究。社会工程哲学是对诸多"社会规范研究"的研究，如前所述，具有明显的反思性。但社会工程哲

---

① 安东尼·吉登斯：《资本主义与现代性社会理论》，郭忠华、潘华凌译，上海译文出版社2007年版，第80页。

② 安东尼·吉登斯：《资本主义与现代性社会理论》，郭忠华、潘华凌译，上海译文出版社2007年版，第81页。

学又不是社会工程哲理,而是一种学问,因此必然表现为规范性、逻辑性和系统性。

我们已经明确,社会工程是人们改造社会世界、调整社会关系、控制社会运行的实践活动过程。这是一种目的性、选择性、计划性、操作性极强的系统工程活动。社会工程的起因是对社会问题、社会矛盾、社会悖论的"实践"关注。因此,从发生学意义或者方法论层面考察,可以说社会工程发源于"社会问题",发生于对消解"社会问题"的需要与渴望,发展于社会问题的解决过程中。由于社会问题千差万别,社会工程学可能着眼于"研究"、"讨论"与"探究"社会问题。而社会工程哲学则是通过反思社会工程——人与社会的实践、改造关系,而关注"解决"、"克服"和"阻止"社会问题。这样就增加了社会工程哲学的形而上学性、可重复性、规范性,即在认识论、方法论视角或层面研究社会工程,给出社会工程方法论启示、设计原则、规划方法、评估体系、实施变革等。同时,社会工程哲学又不是哲学一般,完全满足于形而上学的追问,而是在应用层面讨论社会工程,因此必然具有一定价值指向性。

社会工程本身不是中立的,而是为消解"社会问题"生成和建构的。因此,任何一个具体的社会工程项目,从建议立项到工程实施,都要经历方案论证、可行性研究、具体决策、规划、设计、运行与实施等诸阶段,每一个阶段都存在很多值得深入细致考量的问题,社会工程注重经济效益与社会效益,社会工程活动更多地依赖于社会现实条件。

社会问题是一个社会学概念,但必须将它纳入哲学视野,特别是必须纳入社会工程哲学视野加以考察。社会工程哲学就要站在哲学理论的高度,为社会工程的设计、实施等提供理论依据,为社会工程的设计、实施等提供规范性的理论借鉴。社会工程哲学依托哲学、依托马克思哲学、依托工程哲学,既有深刻的理论根源和现实社会基础,又着眼于社会未来的设计。从理论基础来看,社会工程哲学是规范的,它是长在马克思新世界观——实践唯物主义之树上的一朵人类意识之花;从功能价值取向来看,社会工程哲学是科学、技术、工程范畴在社会关系领域的一个推广、应用和改造,主张科学理性、技术理性、工程理性和社会理性,使社会工程哲学方法论、价值观既有"形而上学"外壳,又有实证学科色彩,对人们的社会世界规划、设计、改造具有方法论启示意义,因而是理性的、人文的、规范的。

三、社会工程哲学的多元定位

这里重点考察社会工程哲学与哲学一般的关系,试从实践论、认识论、方法论等层面进行系统思考,以期全面、系统把握社工程哲学。

1. 社会工程哲学与一般实践论

"实践"是亚里士多德、康德以及马克思哲学的重要范畴,当然,在马克思哲学中居于核心地位。我们已经在本书第一章讨论了实践问题,此处重点研究社会工程与实践的关系。

马克思哲学的思维方式应当被看做是一种实践论的思维方式,它科学地理解实践和从实践出发来理解一切。实践是人的生命存在的最高本质,人的社会生活在本质上是实践的。作为一种感性的现实的人类活动,实践是人与外部世界进行物质、能量和信息变换的最基本方式,是人的生命和生产活动的直接存在形式。实践又是有意识、有目的地进行的,是人的理智、情感、意志等内在本质力量的对象性展示,也是人的自觉性和自由精神运动的现实表现,是人的自由自觉的活动。正是在实践中,人的主观方面可以见之于客观,作用于客观对象,并在对象的合目的性改变中得到表现、实现和确证,实现主体与客体之间的双向对象化,实现主体对限定约束的挑战与超越,以趋近于自由。实践是借助于一定的工具而展开的中介性活动。主体通过实践集中地体现着人类理性的技巧,实现着由客体的自发运动形式向人的自觉活动形式的转换,实现人的内在尺度和外在事物的尺度的统一。实践是一种批判的活动,"应然"向"实然"的转化活动,是人以一种主体性方式来批判性地处理自己同外部世界的关系,参加自然世界和社会世界的辩证运动过程,是人类能动地创造自己的社会历史存在和社会生活,自觉地改造和发展自身,建构自己所追求的理想世界的最根本最现实的途径,因而是人作为主体的创造性本质的具体表现形式、实现形式和确证形式。

从哲学的本体论视角理解实践,实践获得了"元"问题的特殊地位,它成了解释一切哲学问题的一个根本依据。哲学作为人们的一种自觉的思维活动,是人们以哲学方式统摄人与外部世界的关系的一种具体思维形式,是人们对于自身与对象世界以及它们之间的关系的一种特殊的哲学认识或哲学解释方式,它以其独特的哲学思辨方式而有别于人对于世界的科学的、艺术的、宗教的和实践的掌握方式,在人类处理同对象世界的关系的活动体系中居于一种特殊的总体性地位。哲学与现实世界保持最为密切的联系,是自己时代的精神的精华,人类文明的活的灵魂,是一种高度体系化的学问,能够帮助人们以哲学的方式解释世界,还应能够帮助人们以哲学的方式评价和改造世界,帮助人类追求和创造理想世界。

合理的实践能产生真正科学的哲学。当前人类在人与自然、人与社会和人与自身关系中所面临的各种严重问题,不论是全球问题还是个性问题,经济问题还是政治问题,和平问题还是发展问题,竞争问题还是合作问题,生存问题还是发展问题,民族问题还是信仰问题,一体化问题还是多极化问题等等,都从正面或反面提出了坚持实践论的必要性。在马克思的实践论中,人是哲学的永恒主题,也是人与世界关系的中心。这是从实践论思维方式来看待哲学对象,看待人和人与世界关系的必然结论。在马克思看来,哲学不是某种非人的存在,而是指向人、为了人、服务于人的高层次精神活动,是人通过对世界的观照而展开的自我意识,其目的和价值正在于促进人的自由全面发展,实现对自我的超越。

社会工程哲学的发展离不开当代世界哲学的宏大背景。从马克思哲学的实践论思维方式出发,社会工程哲学要随着当代实践和当代科学各自的深度分化与高度综合,而实际地促进自己的深度分化和高度综合。

社会工程哲学与"一般实践论"的关系,核心是"社会工程"与"实践"的关系。按照形式逻辑划分,两者是个别与一般、整体与部分的关系。"实践"是一个大概念,从逻辑上讲,人们改造自然世界、社会世界、精神世界,人们改造客观世界、主观世界的活动都属于实践范畴。而"社会工程"作为"实践"的一种形式,一个方面,重点指涉"社会世界",指涉"人与人的关系领域"。社会工程哲学以人与世界的关系为对象,成为人与世界关系及其时代特点的自觉理论把握,不仅强调关注人和人与社会世界的关系,而且强调要从实践的高度改造人与社会世界的关系。

按照这种逻辑分析,社会工程哲学与哲学的关系就比较明晰了:社会工程哲学应当成为哲学的一个分支学科,也可以理解为:社会工程哲学是哲学的应用学科,或者说,社会工程哲学是哲学的应用学,社会工程哲学是应用哲学。

2. 社会工程哲学与一般认识论

"一般认识论"这个概念,是纯粹哲学意义上的认识论。毛泽东曾经明确指出:哲学就是认识论。他认为:"人对事物的认识,总要经过多次反复,要有一个过程的积累。要积累大量的感性材料,才会引起感性认识到理性认识的飞跃。关于从实践到感性认识,再从感性认识到理性认识的飞跃的道理,马克思和恩格斯都没有讲清楚,列宁也没有讲清楚。列宁写的《唯物主义和经验批判主义》,只讲清楚了唯物论,没有完全讲清楚认识论。——这个道理中国的古人也没有讲清楚。老子、庄子没有讲清楚,墨子讲了认识论方面的问题,但也没有讲清楚。张载、李卓吾、王船山、谭嗣同都没有讲清楚。什么叫哲学? 哲学就是认识论。"①毛泽东为什么说那么多职业哲学家都没有把认识论问题说清楚呢? 就是因为在毛泽东看来,这些哲学大家不懂得"哲学就是认识论"的道理。正是基于这种认识,毛泽东总是强调各级党委要认真学习哲学,掌握认识论。他多次强调:"我们的干部中,自以为是的很不少,其原因之一,是不懂得马克思主义的认识论。因此,不厌其烦地宣传这种认识论,是非常必要的。""为了更好地做好我们的工作,各级党委应当大大提倡学习马克思主义认识论,使之群众化,为广大干部和群众所掌握,让哲学从哲学家的课堂上和书本里解放出来,变为群众手里的尖锐武器。"②从哲学的目的、哲学的方法、哲学的应用等意义上,毛泽东把哲学理解为"就是认识论"是有道理的。

实际上,哲学的主要问题不仅仅是认识论问题,而且还包括本体论问题、价值论问题、逻辑学问题、伦理学问题、美学问题,以及人的问题等等,亦即真、善、美问题,其中每一个问题又都有本体论、认识论和价值论问题。"真",主要是认识论问题,比如"对不对"、"是不是",这就是认识论问题。"有没有"、"在哪里",这就是本体论问题。"好不好"、"行不行",

---

① 《毛泽东文集》第八卷,人民出版社1999年版,第389—390页。
② 《毛泽东文集》第八卷,人民出版社1999年版,第323—324页。

这就是价值论问题。显然认识论问题在哲学问题中,或者在人们认识世界中具有重要"战略"地位。

社会工程哲学作为对人们改造社会世界问题的哲学探索,显然应当也必然具有认识论功能。马克思主义认识论具有不可或缺的唯物主义反映论和唯心主义中能动方面的内容,并强调实践在认识中的决定作用。马克思的认识论,是马克思从自然物质及其规律与人的有目的的矛盾关系中展开并加以论述的。在马克思看来,这一矛盾关系展开的不可避免性,是由"贫乏的人类本性依存于物的外在性"这一公设所决定的。因为人的生存和发展,必须依赖于客观存在的自然物质。这一点构成了人类实践的绝对前提,也是人类认识的一个基本设定,它决定了人为着自己的生存和发展(人的目的),必须置于与自然进行物质交换的过程中。但是,自然及其物质有自身的运动形态和发展规律,人们只有正确地认识和把握自然及其物质的形态和规律,才能以对自己有价值的方式来改变其存在形式或发生作用的途径与方式。正是基于这一认识,马克思在主体和客体之间,在自然规律和人的目的性之间,确立了辩证的认识论基本命题:所有对自然的支配总是以关于自然的各种联系和过程的知识为前提的,而反过来,这些知识又是从变革世界的实践中才得以产生的。核心内容就是在历史实践基础上的自然规律与人的目的之间的辩证关系。马克思在许多论著中都相当清晰地肯定了物质自身的运动,他并不否定物质自身的规律性,他理解到只有通过作为中介的实践,人才能认识并有目的地利用物质的运动形式。

自然物质及其规律是不依赖于人的意志而独立存在的,而且人们只有通过劳动过程的各种形态从而发现和证实这种规律性。社会的历史结构决定着人对自然规律的认识,规定着自然规律的作用方式与运用范围,只有顺应自然规律才能支配自然力。马克思说:"自然规律是根本不能取消的。在不同的历史条件下能发生变化的,只是这些规律借以实现的形式。"①

马克思的实践认识论,同样要求有世界的存在和主观性的存在,它既不能在世界之外去思考主观性,也不能单纯通过主观努力去阐明世界,它

---

① 《马克思恩格斯全集》第32卷,人民出版社1975年版,第541页。

需要这二者之间的相互联系。这正是唯物辩证法的认识论核心。实践是认识的基础,认识在实践中深化。人的理论态度是在人的劳动状况的结构所展现的形式中形成的,社会实践使认识的诸因素统一起来。实践与认识的关系是互为中介、历史地展开的。在人依存于不依赖人而存在的物质时,在感觉中不存在的东西,在理性中也不会存在;在近代,对自然的被动地占有也同时包含着对自然的变革,这时在理性中不存在的东西,在感觉中也不存在。因此,人的知觉及其认识形式是依赖于人对自然对象的活动方式的,也是依赖于社会实践的发展而发展的。随着实践的不断发展,人的认识也不会仅仅停留在知觉所能给予的感性的具体知识上,必然要上升到理性的概念知识。感性知识虽然从形式上看是生动而丰富的,但其内容的规定性却是贫乏的;由于概念知识开启了更深层次现实之后,把握了对象丰富的规定性,从而显示出比感性知识"更为具体"的特征。认识只有凭借从概念上把握对象的思维,对许多抽象而片面的规定进行加工并形成理论,才能达到真正认识事物的目的。认识必须回到实践中去,在实践中得以检验和发展,并实现主客体之间的统一。马克思说:"人应该在实践中证明自己思维的真理性,即自己思维的现实性和力量,亦即自己思维的此岸性。"①

从哲学层面上,我们一般认为认识社会和改造社会的是社会科学与社会技术的"职责",而在人类认识社会和改造社会的过程中,尤其在改造社会的过程中,改造社会世界的手段与运用改造社会世界的手段是两个不同的概念。改造社会世界的手段是社会技术,运用改造社会世界的手段是社会工程。研究改造社会世界手段的哲学是社会技术哲学,研究运用改造社会世界的手段进而改造社会世界的哲学是社会工程哲学。从认识论视角考察社会工程,社会工程是人们实际地改造社会世界的实践活动,社会工程认识的主要内容是调查社会工程的约束条件,确定社会工程的基本目标,设计社会工程的方案,作出科学、合理、明智的抉择并预见社会工程的结果。社会工程活动的基本角色是社会工程师,社会工程活动的基本单位是"目标"、"步骤"、"过程",这样,研究社会工程认识和社会工程活动的哲学分支学科是社会工程哲学,它的主要哲学范畴是计划、

---

① 《马克思恩格斯选集》第1卷,人民出版社1995年版,第55页。

决策、目的、运筹、制度、操作、程序、管理、职责、标准、意志、工具合理性、价值合理性、社会异化、社会和谐等。

3. 社会工程哲学与一般方法论

"方法论是一个大的综合概念,它包括人们为达到自己业已确定(设计)的目的而采取的原则、手段、途径、程序和方式等一系列方法的综合。在方法论中,不仅有不同方法的多样性差别,如自然科学方法论、社会科学方法论、思维科学方法论等,而且有不同层次的初、高级的区别。哲学层次的方法论是最高层次的方法论,是整个方法论系统和理论基础,它既要指导其他科学方法论,又要通过其他科学方法论来实现自己、充实自己、完善自己。没有哲学方法论,其他科学方法论就将失去统领,而离开其他科学方法论,哲学方法论就无法转化为现实,哲学世界观必然成为空中楼阁和僵化教条。"①

郭国勋教授关于哲学方法论与科学方法论的关系的讨论,对我们深入思考社会工程哲学与一般方法论的关系是不无启示的。社会工程哲学首先是哲学,因此,它具有方法论意义或者功能,是社会主体改造社会世界的方法论。因此,社会工程哲学方法论是比社会工程学方法论高一层次的方法论。

但是,社会工程哲学并不是哲学一般,它应当属于哲学的一个二级或者三级学科,属于哲学的应用或者应用哲学,因此,社会工程哲学方法论不是一般哲学方法论,而是比一般哲学方法论低一个层次的方法论。所以,社会工程哲学方法论既有一般哲学方法论的共同特点,又具有自己独有的方法论特色。

一般哲学方法论强调形而上性,重视逻辑、抽象、分析、综合、思辨、解释等,而社会工程哲学方法论也应当有这种色彩,比如,没有逻辑、抽象、分析、综合、思辨等,很难说是哲学或者哲学的一个分支学科,或者很难称社会工程"哲学"。但是社会工程哲学除了这些基本方法论以外,还应当有实证、调查、统计、设计、规划等方法论。特别需要指出的,社会工程与自然工程不同,因此,社会工程哲学方法论又完全不同于自然工程哲学方

---

① 郭国勋:《马克思主义哲学应用释义》,辽宁大学出版社 2006 年版,第 10 页。

法论。

搞清社会工程哲学的方法论问题,对于我们建构社会工程哲学,并使社会工程哲学获得独立"生存权"具有决定作用。"不同质的矛盾要用不同质的方法去解决。"既然社会工程与自然工程都是工程,因此两者的研究方法就有相通之处;既然社会工程与自然工程分别指涉两个不同的领域,前者指涉"社会世界",后者指涉"自然世界",因此两者在研究方法上就必然有着本质的区别。这一点应当说,马克思和韦伯早在19世纪末20世纪初就已经意识到了! 他们一方面认识到自然科学思维范式的重要性,另一方面他们又深刻地认识到社会科学理论所面临的"人与社会的关系"问题并不像社会科学理论建立之初孔德和涂尔干所想象的那么简单。

20世纪60年代以后,西方社会科学方法论发生重大变化。长期以来被逻辑实证主义和逻辑经验主义在科学领域中拒斥的形而上学,被重新给予正确的评价。科学哲学的许多"后实证主义"、"后经验主义"和"后分析主义"的新派别从不同角度严厉批判科学标准的单一化、固定化、教条化和统一化。古希腊以来确立的主客体对立统一的认知理论建构模式已经不再成为科学理论的唯一模式,主体间性的新概念得以确立,研究者一方面是客观存在的一个组织部分,另一方面又不同于直接作为对象的客体,而具有积极主动的精神和参与性。传统的关于科学命题必须由描述性的经验论述的构成的观点受到挑战,科学理论的基本框架及其论述体系不一定局限于描述和论证的范围,批判性、修辞性和诠释性的论述及其原则,也可以构成科学理论的架构。

这些新的变化启示我们,研究社会世界,追问社会工程可以用形而上学的方法,应当实现社会工程方法论的创新。当代社会理论的一切变化,都紧密地同社会科学方法论的不断重建相联系。社会工程哲学的研究方法主要包括以下几点:

(1)实证方法范式。实证主义的方法源于培根的经验哲学和牛顿-伽利略的自然科学方法,后经社会学家孔德的发展而成为一种社会研究方法范式。按照孔德的观点,社会像其他领域的现象一样服从不变的规律,因而对社会的认识要运用"实证"的方法,追求实在、确定、相对意义上的知识,强调用精确的分析产生现象的环境,用一些合乎常规的先后关系和相似关系把它们相互联系起来。实证主义只是叙述事实,只求知其然,而不问其所以然。从经验和归纳出发,运用精确的自然科学方法来描述社会现象的外在关系。这就是实证主义方法的精神实质。实证分析方法遵循以事实说明社会事实的原则,以达到经验可证实的因果关系为目的。实证分析法的出发点是确认概念之间存在着三种关系,即相关关系、因果关系和虚无关系,然后从中引申出纵向推理和横向推理。纵向推理或者是由概念层向经验层推理,或者由经验层向概念层推理。前者是具体化的过程,即抽象的概念转化为可经验、可测量的实际指标过程,后者则是把可经验、可测量的实际指标抽象化、概念化的过程。横向推理则是同一层次的推理,分为概念层横向推理和经验层横向推理。实证分析的程序是排除虚无关系,确立相关关系,由此进入社会现象的因果关系。通过概念具体化和经验概念化的纵向推理,以及概念层和经验层的横向推理的综合,形成理论结构。此方法的长处在于强调社会事物的可测定性。社会工程是社会技术的集中使用,是人们改造社会世界的实践活动,社会工程哲学就是对这种实践活动的哲学反思。因此,解剖现实社会经济、政治、文化、社会生活中的具体的社会工程,对其进行实证分析,揭示社会工程系统诸要素、社会工程与社会环境等诸多因素之间的现实联系,进而为走进"社会工程"的深层结构,揭示其发生、发展、创新的规律性创造理论前提,无疑是一种最好的方法。

(2)抽象分析方法范式。实证分析方法的成功与失败,长处与短处,共同说明了这样一个基本道理,即必须寻找一种可靠的科学的分析方法,从现象到本质,从而走向社会的深层结构。这个可靠的科学分析方法就是抽象分析方法。抽象分析方法,在马克思那里达到了炉火纯青的程度。在他看来,倍数再高的显微镜看不到商品的交换价值,最好的望远镜也看不到商品的交换价值。直到现在,还没有一个化学家在珍珠或金刚石中发现交换价值,然而,马克思却发现了"商品的交换价值"、"商品的价值",揭示蕴藏在"商品"中的秘密,创立了科学的劳动价值论,为剩余价值学说的发现创造了理论条件。这种方法就是抽象分析法。抽象分析法主要有两个路向:一是从感性具体出发,在收集大量资料的基础上,经过归纳、概括、比较,抽象出该学科的初始概念,即"元概念"。二是从元概念出发引申出其他概念,由此形成理论体系。这一过程就是概念运动过程,是概念——判断——推理的逻辑展开过程。此时,"抽象的规定在思维行程中导致具体的再现"。① 后现代主义者认为,哲学家之所以为哲学家就在于他们是概念的创造者。哲学不能没有概念,不能不推动概念运动。而概念来自于思维,来自于抽象。特别是社会工程哲学的建构,这本身就是一个创新工程,创新在"概念"的运动,创新在新的哲学体系的建构,所以,没有这种科学抽象法的灵活运用是难以想象的。

（3）解释学方法范式。与实证主义方法不同,人文主义以及解释学的方法,强调社会与自然的差异性,认为社会本质上是人的主体精神的外化和客体化,是"精神世界"、"文化世界"。因此,认识社会世界不能用反映的方式,更不能用自然科学的方法,唯一可行的方法就是"理解"和解释的方法。解释学方法的要点是,对人文世界的意义必须进行"理解",而理解又是一个历史的流程和"视界融合"过程,其中理解者的"期望"或者"设想"是理解的出发点。"只有理解者顺利地带进了自己的假设,理解才是可能的。"②现代诠释学的发展对于语言、思想、科学技术、人的实践、历史、文学艺术及文化一般的深入探索,几乎改变了传统哲学的基本原则,也改变了社会科学的方法论基础。伽达默尔指出:"语言是人类认识和我们理性的实践的普遍场所","人类的经验,从根本上说,是语言性的"。③ 伽达默尔的哲学本体论诠释学进一步证实了社会、语言、理性的三角关系对于社会科学研究的重要性。在伽达默尔的影响下,德国、法国、英国、美国的社会科学家们,纷纷采用存在主义、结构主义、符号论、精神分析学和其他哲学派别的各种诠释学研究成果,促进了 20 世纪 60 年代后社会科学方法论的新革命。这种方法论启示我们,"文本"并不意味着为诠释者提供诠释的标准,"论述"都是借由在沟通中比喻、借喻的欲望而形成的。解释学的研究方法,放弃了长期以来因受古希腊以来确定下来的"主客体"对立统一的认知和理论建构模式的影响,研究者在研究中始终都是作为"主体"的角色,而把研究对象当做"客体"来处理。主客体关系,一方面是主体决定客体;另一方面,客体又是外在于主体的客观

---

① 《马克思恩格斯全集》第 2 卷,人民出版社 1995 年版,第 18 页。
② 伽达默尔:《解释学》,《哲学译丛》1986 年第 3 期。
③ 高宣扬:《后现代论》,中国人民大学出版社 2005 年版,第 91 页。

对象。由于主体决定客体,所以在研究过程中,总是主体首先选择客体,并决定客体的范围和性质。表面看来,这种传统的方法论,要求主体的认知和科学研究的结论必须接受客体的检验,并同客体相符合,这就是所谓的传统的"真理符合论"。但实际上,真理符合论本身就是主体决定客体的过程和结果;传统的方法论实际上通过内外有别的方式,把主体和客体分隔和对立起来,不但违背了研究者和研究对象之间实际存在的复杂互动关系,而且实际上也是试图以保持研究对象的客观性为借口,将对象的客观性的存在同研究者主观创造性研究活动对立了起来。对此,马克思曾经解释过,但长期以来为人所忽视了。马克思说,"人"和"社会"都是被"生产"出来的:"正像社会本身生产作为人的人一样,人也生产社会。"①在解释学的语境下,我们追问:社会世界中"外在的存在"的那些事物是什么? 社会世界的最基本的性质是什么? 对于社会世界的这些性质进行何种分析是可能的或者恰如其分的? 所有这些问题——根本问题的解释,大概都不能没有"社会工程"范畴的支撑。

　　"社会工程"范畴本身不是"感觉"的产物,而是"思维"的产物,是"理解"的产物,是人们在解释学方法视野中,对社会世界中人们的一种特殊"实践活动"(不是所有的实践活动都是社会工程)的理论构建和哲学解释。在社会世界中,任何结构,尽管有多种多样的客观的、制度化的和物质的关系,但都不同程度地隐含着或掩盖着人的相互关系。我们应当善于透过社会结构的物质关系看到复杂的和隐蔽的人的关系。在一定意义上,社会结构的各种可以感知的客观关系,都是实际的和复杂的人的关系的象征。如何在思维层面,从哲学高度对这些复杂的人的关系,特别是对这些复杂的人的关系的调整、改善和重塑进行概括,并从此"元概念"推演出"符合"社会世界实际的概念运动,这就需要解释,需要以解释的方法论做支撑。

　　(4)历史与逻辑一致的方法范式。在人类认识史上,历史与逻辑一致的思想,是由黑格尔最初提出来的。他在说明绝对理念的运动和自我认识的过程时说:"这种具体的运动,乃是一系列的发展,并非一条直线抽象地向着无穷发展,必须认作像一个圆圈那样,乃是回复到自身的发

---

① 《马克思恩格斯选集》第 2 卷,人民出版社 1972 年版,第 121 页。

展。这个圆圈又由许多圆圈所构成,而那整体乃是许多回复到自己的发展过程所构成的。"①黑格尔把绝对理念的历史发展过程,描述为由正题、反题和合题组成的圆圈,全部哲学体系是这样一个大圆圈,其中的每一个小阶段又是这样一个小圆圈。值得注意的是,黑格尔不仅描述了绝对理念按照圆圈发展的历史,而且论证了圆圈发展的内在逻辑。在黑格尔看来,在逻辑认识的过程中,从感性直观上升到知性思维,是逻辑认识的开端。知性分析感性得到的表象,得出肯定的、自身同一的思想规定,即得出明确肯定的概念,这种知性的肯定是逻辑认识的第一步。这一步只是规定了绝对的界限与区别,如果只停留在这一步,那就是形而上学。这样就需要否定理性揭露上述知性规定自身的矛盾,使之自我否定,向对立面转化。这样一切界限和区别都被打破了。打破了固定的界限,才能推动认识的发展。这种理性的否定是逻辑认识的第二步。这一步否定了界限,但如果只是否定界限,那又会陷入怀疑主义、相对主义和诡辩论。因此,逻辑认识还必须发展到第三步,即需要肯定的理性从上面的对立中把握它们的统一,从而扬弃肯定的知性和否定的理性各自的片面性,而又把二者作为环节包含在自身之中,达到对立的统一。这样绝对理念自身发展的历史和认识的逻辑就达到了一致。

我们研究社会工程哲学,并不是搬用黑格尔哲学关于历史与逻辑一致的具体内容,而是按照认识和掌握社会运行的材料和人类认识的逻辑规律来揭示"社会工程"的历史与逻辑的一致。社会工程哲学的任务在于从具体的复杂的社会活动中概括出一般规律,再在一般规律的指导下进行现实的社会认识活动。社会工程认识的逻辑不能离开社会历史和现实材料及其实际过程,但又必须对这些历史和现实材料进行抽象和概括。恩格斯指出:"历史从哪里开始,思想进程也就应当从哪里开始,而思想进程的每一步发展不过是历史过程在抽象的、理论上前后一贯的形式上的反映;这种反映是经过修正的,然而是按照现实的历史过程本身的规律修正的,这时,每一个要素可以在它完全成熟而具有典范形式的发展点上加以考察。"②

---

①　黑格尔:《哲学演讲录》第 1 卷,三联出版社 1956 年版,第 31—32 页。
②　《马克思恩格斯选集》第 2 卷,人民出版社 1995 年版,第 43 页。

换言之,思维与存在是同一的,但却是有差别的同一。认识史中产生的思想资料是无比丰富的,如果我们将思想史的具体资料和思维规律相对照,在有些地方可能会出现思想超越思维规律的"背离"和"跨越",在有的地方又可能出现思想落后于思维规律要求的"曲折"和"迂回"。如果过分囿于思想史的资料,处处跟随它,那么我们就将难以从思想史的资料中发现思维规律。这种真正意义上的历史与逻辑一致的辩证法启示我们:研究应当以历史为基础,以逻辑为主线,达到历史与逻辑的一致。

对于社会工程哲学的研究,"逻辑的方式是唯一适用的方式,但是,实际上这种方式无非是历史的研究方式,不过摆脱了历史的形式以及起扰乱作用的偶然性而已"。① 社会工程的哲学研究要求我们,一方面,紧紧"围绕"、"跟随"社会历史中调整重大社会关系的各重大社会工程,进行深入系统的案例分析,如实反映其本来面目;另一方面,又要创造性地对社会历史中调整重大社会关系的重大社会工程,进行思想"加工"和"改造",构建起社会工程哲学的内在逻辑,使社会工程哲学既"依赖"、"跟随"社会工程,又高于、超越社会工程,实现两者在历史与逻辑上的统一。

4. 社会工程哲学与一般历史观

社会历史观,人们又称社会哲学,因此,社会工程哲学与社会历史观的关系,就转化成为社会工程哲学与社会哲学的关系。

"社会哲学"一词最早是由托马斯·霍布斯提出的。他用这个词表达哲学家们关于人类社会的一般理论。贝克(Robert N. Beck),将社会哲学定义为:"对社会结构及社会功能有关的社会过程所作的一种哲学批判。"②他认为:"许多社会的研究者常常提出许多关于社会过程和社会制度的问题,其中包括这样一些问题,诸如人们为什么喜欢一种社会而不喜欢另一种社会,政治组织的目的是什么? 人们怎样根据标准和方法来评判政治制度;人们为什么应当服从政府,什么时候不应当服从政府,不管这些问题看起来多么不同,但它们说明了两种特殊的然而相互联系的哲

---

① 《马克思恩格斯选集》第 2 卷,人民出版社 1995 年版,第 44 页。

② 贝克:《社会哲学手册》,1979 年英文版,第 1 页。

学观点，一种观点是带有评价性质的，另一种是分析性的……社会哲学是指哲学家们为了解决这几个问题而试图提供的指导和答案。"①

显然，社会哲学是解释社会世界的哲学！

马克思的唯物史观作为"新社会哲学"，着力强调"问题在于改变世界"，坚持唯物主义和辩证法的统一，克服了旧唯物主义的形而上学局限性，用彻底唯物主义的观点和方法分析社会历史现象，把实践的观点引入社会历史领域，用实践的观点统摄社会历史观，揭示了社会历史发展的客观规律性，即社会主体—人的社会实践、社会工程活动的规律性。

这种规律性是什么？有的人认为，这种（些）规律是社会存在决定社会意识；是生产力决定生产关系，经济基础决定上层建筑；有的人认为，这个（些）规律是人民群众创造历史；是社会基本矛盾运动规律，等等。这些观点在"原理哲学"或者"哲学原理"中俯拾即是。实际上，哲学的本质——批判和反思，决定了哲学本来是没有"原理"的。更是没有一成不变、普遍选用的什么"原理"的，一旦某些哲学被称为"原理"了，那么，这个哲学就已经不是"哲学"了。即使我们在"原理哲学"框架内讨论唯物史观揭示的人类社会存在和发展的规律，大概也很难说就是"原理哲学"教科书中所谓的几大规律。

从马克思的生产本体论、实践本体论、社会存在本体论视角考察，唯物史观作为新社会哲学——世界观，它所揭示的人类社会历史的发展规律应当是：人类社会发展是一个自然历史过程、人们的生产实践创造过程与人的本质形成、完善、实现和创造过程的有机统一。

按照这样的思维进路，我们是否可以说，社会哲学的本质，是从哲学层面的视角，揭示社会存在和发展的规律"是什么"和"为什么"的问题，也可以说，这是社会哲学的本质或者主职。社会工程哲学则是在社会哲学基础上，从哲学层面或者视角研究和讨论如何运用，特别是创造性地运用和发挥社会规律的作用，把社会规律内化为人们社会行为当中的一般规则，进而按照这些规则，把握和运用社会规律为人们的主观目的服务的过程。也就是说，社会工程哲学着力研究和讨论社会规律发挥作用的"物质"载体问题——工程设计、规划、实施、评估等问题，进而真正实现

① 贝克:《社会哲学手册》,1979 年英文版,第 1 页。

社会发展的合规律性与合目的性的高度统一。

　　社会工程着力解决现代社会的问题，它以社会问题的消解为目标。现代性是一个非常复杂的理论和实践问题，是一个涉及历史性与时代性、事实性与价值性、观念性与制度性、统一性与多样性、自然性与自主性、相对性与绝对性等多方面、多层次的哲学问题，它体现在技术、政治、经济、社会发展等方面，要我们在哲学视野中加以深刻反思。由此可见，当代社会理论在重构其理论概念、体系和方法论的时候，不能不考虑到当代社会本身所面临的各种重大问题，社会工程的设计、实施等也同样面临各种社会条件的制约，社会历史观始终贯穿于社会工程哲学的研究过程中。

　　特别值得指出的是，马克思的唯物史观——作为新的社会哲学，是社会工程哲学的"近邻"。在马克思那里，唯物史观的产生标志着哲学作为具有现实规定和现实力量的世界观的存在方式真实地具备了"改变世界"的功能。唯物史观揭示了关乎时代命运的重大问题的本质，展现了时代的未来价值归属，提供了超越现存世界的理想图景，这就已经从本质上超越了以往哲学"静观"的抽象特征，在马克思看来，唯物史观最重要的任务是"改变世界"。社会工程哲学作为唯物史观合乎逻辑的发展与延伸，则是在"改变世界"的征途上继续前行，将"改变"具体化、历史化、社会化、科技化、工程化，为人们改造社会世界扫清思想、观点和精神障碍。

第三章

逻辑路径：社会工程哲学的理论框架

社会工程哲学不是传统形而上学,它不追求更不满足于宏大叙事,而是立足于现实社会的矛盾和问题,并在哲学层面上思考如何"解决"这些矛盾和问题。因此,社会工程哲学最关注的就是现代性、现代社会及其与传统哲学范式的差异和矛盾问题。

一、现代性与传统哲学范式的界面:研究的起点

哲学研究不是也不可能是"自言自语",应当说,在这一定意义上,哲学的思考与卡尔·波普尔主张的"科学发现的逻辑"极其相似,即从"问题"开始。但是,这个"问题"不是一般的"问题",而是"问题"与"传统哲学范式"相互矛盾、冲突所带来的"问题"。社会工程哲学研究的起点应当是现代社会现实生产、生活、生命、生态中的现实矛盾与传统哲学"大厦",特别是传统哲学研究"范式"的界面。它既不是纯粹哲学"范式"问题,又不是纯粹现实矛盾问题,而是这两者的结合或统一的界面。如果是纯粹哲学范式问题,那么社会工程哲学就不是部门哲学或应用哲学了;如果是纯粹现实矛盾问题,那么社会工程哲学就不是哲学,而是社会学或者政治学了。这,就决定了社会工程哲学的哲学性和应用性及其逻辑起点。

1. 现代性的文化基础

英国的历史文化学家汤因比曾指出:人类文明并不是一个注定向上生长的过程;只有那些能直面压力、战胜挑战的文明类型才能将解体作为生长的一个环节;旧生活类型的解体是新生活类型生长的不可缺少的环节,在文明的发展过程中,某种暂时的混乱难以避免,文明的生长过程事

实上是一个秩序——紊乱——秩序的否定之否定的无限过程。① 社会文明是在社会震荡、无序和平稳、有序交替中生长和演进的。

关于社会震荡是什么,社会学家、经济学、法学家及哲学家对此有过许多研究。一般被视为"脱序"、无序、不确定性、偶然性、混乱、杂乱等。社会震荡就其最基本的内涵而言,系指一个社会失去了社会生产生活中的普遍性行为规范,社会呈现出动荡不定,缺少某种正常的秩序。在现代化的进程中,现代性日益明显。经济、社会快速发展,人类发展空间不断拓展,自由选择机会不断增加。同时,社会机体也面临严重危机,尤其是传统社会结构受到了前所未有的挑战和冲击。社会运行规则本身的权威受到了挑战,无视、亵渎、曲解甚至另起炉灶现象随处可见。

应当承认,社会震荡是一种"自然历史过程",也就是说,它是人类社会在种种历史条件下合乎规律的、必然的或不依人的意志而转移的发展过程。但是这种社会震荡过程也是一个人类的社会实践过程,而且,现代社会的震荡是社会结构的整体性变革,对社会主体的经济利益、政治地位、生活方式、历史传统、精神生活等都将产生极大的甚至是根本性的影响或改变。从现代性的历史演进考察,无论是西欧原发性的现代社会震荡,还是非西欧的后发性现代社会震荡,绝大多数是在血与火的沐浴中进行的,这种血与火的沐浴绝不是文学式的夸张,而是人类社会震荡的真实经历。

斗转星移,沧海桑田。上下求索,苦乐悲欢。人类在漫长的发展历程中,一方面创造和享用着足以自豪的物质文明、政治文明、精神文明和社会文明;另一方面,也承受着比生存竞争更要残忍的暴力动荡之患。如果将这种暴力动荡视为解决社会矛盾症结的必要方式,似乎是不可避免。可是,从这一方式对物质文明、政治文明、精神文明、社会文明和生态文明所造成的破坏,以及那些为此付出血泪甚至生命的人来说,它无疑是人类社会的一大灾难。况且,就算运用这种方式去祛除社会发展的"障碍",也只能算是不得已而为之的下策。因为在此之前,人类并非找不到其他代价更小的解决方式。所以几千年来,向往、寻觅、探索人类社会的"和平"发展之路,就始终是众多仁人志士的不懈追求和普天之下芸芸众生

---

① 参见汤因比:《历史研究》,上海人民出版社 1986 年版。

的殷切期盼。然而，人类社会为什么会存在着这种难以根除的无序与动荡，人们期盼和平的愿望到底能否成为现实，人类能否跨越风险社会，着实令人深思之。但不管怎样，社会风险和动荡的产生，缘于社会矛盾的激化，这已经成为一种共识。若再究其矛盾激化的根源，大概是一部分人的行为背离了必然的社会发展规律，错误地摆布和处理了关乎社会稳定的关系，从而使另一部分人的生存发展权等受到了严重的威胁与侵害，且又长期得不到有效的调节。这并不是简单的逻辑推理，而是几千年来人类历史中压迫与反压迫的真实写照。消解人类社会的动荡之患，实现和平发展虽然需要多种因素，但其中之关键，则取决于人类对社会发展规律的正确认识、准确把握，以及在社会实践中对社会世界的改造。从人类社会发展历史来看，这种逐渐的经苦苦求索甚至用血泪生命换来的理性自觉，已经越来越普遍地被认同并体现在人们社会工程的实践中。社会风险时期如何以最小的代价换取最大的发展是个实践过程，也是个"社会试错"过程。对于一个社会心态，社会阶段来说，这个试错过程的意义却是非常巨大而深刻的。虽然这也是一个特殊的生活本身的试错过程，虽然人们在经历了巨大的磨难之后会有重新选择走一种光明之道的可能，然而，这个特殊的试错过程给社会带来的难以估量的影响却是不可修复的，往往会在历史的发展过程中留下某种难以抚平的痕迹，这在中外历史发展进程、轨迹中都可略见一斑。

当我们深入思考社会风险和社会产物的时候，不难发现，社会试错也好，社会震荡也罢，讨论这些问题总不可避免地与现代性相关联。回避或绕开现代性、现代社会问题，进而包括社会工程问题就难以表达清楚。

现代性是我们这个时代最重要、最核心的焦点性话题之一，它在哲学、政治学、文化学、法学、社会学的争论话语中，已经成为人们无法绕开的基本术语。当代我们面临的许多历史、现实、理论和实践问题，在一定意义上都直接或间接地与现代性（和后现代性）问题有着深刻的关联。在世界一体化的时代背景下，面对沧桑的历史和未定的将来，思考现代性，不仅是思考现在，也是思考历史，更是思考未来。确实，胡塞尔、韦伯、卢卡奇、葛兰西、霍尔海默、哈贝马斯、利奥塔、福柯、德里达、鲍德里亚、吉登斯、格里芬等许多著名批判性思想家，都以不同的方式、视角、领域关注现代性问题。中国学者衣俊卿、鲁品越、丰子义、王岳川等对现代性问题抱有浓厚兴趣,给予了强烈关注。讨论现代性和后现代性问题的著作(包括译著作)、文章俯拾即是。虽然在全球范围内,人们对现代性问题的关注与兴趣有增无减,但现代性问题似乎还没有完全清晰地露出地平线。总结起来,大概主要集中在以下六个主要方面:一是如何认识和理解现代性? 现代性的历史起点何在? 二是现代性在历史的演进中是否可以选择和取舍? 三是现代性的精神导向和物质基础是什么? 四是现代性与后现代性的关联是怎样的? 五是现代性是只有一个,还是有多个? 现代性在中国是否已经生成? 六是现代人在现代性悖论面前能否有所作为?等等。本书无意(无力)对上述诸多问题泛泛讨论,仅就资本和技术与现代性的解构、社会工程与中国现代性的建构等问题发表一点看法。当然在讨论这两个问题的过程中,可能对上述若干问题也略有涉及。

论从史出。我们研究和讨论现代性问题,特别是要对现代性的文化、精神和物质根源以及现代性的演进规律有所认识,必须从考察现代性的历史开始。研究表明,现代性与资本主义生产方式的生成、发展和人类社会的工业化进程有着十分密切的历史关联。

"一般地说,所谓现代性,是指启蒙运动以来的资本主义历史时代及其基本原则。"[①]众所周知,资本主义的诞生和发展可以追溯到14世纪左右;但只有在16、17世纪之后,经过18世纪的欧洲启蒙运动——人类历史上前所未有的思想、精神解放运动之后,又经过法国的资产阶级大革命,才使人类社会和人类文化进入到一个新的历史阶段,产生了"现代性"——现代性的精神状态、生产方式和生活态度。所以也有人把"现代性特别限定为由资本主义的产生和发展所形成的那种精神状态和态度。现代性的心态和文化也紧紧地同资本主义政治、经济和整个社会制度相关联"。所以,"广义而言,现代性也包括同资本主义精神紧密相关的资本主义政治、经济、文化和整个社会制度、思考和行为模式以及生活方式"。[②] 在这里,现代性实际上就是资本主义的同义语了!

在欧洲中世纪以前的社会世界里,几乎所有社会成员都认为,生活世界的主宰是社会的最高统治者,这是约定俗成、天经地义的。"1500年以

---

① 高宣扬:《后现代论》,中国人民大学出版社2005年版,第100页。
② 高宣扬:《后现代论》,中国人民大学出版社2005年版,第100页。

前,西欧几乎一直是今日所谓的不发达地区,西欧诸民族地处边缘地带,从那里窥视内地。它们充分意识到自己是孤立的、脆弱的。""这些胆怯的、中世纪的欧洲人是多么不同于他们那自信、敢作敢为的后代啊! 他们的后代从被围困的半岛出发,赢得对外洋航线的控制,由被围攻者成为围攻者,从而决定了直到现在的世界历史的主要趋向。这一出人意外的结局提出一个根本的问题:为什么起这一重大作用的是西欧人? 为什么是他们而不是阿拉伯人或者中国人将世界各大洲联系在一起,从而开始世界历史的全球性阶段——尤其是若考虑到他们早先对世界事务的影响仅一般而已。"①1500 年以前的历史在一场惊心动魄的思想革命以后却永远地成为了历史。

　　文艺复兴和宗教改革所开辟的西方现代社会,不仅在结构上,而且也在人的思想和基本心态方面发生了根本的变化。从此以后,社会和人们所关心的基本问题是作为主体的人与整个社会世界的相互关系问题。海德格尔认为,在中世纪漫长的历史结束以后,一种现代性开始出现。这种不同于中世纪和古代的社会现代性,其基本特质是把人当成支配现实社会世界的一种主体,而人所生活于其中的世界,包括自然世界和社会世界,都当成作为主体的人所型构的和生产出来的一种构造物。文艺复兴所推崇的一种基本意识形态就是个人主义。个人主义所强调的是各自具有独立自决权的个人主体。因此,文艺复兴后所产生的现代社会就面临着如何正确处理作为个体主体的社会成员同整个社会的相互关系。高宣扬教授认为,"现代社会主要围绕金钱、权力、理性三个主轴重建主体和社会的相互关系"。在他看来,"现代性发展的三个主轴是不可分割地相互交结在一起的。现代性的发展过程主要是自我分化和自我生产,不断重建个人和社会的双重关系,使个人与社会在分化中实现更大的自律化。"②

　　人作为个体从自在自发的生存状态进入到自由自觉的生存状态,这是人类社会历史进程中的重大事件,它成为现代社会运行的支撑性因素,

　　① 斯塔夫里阿诺斯:《全球通史——500 年以后的世界》,吴象婴、梁赤民译,上海社会科学院出版社 1992 年版,第 8 页。
　　② 高宣扬:《后现代论》,中国人民大学出版社 2005 年版,第 101 页。

是现代社会的创新能力、内在活力和驱动力的源泉。特别重要的是,这种个体的自觉状态不是少数社会精英的个别状态,而是现代社会公民的普遍的生存状态。与古代和中世纪社会不同,现代社会也表现出高度理性化特征,理性构成了驱动和主宰现代社会的基本力量。现代社会的理性不只是个人主体的一种认知和判断能力,而且也是社会机体各种知识、道德和法制体系的基础。

需要指出的是,现代社会进程中,主体化的个人与社会之间相互关系得以协调的关键是,个人主体化过程——劳动主体、生活主体、创造主体的生成过程,同社会整体、社会组织起来的国家整体的整合过程是一致的。换言之,现代社会的形成、现代国家的形成、现代人的主体地位的形成是在同一个历史过程中进行和完成的。然而,这一历史过程正是人类资本主义诞生、发展和完善的过程。在这一历史进程中,在现代性与社会世界的关系上,"几乎所有的现代性的解释者都强调个人主义的中心地位。从哲学上说,个人主义意味着否认人本身与其他事物有内在的关系,即是说,个人主义否认个体主要由他或其他人的关系,与自然、历史抑或是神圣的造物主之间的关系所构成。""无论如何解释,现代性总是意味着对自我的理解由群体主义向个人主义的一个重大转变。"

还需要指出的是,现代性的酝酿和生成过程是在社会工业化的过程中进行的。启蒙时代的现代科学技术观主张对自然进行蹂躏和折磨,工业化按照这种观点建立了与自然的敌对关系。"在这一过程中,这两种形式的工业化(资本主义与社会主义)都对我们的自然生态构成了威胁,使人类活动疏远了它的自然、社会和宗教的根基。"①格里芬说:"与资本主义社会相比,马克思主义的社会主义对现代二分社会的影响也许更为迅猛。如果我们把这种两分社会与工业化、都市化、技术化、官僚化、科学主义、工具理性、世俗化、平均主义以及唯物主义一起作为现代社会的标志,那么,可以看到,工业社会主义比自由工业资本主义具有更充分的现代性。"②这种深厚的工业化的社会经济基础,又进一步强化了自由主义和个人主义,并使个人主义在人类与自然的关系问题上达到了极致。也

---

① 大卫·格里芬:《后现代精神》,中央编译出版社1998年版,第86页。
② 大卫·格里芬:《后现代精神》,中央编译出版社1998年版,第17页。

即在现代性与自然世界的关系上,也表现为不折不扣的个人主义,"认为自然界是毫无知觉的,就此而言,它为现代性肆意统治和掠夺自然(包括其他所有种类的生命)的欲望提供了意识形态自由。这种统治、征服、控制和支配自然的欲望是现代精神的中心特征之一"。① 这种现代性"是启蒙的现代性,它追求数学的精确、明晰和统一,追求形而上学和绝对、合理化和工具理性是其具体表现。它具体展现为社会生活的现代化。用卡利奈斯库的话说,这种现代性就是资本主义发展的必然产物,是科技进步、工业革命、经济和社会急速变化的产物。"②马克思虽然没有明确提出"现代性"的概念,但是马克思通过对社会历史特别是对资本主义"发家"史的深入考察,阐述了现代性的重要思想。他所讲的"现代社会",就是指"资本主义社会",他在讲到"资本主义社会"时,前面往往加上"现代"二字,有时甚至直接用"现代社会",因为"资本主义主义社会"开启了人类历史的新时代。用吉登斯的话说:"在其最简单的形式中,现代性是对现代社会或工业社会的缩略语。"③利奥塔也认为:"资本主义是现代性的名称之一。"④

显然,现代性的思想基础是启蒙时代的自由精神和个人主义,现代性的社会基础是资本主义生产方式,现代性的经济基础是工业化。个人主义、资本主义和工业化交互作用,使现代性逐渐生成、"长大"而成熟。甚至在一定意义上可以说,现代性实际上是资本主义、工业化的一个别名。

2. 现代性的技术根据

资本主义也好,工业化也罢,作为具体的历史的"现代性",它总是在一定的人与自然的关系和人与社会的关系中生成或实现的。搞清这一点,是我们深入研究和讨论现代性根源的关键所在。

我赞成一些学者关于资本与现代性的关系的深入思考和分析。比

① 大卫·格里芬:《后现代精神》,中央编译出版社1998年版,第5页。
② 王岳川:《中国后现代话语》,中山大学出版社2004年版,第50页。
③ 安东尼·吉登斯、克里斯多弗·皮尔森:《现代性——吉登斯访谈录》,新华出版社1997年版,第69页。
④ 利奥塔:《后现代性与公共游戏——利奥塔访谈、书信录》,上海人民出版社1997年版,第147页。

如,有的学者认为"现代性的深层根源是资本而不是货币","资本才能给社会剩余劳动以新的伟大作用,产生出现代生活与现代性"。① 但是问题在于对"资本"做怎样的理解。确实,资本主义社会中所出现的众多方面——经济、政治、文化等方面的现代性,不仅是资本逻辑的外在表现与结果,也是资本逻辑的内在条件和内在机理。离开了现代性,资本运动就不可能正常进行,离开了资本,这些现代性也就失去了动力与支撑。换言之,现代性的各种因素并不是外在于资本逻辑的东西,而是内涵于资本的逻辑之中,甚至在一定意义上可以说,现代性与资本是一个东西。这一点马克思在《资本论》已经作了深入的讨论。

但必须指出的是,马克思不是把"资本"理解为"物",更不是理解为"物质财富",不是"从客体的或者直观的形式去理解",而是"当作人的感性活动,当作实践去理解"。② 在马克思的视野中,"资本是能够带剩余价值的价值","资本是资本家的人格化","资本不是物,而是一定的、社会的、属于一定历史社会形态的生产关系,它体现在物上,并赋予这个物以特有的社会性质"。③ 无论是"能够带来剩余价值的价值"、"资本家人格化",还是"一定的社会的历史形态的生产关系"等,所有对"资本"的这些提炼与概括,无非是意在表明资本的本质是一种社会关系,资本的生产、资本的扩张、资本的积累、资本的增值,实际上是一种特殊的社会关系的强制力量。价值——能够带来剩余价值的价值,本身即是人与人之间的关系;"人格化"实际上是资本主义社会主体——资本家的隐喻;"生产关系"本质上就是人与人的物质利益关系,是社会关系的核心部分。

按照这种逻辑,现代性的根源之一,就不是也不应当是简单的"资本"了,而是一种资本主义特殊社会形态下特殊社会关系及其"物"的表现形态。从哲学视角观之,社会关系本身就是社会规则,因为"关系"总是通过"规则"来定义、通过"话语"(规则和物质外壳)来表达的。这种社会关系,抑或社会规则的本质又是什么呢? 我认为就是社会主体用以改造社会世界、调整社会关系,协调社会运行的实践性知识体系——社会

---

① 鲁品越:《资本与现代性的生成》,《中国社会科学》2005 年第 3 期。
② 《马克思恩格斯选集》第 1 卷,人民出版社 1995 年版,第 58 页。
③ 《马克思恩格斯全集》第 25 卷,人民出版社 1972 年版,第 920 页。

技术。① 正如学者鲁品越所说："资本是一种社会关系，这种社会关系构成追求货币增值的强制性客观力量，驱使资本家尽可能减少劳动者的消费以剥离出最大剩余价值，克制自己的消费欲望以将尽可能多的剩余价值再转化为资本。"②马克思就是在社会关系（主要是生产关系）、进而社会技术（人们在资本主义条件下调整人与社会关系的手段）意义上发现资本问题、研究资本现象，揭示资本的本质的。正如美国学者戴维·哈维所说："马克思提供了有关资本主义现代化最早的和最完整的描述之一。"他说："隐藏在货币形式之中的分裂能力，通过什么样的过程转变成了资本主义现代化的特征？参与市场交换要以某种劳动分工以及把自己同自己的产品分开（异化）作为先决条件。结果就是与一个人自己经验的产品的间离，社会任务的分裂和生产过程主体意义同产品的市场客观估价的分离。高度有组织的劳动技术与社会分工对于资本主义来说虽然一点都不独特，却是资本主义现代化的基本原理之一。这形成了一根促进经济增长和资本主义积累的有力杠杆。"③他认为："资本主义是一种社会制度，它把确保它在自身世界史之中保持长久革命性和破坏性力量的各种规则内在化了。因此，如果说就'现代性而言唯一有保证的事情就是不稳定性'的话，那么就不难看出这种不稳定性源于何处。然而，马克思坚持认为，有一种单一的原理在起作用，它支撑和构成了所有这一切革命性的动荡、分裂和持久的不稳定。这一原理存在于他所称的最为抽象的'运动着的价值之中'，或者更简单地说，存在于资本永无止境的流通和不断寻求获取利润的新方法之中。由于同样的原因，存在着一些看来具有力量的、高度有序的协调机制。"④这里的所谓"社会制度"、"各种规则"、"获取利润的新方法"、"高度有序的协调机制"等，实际都是"资本的人格化"或者"人格化的资本"的"实践性知识体系"的表现形式，本质上都是资本家和工人（人与人、人与社会）关系的"改造"、"更新"、"协

---

① 田鹏颖：《社会技术哲学》，人民出版社 2005 年版，第 3 页。

② 鲁品越：《资本与现代性的生成》，《中国社会科学》2005 年第 3 期。

③ 戴维·哈维：《后现代的状况——对文化变迁之缘起的探究》，商务印书馆 2003 年版，第 138—139 页。

④ 戴维·哈维：《后现代的状况——对文化变迁之缘起的探究》，商务印书馆 2003 年版，第 143 页。

调"与"约束"的方式和方法,即都是社会技术。从这个意义上说,资本采取了"社会技术形式",或者资本从本质上讲就是一种社会技术,一种追求剩余价值的社会技术。正是这种特别的社会技术成了现代性的一个重要技术根源。在资本背景下,现代理性在社会生产、生活中突出表现为经济运行的理性化、行政管理的科层化、公共领域的自律化以及公共权力的民主化和契约化。正如帕森斯指出:社会发展经历"原始的"(primitive)、"中间的"(intermediate)和"现代的"(modern)三大阶段,现代阶段的特征是"规范化秩序的制度化符号"(the institutionalized codes normative order)。① 安德鲁·芬伯格指出:"福柯通过对理性化的过程的历史研究,在大量社会技术中揭示了现代权力结构的根源。"②

当然,现代性的生成仅有社会技术是不够的。资本不仅是也不仅仅衍生一种特别的社会技术,资本也孕育、衍生和不断创新了人们改造自然世界的技术——自然技术。科学学家贝尔纳曾经说过,在人类历史上,是资本家最早发现了自然科学技术的伟大作用。大卫·格里芬曾经说过:"早在所谓科学来到地球之前,这种广泛意义上的技术就已经发挥着非常重要的作用了。技术(而不是科学)直接地影响着生活和自然,电脑是人类最基本的文化现象。任何一种文化,如果缺少了独具特色的技术,它就无法成立——正是由于我们平常在广泛意义上所说的科学的兴起,导致所有技术形式(无论是有益的还是有害的)的改变,并因此改变了整个世界。这一变化是相当彻底的。因为这是人类历史上首次把理论理性移植到了实用理性,使得智慧成了变化的根由。"③确实,资本背景下的自然技术是现代性得以生成的重要支撑和参与力量。马克思指出:"从封建社会的灭亡中产生出来的现代资产阶级社会并没有消灭阶级对立。它只是用新的阶级、新的压迫条件、新的斗争方式代替了旧的。"也就是说,资本这个人类社会的最不稳定的社会力量要在"对全部社会关系不断地进行革命"(马克思语)之外,还要对"生产工具进行革命"。而且在现代性发展的过程中,资本也造就了强大的生产力和无与伦比的自然技术。

① 参见高宣扬:《后现代论》,中国人民大学出版社 2005 年版,第 102 页。
② 安德鲁·芬伯格:《技术批判理论》,曹观法译,北京大学出版社 2005 年版,第 26 页。
③ 大卫·格里芬:《后现代精神》,王成英译,中央编译出版社 1998 年版,第 199—202 页。

"资产阶级在它不到一百年的阶段级统治中所创造的生产力,比过去一切世代所创造的生产力还要多,还要大。自然力的征服,机器的采用,化学在工业和农业中的应用,轮船的行驶,铁路的通行,电报的使用,整个大陆的开垦,河川的通航……过去哪一个世纪料想到在社会劳动里蕴藏有这样的生产力呢?"①确实,文艺复兴以后,特别是 16 世纪伊始,"知识就是力量"的哲学观念已经深入人心,自然技术日益成为现代社会最展现理性实力的手段。正如高宣扬所说:"技术成了创造财富、追求金钱和扩张权力的重要手段。在技术这方面,可以赤裸裸地表现出理性同金钱的权力之间的交换关系,它比在理论化知识中采取隐蔽得多的形态更深刻地说明了理性同金钱和权力之间的不可分割关系。知识化的理性,特别是其技术方面,从此也成为社会和文化正当化的基础和基本手段。"②

自然技术工具理论恐怕只看到了这一个方面,这种技术观认为技术是用来服务于使用者目的的工具,技术被认为是中性的,没有自身价值的内涵。美国学者安德鲁·芬伯格认为:"对技术的工具主义的理解在社会科学领域中特别显著。它似乎可以用来解释传统、意识形态与从社会技术(sociotechnical)的变化中产生的效率之间的张力。"③然而,从现代性的生成、发展到完善的历史进程看,技术(自然技术)总是与政治、伦理、经济、文化相伴的。在资本的强大驱动下,技术(自然技术)被发明、创造,在资本主义现代性的发展史上发挥了第一生产力的作用。与此同时,也在一定程度上发挥了第一破坏力的作用。这正是现代性在其自身展现过程中陷入悖论的一个根本原因。因雅克·埃吕尔和马丁·海德格尔认为,技术构成了一种新的文化体系,这种新的文化体系将整个社会世界重新构造成一种控制对象。这个体系具有一种扩张性活力的特点,它将最终侵入每一块前技术的飞地和塑造社会生活的整体。安德鲁·芬伯格则明确指出:"技术(自然技术)为现代性提供了物质框架。"④

资本背景下的"两类技术"——社会技术和自然技术,彼此互为条件、互相制约,与资本一起推动了现代性的生成和发展。资本对利润的不

---

① 《马克思恩格斯选集》第 1 卷,人民出版社 1995 年版,第 277 页。
② 高宣扬:《后现代论》,中国人民大学出版社 2005 年版,第 102 页。
③ 安德鲁·芬伯格:《技术批判理论》,曹观法译,北京大学出版社 2005 年版,第 5 页。
④ 安德鲁·芬伯格:《技术批判理论》,曹观法译,北京大学出版社 2005 年版,第 21 页。

倦的追逐,使现代社会不断更新和创造人与人(社会世界)之间的关系处理方式和手段,不断地更新和创造人与自然世界之间关系的处理方式和手段。美国经济学家哈利·布雷沃曼曾经指出:"经济利益决定了技术设计的主要特征,资本主义从上层引进控制,将劳动纪律施加给跟企业没有利害关系的劳动力。技术逐渐被重新设计,以响应这种用更顺从的、没有技能的工人代替有技能的工人的新的控制形式。"①马克思,这位唯物史观的创立者也早就认识到,在资本背景下,以技术(自然技术)为中介的生产活动(劳动)在加速经济发展的同时,也就造成了新的社会规则和社会制度(社会技术)。一个多世纪以后,现代社会中的技术(自然技术)作为中介,远远超出了生产领域而进入了社会生活的每一个方面,以至整个现代社会被技术化了。

显而易见,资本是现代性的原动力,由资本决定、衍生并不断创新的自然技术与社会技术一起构成了现代性得以生成和发展的真正杠杆。

3. 现代性重构的工程思维

如前所述,现代性是现代社会(资本主义、工业化)的伴生物、产物或别名。现代性是以资本为内在驱力的自然技术与社会技术的交互作用而实现的人类社会发展史上的一次伟大创新。现代性的生成与发展给人类带来了前所未有的文明成果,当然,也给人类带来了不尽的痛苦与灾难。这既是历史的事实,又是现代性自身难以"脱域"的必然逻辑。但是,"现代性必定是一项没有完成的设计"。既然没有完成,既然可以设计,那么人类在现代性的诸多悖论面前,就能够也应当有所作为,有所创造。

众所周知,马克思主义就其本质而言是批判的,在我看来,不仅是对以往人类文明成果——思想、理论的批判,而且在很大程度上可以视为对现代社会(资本主义社会)、现代性的批判。而对后者的批判,实际上也是双重的批判:一是理论批判,这一伟大历史工作,现代西方社会理论家们几乎都已经做了;二是实践批判,或者也可以称为"武器的批判"。马克思主义的批判两者兼而有之,但"问题在于改变世界",在于建立新的"人类社会或社会化的人类"。所以现代性批判的主要任务不是(事实上

---

① 安德鲁·芬伯格:《技术批判理论》,曹观法译,北京大学出版社 2005 年版,第 25 页。

也难以做到)论证如何抛弃或者超越现代性,而是一方面避免或者防止现代性的某一(些)方面过度发展或者畸变,对人与自然、人与人(社会)的关系造成大的危害;另一方面,阻止现代性的某一(些)方面在演变过程中已经发生的"悖论"继续蔓延,为人类在现代社会特别是21世纪尽可能摆脱现代性危机寻找一条切实可行的出路。

出路何在呢? 后现代主义思想家们决定"解构"现代性,"消解"现代性,代之以"后现代性",主张用"后现代哲学"、"后现代经济"、"后现代政治"、"后现代文化"、"后现代科技"、"后现代社会政策"等取代"现代性"。怎一个"后"字了得! 确实,后现代主义者的所有这些努力,无疑给现代性以极大的警示,但他们无不陷入后现代性的悖论之中。"悖论一:我们使用的关键词'后现代'本身就包含着一种张力。在某种意义上,它仅指离开目前,即在'现在之后',它不能有任何内容;但是,我们又希望赋予它一定的内容,赋予它一系列的道德的和认识论的特性,仿佛我们已经知道了这个现在之后的世界是个什么样子。"可是事实上,我们对此知之甚少。"悖论二:被我们现在称作一株幼苗的后现代世界,也许看上去很不像但同时又非常像现代世界。悖论三:我们应当开始、同时又不应当开始创造我们所钟爱的后现代世界。由于需要付出的力量非常巨大,时间框架又过于遥远,对于我们中间的任何人来说,都无法凭借自己的努力来建造一个后现代世界。"①

如此看来,摆脱"现代性悖论"和"后现代性悖论",只能在新的哲学范式下,用现代性的办法解决现代性问题。这就是工程哲学视野中的社会工程的思维与设计。

从工程哲学视角视之,一般地说,工程可以分为两类:一类是有形的,一类是无形的。所谓有形的工程,就是实物建构过程,它以自然物质为材料,具有时间和空间的规定性,可称为物质形态工程,如土木工程、机械工程、采矿工程、水利工程等。这类工程可以称为自然工程。所谓无形工程,就是关系建构、状态建构和符号建构过程,它虽然难以离开自然物质,但其直接的建构材料则是社会性或者精神性要素:关系建构工程,如社会组织、机构、制度、法规等建构;状态建构工程,如社会风气、人格境界等;

---

① 大卫·格里芬:《后现代精神》,王成英译,中央编译出版社1998年版,第209—211页。

符号建构工程,如知识体系、信仰体系、艺术体系等。这类工程可以称为社会工程。① 早在19世纪40年代,马克思就从"劳动"、"活动"、"对象性"、"实践"等视角研究了社会生活、社会交往和社会关系,并在《关于费尔巴哈的提纲》中明确指出:社会生活在本质上是实践的。一个半世纪以来,"实践"概念逐渐被泛化和抽象化了,所谓"社会生活在本质上是实践的"只成了一个不争的"结论"。实际上,在唯物史观的维度上,"实践"概念具有相当大的理论张力,把"实践"理解为社会生活的本质,并没有也不可能是唯物史观的"终结"。研究表明,在人类社会发展的"自然历史过程"中,社会主体的工程活动是社会关系的承载者,是社会进步的推动者,是社会理想的实现者。是否可以这样说,"社会生活在本质上是工程的"?"工程"是"实践"的"延伸"、"量化"和"具体化","工程"是人类对世界依赖、适应、制造和改造的基本"平台"。由于世界分为自然世界和社会世界,"工程"合乎逻辑地可分为"自然工程"和"社会工程"。前者不妨称为"硬工程",后者不妨称为"软工程",虽然工程在名称上属于硬工程,但把它推广到社会改造也是顺理成章之事,如"知识创新工程"、"希望工程"等。②

所谓社会工程,其核心概念是"科学"、"技术"、"理性"和"过程"。其根本目的是,将社会主体的本真价值目的嵌入改造社会世界的实际活动过程,构建一个理想的社会状态。换言之,社会工程不是在社会机体中自然"生长"出来的,而是人为建构的产物。

如此看来,社会工程是人们精心设计的、仔细规划、科学实施的具有专门价值指向性的实现社会理想的活动过程。社会工程不满足于"形而上学的抽象",也不满足于"人们感性的直观",而是创造性地运用自然科学、自然技术、自然工程的思维和逻辑于社会世界之中,实现人文社会工程与自然工程的"和而不同"。卡尔·波普尔从"渐进社会工程"与"自然工程"的关系维度,研究了"社会工程"的功能,指出:"正如自然工程的主要任务是设计机器和改造、维修机器一样,渐进社会工程的任务是设计各种社会建构以及改造和运用已有的社会建构。"从"渐进社会工程"与"历

① 参见徐长福:《理论思维与工程思维》,上海人民出版社2002年版,第24页。
② 沈珠江:《工程哲学就是发展哲学》,《清华大学学报》2006年第2期。

史决定论"的关系维度,讨论了"社会工程"的方法。他指出:"假使我们知道如何利用社会工程来按计划创设社会建构的话,历史决定论的方法与社会工程师或技术师的方法之间有着极其明确的区别。历史决定论的方法与任何一种社会工程的方法都是根本对立的,这正像气象学家的方法与造雨魔术师的方法根本对立一样。"①我认为,"社会工程"既是人类"把握"社会世界的一种思维方法和行为方法,又是人们适应、调整和改造社会世界的现实生活过程,其核心是社会工程设计。

二、现代的人:逻辑的开端

在哲学史上,每一个哲学体系都有其出发点,这既是研究哲学问题、展开逻辑推演和论证的需要,也是表达哲学思想、体现哲学睿智、构建哲学体系的需要。哲学要关注人、关心人、研究人、讨论人、追问人,这是哲学研究乃至一切研究的最高境界。如果哲学不关心人,远离人,把人从哲学理论中"边缘化"了,那么哲学理论必然被人所"边缘化",哲学必然走向贫困和寂寞;哲学要关注人、关心人、研究人、讨论人、追问人,但其研究视角与其他学科的研究却有着重要区别。哲学主要是从"改造世界"的层面对"人"进行哲学思索。整个近代哲学始终在思维与存在、主观与客观、主体与客体的二元对立中去寻求思想的客观性、真实性,因而始终是从认识论意义去回答作为哲学基本问题的思维与存在的关系问题。这大概表明近代哲学对思维与存在关系的认知存在一个缺陷,这就是离开人的实践活动及其历史发展去回答思维与存在的关系问题;哲学要关注人、关心人、研究人、讨论人、追问人,但哲学研究的出发点或者哲学研究的方法应当是对人的"联系"、人的"关系"的思考。哲学基本问题所蕴涵的全部矛盾关系都深深植根于人类认识和改造客观世界的实践活动中。因此,哲学只有从现实的人及其历史发展出发,达到对哲学基本问题的实践论理解,才能正确理解思维与存在的关系问题,才能远离"形而上学",实现哲学研究的实践论转向。但是必须指出的是,实现实践转向以后的哲

---

①　卡尔·波普尔:《历史决定论的贫困》,杜汝楫、邱仁宗译,华夏出版社 1987 年版,第 57 页。

学研究的出发点仍然是"人"。

1. 社会工程哲学的元概念

作为社会工程哲学的逻辑起点,我们对"人"应当如何理解或解释呢?

第一,在社会工程哲学视野中,人,首先是直观地表现为一个个感性实体的存在。马克思和恩格斯指出:"任何人类历史的第一个前提无疑是有生命的个人的存在。因此第一个需要确定的具体事实就是这些个人的肉体组织,以及受肉体组织制约的他们与自然界的关系。"①社会工程哲学作为实践的哲学、活动的哲学,它把人首先理解成实存或实体,而不是一个抽象的概念。而从人与自然界的关系去思考人的存在和人的世界,是理解现实的人的首要的基本的前提。

第二,在社会工程哲学视野中,人在其现实性上又表现为一种历史性存在。马克思和恩格斯曾经提出:"我们首先应当确定一切人类生存的第一个前提也就是一切历史的第一个前提,这个前提就是:人们为了能够'创造历史',必须能够生活。但是为了生活,首先就需要衣、食、住以及其他东西。因此第一个历史活动就是生产满足这些需要的资料,即生产物质生活本身。"②然而,现实的人"不是处在某种幻想的与世隔绝、离群索居状态的人,而是处于一定条件下进行的现实的、可以通过经验观察到的发展过程中的人"。③ 正因如此,马克思提出,"人的本质并不是单个人所固有的抽象物。在其现实性上,它是一切社会关系的总和",④人"实际上是属于一定的社会形式的"。社会性是人的根本属性,"社会"是人的存在形式。社会的、现实的人是历史性的存在。马克思说,"人们越往前追溯历史,个人,也就是进行生产的个人,就显得越不独立,越从属于一个更大的整体;最初不还是十分自然地在家庭和扩大成为氏族的家庭中;后来是在由氏族间冲突和融合而产生的各种形式的公社中。只有到 18 世

---

① 《马克思恩格斯选集》第 2 卷,人民出版社 1995 年版,第 24 页。
② 《马克思恩格斯选集》第 2 卷,人民出版社 1995 年版,第 32 页。
③ 《马克思恩格斯选集》第 2 卷,人民出版社 1995 年版,第 31 页。
④ 恩格斯:《路德维希·费尔巴哈和德国古典哲学的终结》,人民出版社 1972 年版,第 52 页。

纪,在'市民社会'中,社会结合的各种形式,对个人来说,才是达到他私人目的的手段,才是外在的必然性。""人是最名副其实的社会动物,不仅是一种合群的动物,而且是只有在社会中才能独立的社会动物。"①他们的历史活动总是决定于在他们以前已经存在、不是由他们创立而是由前一代人创立的历史条件。因此,人们的历史活动并不是"随心所欲"的,人们的历史活动的结果表现为不以人们的意志为转移的历史发展规律。人作为"人类历史的经常的产物和结果",他获得了创造历史的现实条件和现实力量,并凭借这种现实条件和现实力量去改变自己和自己的生存环境,实现社会历史的进步,为自己的下一代创造新的历史条件。

第三,在社会工程哲学视野中,人作为自然性、社会性和历史性的统一体,又是一种独特的矛盾性的存在:人类作为物质世界链条上的特定环节,是自在的或自然的存在;人类作为认识世界和改造世界的主体,又是自为的或自觉的存在;人类作为自在存在与自为存在的统一是自在自为的存在,即作为物质世界中达到自我认识和自我改造的能动性主体而存在。作为自在的或自然的存在,人类统一于物质世界,物质世界是人类生存和发展的根据;作为自为的或自觉的存在,人类有创造属于人的世界,人是自己生存和发展的根据;作为自在自为的存在,人既服从于自然的规律又实现自己的目的,并以自己的历史性活动而构成思维与存在、主观与客观、主体与客体、目的性与规律性、人的尺度与物的尺度的统一。

第四,在社会工程哲学视野中,作为一个矛盾性的存在物,人具有极强的自为性。人类的社会生活在本质上是实践的。实践是人类的生存方式和发展方式。实践既造成了人类自身存在的自然性与社会性、自在性与自为性的二重性,又把世界分化为自在的世界与自为的世界、自然的世界与属人的世界。人的存在和人的世界,都需要从人的实践的存在方式去理解。人类在自己的实践活动中,首先是在自己的生产劳动中,把自身提升为认识世界和改造世界的主体,从而把整个自然界(包括人自身的自然)变成认识和改造的对象即客体。这样,实践活动就否定了自然而然的世界的单纯的自在性,使之变成"人化了的自然"、"属人的自然",变成人的实践活动所造成的人的文化世界。由此便形成了现实世界的二重

---

① 《马克思恩格斯选集》第 2 卷,人民出版社 1995 年版,第 87 页。

化,即自在世界与自为世界、自然世界与属人世界、客观世界与主观世界的分裂与对立。所谓现实世界的"二重化",即人类的实践活动使自然而然的世界具有了二重属性:一方面,无论是实践的主体(从事实践活动的人)和实践的客体(包括人及其思维在内的全部实践对象),还是实践活动中沟通主体与客体的所有中介(首先是物质性的劳动工具),在"本原"的意义上,都是自然的存在,都属于自然世界;另一方面,实践活动的主体、客体及其中介,在现实性上,又都是人类自己实践活动的产物和结果,都属于人类自己所创造的属人的世界、文化的世界。对于人类来说,世界就不仅仅是一个自在的、没有"关系"的世界,而且是一个自为的、与人发生种种"关系"的世界。具体地说,在人的社会性和历史性的实践活动中,一方面,人作为自然的产物和自然世界中的存在,在自己的实践活动中面向着客观世界,以客观世界为转移,以客观世界来规定自己的活动;另一方面,实践活动的本质又在于世界不会主动地满足人的需要,人必须以自己的行动来改变世界,从而使世界满足自己的需要。人为自己绘制自己所要求的客观世界的图景,并通过对象化的实践活动改变外部现实,是世界变成人类的理想的现实。人类自身的这些矛盾性,既是人与世界关系形成和调整(改造)的内在动力,也是生成新的矛盾和悖论的总根源。

第五,在社会工程哲学视野中,人是现存的存在与未来存在的统一体。社会工程源于现在,但指向未来。社会工程主体——人,即包括现存的人,又指涉未来的人,或者说社会工程哲学所谓的"人"是当代人和当代人以后的人,是从社会运行、发展的可持续层面把握人。换言之,在社会工程哲学视野中,既要把当代"人"或"人们"当做具体的现实的人,又不能把子孙后代当做虚幻的抽象存在。

马克思曾经指出:"社会化的人,联合起来的生活,将合理地调动他们和自然界之间的物质交换,把它置于他们共同的控制之下,而不把证实作为盲目的力量来统治自己;靠消耗最小的力量在最无愧于和最适合于它们的人类本性的条件下,进行这种物质变换。"①这里实际上,就强调"人"的未来或"存在方式",这对社会工程哲学建构具有方法论的意义。

---

① 《马克思恩格斯全集》第 25 卷,人民出版社 1974 年版,第 926—927 页。

　　社会工程哲学就是从"人"出发,把"人"——自然性和社会性、现实性和的历史性、主体性和客体性、目的性和规律性等的统一这样一个复杂的矛盾体打开,把"人"的关系、人的社会关系、人与社会的关系的"灰箱"打开,创立社会工程哲学的基本范畴,然后进行逻辑推演和哲学论证,构建社会工程哲学思想体系。换言之,社会工程哲学就是在当今社会工业化、城镇化、国际化的背景下,在构建"和谐世界"的伟大实践探索中,把人当做手段与目的的统一,当做主体与客体的统一,当做人与社会的统一,人即人的社会、人的世界。① 社会工程哲学把人作为研究的逻辑起点,主要是从人的现实生存状态出发,从人的现实需要出发,从人的全面发展出发。"人"在社会工程哲学中是"丰富"的、具体的;"人"在社会工程哲学中的逻辑起点地位是基础性和前提性的。

2. 社会工程哲学的基本范畴

　　建构社会工程哲学,最关键、最核心的问题是创立和揭示社会工程哲学基本范畴,并且深入分析、讨论这些范畴之间的内在的逻辑联系,进而支撑社会工程哲学的思想体系。

　　创立和揭示社会工程哲学的基本范畴,应当按照逻辑与历史相一致的原则,共性与个性相统一的原则,工程哲学与相邻学科相交叉的原则等进行。根据这些原则,我认为社会工程哲学的基本范畴应当分为人、社会关系、社会世界、社会认识、社会规律、社会科学、社会技术、社会需要、社会目的、社会规划、社会设计、社会工程、社会交往、社会环境、社会组织、社会制度、社会悖论、社会管理、社会和谐、社会理想等。

　　其具体理由是:

　　社会工程的主体是人,实施社会工程的出发点和归宿是为了人,因此,"人"(包括人的需要、人的追求、人的全面发展)应当成为社会工程哲学的第一个范畴,或者说"人"是社会工程哲学研究的逻辑和历史起点;

　　"社会关系"是社会生活中人与人结成的经济、政治、伦理、家庭、民族等各种关系的总和,是"人"存在的基本条件和环境,也是实施社会工程的基本条件和环境,社会工程所要改善和调整的主要就是具体的历史

---

① 《马克思恩格斯选集》第 1 卷,人民出版社 1995 年版,第 1 页。

的社会关系；由"人"、"社会关系"以及人的活动和人的活动的产物构成所谓"社会世界"。

"社会世界"既是人的存在空间，也是社会工程要实施改造和重建的工程对象；社会世界的现象是丰富多彩、错综复杂的。

但社会是可以认识的，人们通过逻辑的、统计的、数学的、思辨的多种方式，获得关于社会世界的知识，即社会认识（知识）。

社会规律是社会认识的直接目的，即通过认知（实践）活动揭示社会生产、生活、生态发展和深化的内在规律性，解决社会世界"是什么"、"为什么"的问题。然而，这恰恰是社会科学的历史使命，即通过各门具体的社会科学，对社会世界的各个方面、各个领域的规律性问题和现象进行"如实"的描述，以期接近真理；但社会科学主要是人们认识社会世界的理论基础，还不是改造社会世界的实践性知识体系。

因此，社会科学有必要发展、延伸到"社会技术"，即人们改造社会世界，调整社会关系，控制社会运行的实践性知识体系，为人们实施社会工程提供一个可以操作的中介；创新什么样的社会技术？实施什么样的社会工程？要根据具体的历史的需要，即所谓"社会需要"。

根据社会需要，确定具体的"社会目的"；然后进行"社会规划"；在总体规划的基础上，进行具体的"社会设计"；人们根据具体的社会设计，实施"社会工程"。

正像人是社会的人一样，社会工程是只有在社会中才能实施的工程，因此，不能没有社会工程的规划、设计与实施者——人与人之间的相互交往（交流、交换），不能没有部门与部门之间的交往（交流、交换），也不能没有地区与地区之间的交往（交流、交换），因此"社会交往"也是社会工程哲学的一个重要范畴。

"社会环境"是社会工程实施的基本因素和条件，社会环境的优劣直接影响社会工程的成败。

社会工程在实施过程中需要具体的"社会组织"和"社会制度"，这是社会工程顺利实施的基本保障和充分条件。

尽管如此，社会工程也未必就是成功的，往往有时事与愿违，甚至作茧自缚，形成所谓"社会悖论"。

所以需要科学、民主、法制，需要坚强有力的"社会管理"，努力形成和造就"社会和谐"。社会和谐既是社会的一种全面、协调、可持续的发展状态,也是人类为之奋斗的理想诉求,更是社会工程哲学创新的根本归宿。

社会理想是人们对社会未来的描绘或构想。从古至今,人们对未来总是抱有期待,或大同、或大统、或共产,这些社会追求都是一种社会理想。人类没有社会理想就会失去社会工程活动的根本动力。人类把社会理想当做社会现实,社会把历史性、超越性或"左"的错误,实际社会运行可以用人—社会工程—社会理想来标识,核心是以人为本。途径是社会工程,目标是实现社会理想,再提升人的本质。

这些基本范畴,构成社会工程哲学的理论网络和网络中的扭结,对这些基本范畴加以解析、拓展,就可能绘就一幅当代社会工程哲学无比壮阔而美丽的图景。

3. 社会工程哲学的基本问题

如前所述,社会工程哲学是实践唯物主义的继续(和发展)。所以,社会工程哲学的基本问题也应当是实践唯物主义基本问题的继续(和发展),至少应当成为实践唯物主义基本问题的一个重要补充和完善。

如果说实践唯物主义的基本问题是历史观问题,是人们通过实践改造自然世界和社会世界的问题,马克思是从本体论的维度来思考"实践",思考"人的感性活动"的:环境的改变和人的活动或者自我改变的一致性,只能被看做是并合理地理解为革命的实践。也就是说,环境或者教育,在人类社会中并不是本体论意义上的前提,这个前提只能由"实践"来承担。费尔巴哈承认感性直观,但他的理解是静态的。而马克思则认为,人类社会中的这个感性直观本质上就是人们的实践、实践的人们和人们的实践的成果。马克思的整个思想体系本身就是人类的现代实践形式和人类优秀思想文化成果有机结合的产物,其核心是马克思的实践观点。实践的观点,绝对不是对社会中某种简单的具体实践方式、态式的认同,而是对人类实践活动的本质性矛盾或者矛盾的本质——人通过对象化的自我否定而达到自我肯定,通过对现存事物的凭借或者基础而对现存事物的变革与超越——的把握。所以,马克思才批判地审视一切具体的实践活动。所以,马克思的"实践",具有社会生活世界的"根据"的意义。

那么社会工程哲学的基本问题合乎逻辑的应当是,社会主体人如何通过社会工程来改造社会世界、改造和超越人自身的问题。马克思在《德意志意识形态》的一个注脚中指出:"到现在为止,我们只是主要考察了人类活动的一个方面——对自然的作用。另一方面,是人对人的作用。"①社会工程哲学关注的恰恰是人对人的作用过程、人对社会世界的改造过程、人对自身的超越过程。

总之,"工程"把"实践"历史化、具体化、现实化了;"社会工程"把"实践"、"工程"丰富了,使得"实践"、"工程"是全面的实践、全面的工程,即既调整人与自然的关系,改造自然世界,又调整人与人(社会)的关系,改造社会世界;社会工程把自然放到了(历史)社会当中,把曾经十分抽象的生产力和生产关系、经济基础和上层建筑、社会存在和社会意识放在了具体的历史、条件环境当中,把人类社会历史理解为自然历史过程与人们的工程(自然工程和社会工程)的建构、创新过程统一起来,把人类社会发展的生态学语境和科学技术的两重性功能放在了工程(自然工程和社会工程)的规划、设计、实施、评估的各个环节,把解决自然科学技术及与其相适应的自然工程所带来的生态问题、环境问题、资源问题——人与自然的关系问题的根本原因,归结为社会科学技术及与其相适应的社会工程问题——人与人(社会)的关系问题,进而为消解马克思唯物史观的理论前设所带来的理论问题提供了方法论借鉴,将实践哲学原则进行到底。

三、"培根计划"终结:建构社会工程

东西方哲学史上,F. 培根在许多方面都是新思潮的典型代表,他反对古代权威,反对亚里士多德和古希腊哲学不亚于反对空洞、无意义的经院哲学,认为亚氏和古希腊哲学一事无成,它的方法、基础和结果都是错误的,即从无开启,以自然科学为基础,归纳法为方法,发明的技术为目的,在坚实的基础上建造或重建科学技术和人类一切知识。

其一,由注重道德哲学转向注重自然哲学。他认为,亚里士多德和古

---

① 《马克思恩格斯全集》第 3 卷,人民出版社 1979 年版,第 41 页。

希腊的诡辩论者一样,沉溺于形而上学争辩之中,而这种争辩恰恰是和探究真理相反的一种智慧。① 培根所说的探究真理,是指探究自然的真理。在他看来,古希腊罗马时代,对自然的探究仅仅占据短短的一个时期。大部分时间,人们的主要精力都是耗费在道德哲学上面,这使得人心离自然哲学越来越远了,在这一点上,亚里士多德也不例外。F. 培根十分关心对自然的研究,他提出了对自然研究的"新工具",即归纳法。培根认为,哲学是理性的工作研究由感官印象而来的抽象概念,它的任务是根据自然规律和事实,组合和区分这种概念,它不过是一个没用的东西或从来没有在原因的追问上浪费时间,他比柏拉图和亚里士多德更深入地探讨自然,没有实际的价值,它不过是一个没用的东西。

其二,由超功利性转向功利性。在《新工具》中他多处批判亚里士多德的思辨哲学,他认为亚里士多德的哲学虽富于思辨而却近于无用。他指出,所谓知识就在于实际中能够具有一定的效用,"凡在动作方面是最有用的,在知识方面就是最真的"。他甚至认为"真理和功用在这里是一事:各种事功自身,作为真理的证物,其价值尤大于增进人生的安乐"。② 在这里,他明确提出,功用是实践的根本属性,科学和技术的价值大于伦理学和道德学的价值。

据此,F. 培根认为有两种实践:一种是在物理学之下的机械学,一种是在形而上学之下的所谓幻术。③ 应当注意的是,在这里,F. 培根把实践直接等同于科学的技术化。这就彻底转换了实践的含义,解释学哲学家伽达默尔对此十分敏感,他认为,近两个世纪以来,人们对实践的最可怕的歪曲就是把实践降低到功利性的技术层面,看做是一种纯粹的技术活动。看来,伽达默尔并不赞同培根的做法。但我认为,培根的这种转换,或对实践范畴外延的拓展,是颇有启示的。在西方哲学史上,培根第一个将亚里士多德的"实践观"从伦理领域引入到自然哲学中,这在理论上是一个创新,在实践领域,特别是在工业文明演进中给人类带来的福祉与祸患尚待后人评说。

---

① F. 培根:《新工具》,商务印书馆1984年版,第47—99页。
② F. 培根:《新工具》,商务印书馆1984年版,第109页。
③ F. 培根:《新工具》,商务印书馆1984年版,第117页。

　　F.培根在认识论范畴里考察实践,从而乐观地把实践作为人类征服自然的重要手段——这种实践观极大地推动了自然科学技术的发展,但同时也导致了一种渐进的功利主义。所以,认识论的实践观也是一种经验(功利)主义实践观。可以说这几个世纪以来,特别是现代社会中的诸多矛盾与问题,尤其是环境问题、污染问题等,大都与培根的"知识就是力量"的哲学命题有关。人们只要认真反思 19、20 世纪人类社会的发展历程就清晰可见所谓"培根计划"的功过是非。

　　20 世纪已经结束,这 100 年对人类的影响超过了人类有史以来所有世纪的总和。我们每一个人都从生活的不同角度体验了 20 世纪对我们的冲击,这是一个值得大书特书的时代,一个使人振奋、迷惘、憧憬、绝望、留恋、厌倦、思索、沉湎的时代。① 这 100 年,观念的庞杂和繁衍伴随着物质生产和对自然征服的扩大,人类的行为也更加脱离以往几个世纪传统的束缚,向着多元化的方向发展。这种观念与行为的互动,构成了人类生产方式、生活方式、思维方式在文化形态上的千姿百态、光怪陆离。

　　无论如何,19 世纪末伟大思想家引导的人性觉醒,导致对上帝的否定。理性借助逻辑和哲学的力量将科学推向人类思想的前沿,科学技术将自然世界视为自己征服的对象。人类的工业化、现代化在经济利益的驱使下创造了极大的生产力,创造了无与伦比的物质和精神财富、巨大的国际市场和复杂的国际关系,等等。

　　无可否认,在 20 世纪里,物质进步大体上塑造了工业时代的基本特征。在诸多领域,人类的既有成果几乎达到了极限:能源枯竭、环境破坏、生物链断裂,已经使人类物质进步的速度减缓下来……这些矛盾和问题赫然摆在人类 21 世纪的入口处,迫使我们追根溯源对早在 400 年前 F.培根提出的"知识就是力量"——"培根计划"这样一个重大哲学问题进行深入反思。

1. "培根计划"终结的是与非

　　早在 17 世纪,F.培根作为"近代唯物主义的真正鼻祖",最早创立和表达了近代科学观,阐述了科学的目的、性质和发展科学的重要途径。所

---

① 辛旗:《百年的沉思》,华艺出版社 2006 年版,第 1 页。

谓"培根计划",就是培根对近代科学方法、目的、手段以及"科学无极限,人类为中心"的基本主张。

关于方法(method),培根用科学的方法取代了宗教和神话,认为科学的方法是产生知识最有效的办法。换句话说,未知事物可以通过使用抽象概念来理解,这些概念可以被操纵并通过实验重新与真实世界相联系。

关于目的(purpose),培根认为科学的目的是在认识自然的基础上支配自然,"达到人生的福利和效用"。[1] 为了"完善全人类",追求知识不再是为了上帝的设计或者满足统治者的好奇心,而是为了征服自然,从而改善人类的状况。在这个意义上,培根明确提出了"知识就是力量"的哲学命题。

关于手段(means),培根设计了可以使他的计划制度化的办法和手段,他促成建立了皇家科学院。[2] 在此基础上,培根计划中后来又增加了两个具体内容:一是无止境的人类进步,它在启蒙运动中达到了顶峰;二是将人置于宇宙的中心,他在诠释一个神话时得出结论,神明创造万物只是为了让人类受益。[3]

毋庸讳言,这些基本范式导致了一个完全西方式的进取心、进取模式和进取文明。甚至可以说,培根的"知识就是力量"影响了过去400年间东西方社会发生的每一件事情。其他任何"计划"、"命题"大概都没有获得如此辉煌的成功。然而悲剧性在于,"知识就是力量"在一路成功的进程中,也摧毁了自己的基础。事实上,在20世纪50年代以来,特别是四分之一世纪中,培根的每一个范式几乎都受到了严峻的挑战:粒子物理学的进步已经无形中破坏了我们与现实互动的思想;量子宇宙论夺去了人类曾经被赋予的中心位置;人类对时间特性的最新发现,给人类不断进步论蒙上了阴影;人类对环境的新认识证实了人类应当在与自然的对抗中生存的观念是错误的;生物技术的进步要求人类对自己的生物进化负责;人工智能的出现成为对人类理性的重要补充甚至挑战;等等。在这种背

---

[1]　北京大学哲学系编:《西方哲学名著选读》上,商务印书馆1982年版,第357页。
[2]　热罗姆·班德:《开启21世纪的钥匙》,社会科学文献出版社2005年版,第34页。
[3]　热罗姆·班德:《开启21世纪的钥匙》,社会科学文献出版社2005年版,第33页。

景下,我们是否应当对"培根计划"作一重新审视呢? 未来学家弗朗西斯·沙法斯蒂指出:"我认为我们正在进入一个后培根计划时代并寻找新的计划。这也许要花四五十年的时间。然而我们清楚地知道,引导我们走过如此漫长道路的计划不再切实可行。从这方面来看,我们已经进入了一个超未来(hyperfuture)时代,时机已经成熟,等待重新确立每一件事情。这个曾经基本是西方的计划,现在必须更加世界化,使所有文化都能对此有所贡献。"①

从历史和逻辑上讲,"培根计划"创设了现代文明,但也导致了400多年来,特别是20世纪的非人道的技术帝国——技术至上社会的生成。

20世纪人类物质力量的巨大进步,将19世纪的工业文明发展为强大的科技系统。弗洛姆(E. Fromm,1900—1980)认为,20世纪是"一个致力于最大规模的物质生产和消费的,为整个机器的由计算机所控制的完全机械化的新社会"。② 人本身被"异化"了,人们正失去对自己的控制,执行着计算机和网络给人们的各项指令,除了更多的生产,追求经济增长的指标和刺激消费之外,人类似乎已经无其他的理想。人类不仅生活在自己制造的武器随时可以毁灭自身的危险阴影之下,而且在哲学意义上受到了被动性所导致的内在死亡的威胁。在利润最大化的驱使下,人类在一定程度上不仅被自己创造的自然科学技术所控制,而且失去了创造性的人文向度上的选择。

20世纪人类已经成为自己巨大创造力的囚徒。由于人类片面强调科学技术至上、征服自然、物质消费使人类几乎丧失了与自身和其他生命形式的广泛接触;几乎丧失了宗教信仰以及相关的种种人道主义价值,仅仅倚重自然物质和自然科学技术的价值;几乎丧失了深层的情感体验能力,仅仅依靠价值理性和工具理性的庇护。我们对"培根计划"以及20世纪科技工业化带给人类生活革命性变化的正面意义不容全盘否定,但如果允许自然科学技术、工业化、现代化、信息化按照自己的逻辑如此这般地发展下去,最终将威胁到人类的个体和社会生活的整个系统和全部

---

① 热罗姆·班德:《开启21世纪的钥匙》,社会科学文献出版社2005年版,第34页。

② Erich Fromm, *The Revolution of Hope: Toward a Humanized Technology*, New York: Harper and Row,1968,p.1.

过程的安全,以致把人类自身放在"文明的火山"上。① 确实,第一次工业革命主要是人用机械能替代生命能。这些新的能源是工业生产急剧发展的基础。与这种新的工业潜力相联系的是特定的工业组织和将产品变为商品流通消费的机构。第二次工业革命主要是人类思想被机器思维和逻辑所替代。控制论和自动化使得制造一种新的、功能远比人脑更为精确的计算机成为可能。当然控制论也为社会创造了新的经济和政治秩序——人类征服自然的能力大增,政府自由化程度提高,社会风险也在增大。

　　按照"培根计划"逻辑,21世纪"人类似乎可以在各个领域都坐享其成。可是2000年可能并不是一个人类追求自由与幸福的时代的完成与终结,相反却是一个人类不再作为人类,而转变为没有思想的和没有感觉的机器时代的开始。"②美国当代哲学家芒福德在20世纪30年代出版的《技术与文明》一书中深入揭示了工业社会的文化意义。他提出了"巨机器"的概念——绝对统治者支配的、在宗教和武装贵族支撑下的人类集体机器。古埃及的金字塔就是借助简单工具,在"巨机器"的操作下的产物。巨机器的权利与威严来源于宇宙规律,精确的数学计算、绝对的机械秩序和物理学定律的强迫性。这些知识的法则,最早从天文立法的演算和研究中发现,以后转移应用到人类的社会管理领域。"巨机器"的缺陷在以往的世纪中,人类治水、种养殖农业和城市建设中带来了巨大的自然破坏,从古巴比伦、古埃及、古印度、古玛雅文明的消失可以理解这一点。20世纪工业化的发展,也是一个再建"巨机器"的过程,通过自然科技手段形成人类的整体组织和同质化程度极高的社会系统,人类只作为"巨机器"的零部件在发挥作用。③ 这种具有明显后现代科技倾向的理论观点意在颠覆现代科技的"第一生产力"功能,但也尖锐地指出了现代自然科学技术对人的高度"控制"的"非人化"倾向。

　　在"培根计划"呼唤下,"技术至上"的工业化过程出现了两种规则:一是"凡是科技证明能做到的都要让它成为现实"。依此原则,原子弹、

　　①　乌尔里希·贝克:《风险社会》,何博闻译,译林出版社2004年版,第13页。

　　②　Erich Fromm, *The Revolution of Hope*: *Toward a Humanized Technology*, New York: Harper and Row, 1968, p. 28.

　　③　参见辛旗:《百年的沉思》,华艺出版社2006年版,第1,36页。

化学武器、人造病菌、克隆动物等问世了。传统的符合真、善、美结合,理性与情感合一原则的人文主义价值被彻底否定,自然科技发达,各类知识更新成为了伦理学唯一的基础。二是"追求效率与产出原则"。依此原则,人成了机器的附属品和纯粹的消费者,生活的目的是拥有更多的消费品,不像以往那样与自然界发生积极的联系,人被一种紧迫感、孤单感充斥着而惶惶不可终日。作为整体的工业化、现代化中的科技,其基本的特征就是对世界中的现实的总体客观化。一切都可以在数学、物理、化学、生物学、电磁学、天文学、医学原理的指导下,通过工业机械原理的作用来制造、制作。人类技术的扩展和蔓延没有任何的界限和道德限制,人类可以说已经被工业化、现代化的自然科学技术精神操控了。

是否可以这样说,在历史演进中的"培根计划",把一切存在视为"异物"和征服的对象。由于西方工业化现代化模式风靡世界,这种"计划"的理念、方式甚至文化必然成为世界性的。在 20 世纪,"计划"的观念把一切存在,物质的、精神的和生物的,即所有一切都被数量化了,一切变得可测度、可计算、可交换、可创造、可复制了。如今不论在西方、东方、中东、非洲、拉美,全世界各地区,不论社会制度如何,只要与工业化、现代化和科技化相联系,一切都已经纳入了量化和计算之列。生命行为的质量已经被数量所取代,甚至生命形式本身都列入了"计划"的范畴。与工业化、现代化通过科技数量化客观存在的后果几乎一致,通过自然技术对人类生活进行简单化处理,特别是通过现代通信和影视技术,把人类生活变成了可以复制、可以演示、可以逆转、可以组合的机械事物。人类社会发展和生活的神秘性消失了,生命存在形式的多样性和独特性消失了,一切的一切都纳入了千篇一律的统一形式当中。一切精神价值的等级体系和宗教式的纯粹理想都难以确立和维持,终极的、绝对的道德和信仰变成了人们不屑一顾的空泛理论。遍及 20 世纪所有时段、所有地域、所有种族、所有文化中,道德相对主义、虚无主义泛滥流行,难以遏止。这不是偶然发生的,其根本原因就在于"培根计划"里,单纯自然科技、物质力量具有对人类精神价值普遍的销蚀和摧毁作用,使人类的工业化、现代化的科技价值,最大的伤害不仅在精神方面,还在于割断人类与自然界的直接关系。人类生活的场景已经远离了自然大地,自然的一切特性已经无法直接与我们的心灵贯通,人们与自然山水、动物花草之间的关系,成为了主客体和对象性的利用关系,人们在工业化、现代化的时代里几乎出现全面的"人性异化"。这是"培根计划"的历史成绩,又是"培根计划"的历史罪状。

2. "培根计划"终结与文化反思

如前所述,"培根计划",特别是"知识就是力量"的哲学命题,将科学规律当做衡量一切的标准,将科学概念体系作为解释世界的唯一理论工具。这种"唯知识"、"唯科学"的计划把原来与人类朝夕相处、物质和精神不可分离并被人类数十个世纪人格化的世界,人为地割裂为与人类相对立的"自然",并把"自然"简单地理解为科学研究和征服的对象。从培根、笛卡尔起,人们采纳了心灵与自然、理性与情感、客观与主观之间更严重的分化,科学、理性以及征服自然、战胜自然的意愿,支持了一种特殊的科学观,从此一种新的认识论被构建了出来,它强调科学的方法,凡被认为是"科学的知识",就等同于"真实的知识"、"公式化和逻辑化的知识"。受"培根计划"左右,甚至近现代哲学也开始讨论"神圣"的科学,为科学征服自然推波助澜,以至于哲学由中世纪"神学的婢女"在一定程度上变成了"科学的婢女"。

与此密切相关,这种文化观、哲学观和科学观,改变了人类的自然观,自然不仅成了一个被人为地展开的图景,成了自然物的堆放和集积的场所,而且从人类远古时期生成和积淀的自然崇拜、图腾崇拜、灵物崇拜被搁置一旁,自然界的事物不再与价值、意义、人文、精神相关,它成为纯客观的、独立于人的、非生命的自然。与自然相"对立"的人类则成为了自然的"看客"和不相干的旁观者、认识者、改造者和征服者。在这种自然观视野中,自然一旦被对象化、物化、异化,它在本质上就被同一化了,从宏观上归于天体在浩渺无边的宇宙中按照自己的规律运行,在微观上则归于原子、质子、中子结构,仿佛整个自然界都在毫无生机与活力地寂寞运行。"培根计划"形成的这一自然观,成了近代工业文明的观念基础、文化基础和哲学基础。

应当承认,"培根计划"极大地推动了科学的发展,创造了人类征服自然的伟大"神话",更在人类文化的历史演进中为"人类中心主义"奠定了坚实的认识论基础。建立在"培根计划"基础上的人类中心主义,把人类的利益作为价值原点和道德评价的依据,认为只有人才是价值判断的主体。在人与自然的价值关系中,只有有意识的人才是主体,自然是客体。价值评价的尺度必须掌握和始终掌握在人的手中,任何时候说到"价值"都是指"对于人的意义"。在人与自然的伦理关系中,应当贯彻人是目的的思想,最早提出"人是目的"这一命题的是康德,这被认为是人类中心主义在理论上完成的标志。人类的一切活动都是为了满足自己的生存和发展的需要,不能达到这一目的的活动就是没有任何意义的,因此一切应当以人类的利益为出发点和归宿。显然,人类中心主义实际上就是把人类的生存和发展作为最高目标的思想,它要求人的一切活动都应该遵循这一价值目标,强调人的主体性,以为人类主体性表现于精神生活中,就在于意识到了思维与存在的对立;人类主体性表现于现实生活中,则是以人对自然的全面控制与利用为标志的现代生活方式,及其在世界范围内的普及与发展。

我们很难简单地在价值论层面评价人类中心主义,但作为一种文化观念,把人类中心主义作为一种世界观肯定是错误的。面对"培根计划"和人类中心主义已经导致的能源危机和生态失衡,人与自然的关系已经处于紧张和敌对之中、环境污染已经危及人类家园的时候,在"风险社会"时代已经让人类生活在文明的火山之上的时候,人类应当更加理性地创新自己的新的文化。"科学技术的飞速发展、信息化的进程、世界历史的形成、全球化的趋势等,造成了人类社会发展方式的重大变化。人与自然、人与人、人与群体、人与社会的许多重大问题都不再简单地表现为经济、政治等某一领域的问题,也不再表现为社会表层的、直接的问题,而是表现为社会运动的和人的生存的深层次问题,表现为人的活动方式、生存模式、社会运行机制、社会活动图式的问题,即文化问题。"①一般地说,文化是人的思想观念及其物化存在,体现为人的生存方式和生活方式,不仅限于文学、艺术、音乐、绘画和哲学、宗教,还表现为科学和技术的创造方式、人类对自然环境的控制、人类对社会和自然存在的感受以及对生存环境的认同感和对未来世界发展的憧憬。回顾"培根计划"以来,特别是20世纪以来,许多主流文化观念正在被质疑甚至颠覆。比如,"自然界动

---

① 衣俊卿:《哲学问题与问题哲学》,《中国社会科学》2006 年第 5 期。

物'适者生存法则'在人类社会的运用,利己主义盛行和强者获得合法的特权";"社会无形的综合力量在协调人与社会的关系,个人不必主观追求对社会的责任和贡献";"科学可以一劳永逸地解决所有有关人类和社会的问题";"自然环境有自我修复能力,不必为自然环境的改变而担心"。① 这些文化观念被颠覆,是"培根计划"终结的重要标志,同时,也是人类呼唤文化创新的重要始开端。

在人与自然的关系方面,文化创新主张人类是地球上生物圈中的自我维持和自我进化的自然大系统中的一个有机组成部分;在竞争与合作的关系上,文化创新主张人类的精神价值理应高于商业和经济竞争,合作的基础应当是承认各自的差异,并认识到差异是自然和社会固有的状态和基本价值,要用个性和多元文化冲淡那种追求利润和权力的现代工业化和商业化的价值观;在分裂与完整的关系上,文化创新主张人与人、人与自然之间的关系是完整的、互补的,它们彼此有不可分的联系性、共性和一体性;在积累与持续的关系上,文化创新,即主张商业价值创造的结果是人类自然环境的彻底破坏,其代价是给人类的持续发展和生存带来威胁。人类社会发展的积累,应当是精神价值和文化观念的积累,人类的持续发展也应当从人类的长期健康生存和自然一体化的角度来对待。② 文化观念的创新启示我们,"培根计划"倡导的"知识"、"科学"的至上性,给人类带来的后果是不堪设想的。"知识"、"科学"也是有局限性的。爱因斯坦早在 1946 年就指出:"原子释放出来的能量已经改变除我们思维方式之外的一切事物,因此,我们将日渐走向空前未有的灾难。"他认为,"光有知识和技能并不能使人类过上幸福而优裕的生活,人类有充分的理由把对高尚的道德准则和价值观念的赞美置于对客观真理的发现上。人类从像佛陀、摩西以及耶稣这样的伟人身上得到的教益,就我来说要比所有的研究成果以及建设性的见解更为重要。"③

---

① 辛旗:《百年的沉思》,华艺出版社 2006 年版,第 311—322 页。
② 参见辛旗:《百年的沉思》,华艺出版社 2006 年版,第 313 页。
③ 斯塔夫里阿诺斯:《全球通史》,吴象婴、梁赤民译,上海社会科学院出版社 1992 年版,第 904 页。

3."培根计划"终结与社会工程在场

美国历史学家斯塔夫里阿诺斯指出:"多少世纪以来的根本问题是,技术革命一直受人欢迎,因为它促进了生产率和生活水平的进一步提高。但是,世界历史上所有的技术革命——无论是一万年以前的农业革命,还是二百年以前的第一次工业革命,抑或是今天的第二次产业革命——都导致社会分裂,这种分裂要求在制度、思维方式以及人际关系等方面实行变革。"[①]从人类社会发展史来看,几千年来世界历史上众多的苦难和暴行,大多因为"技术变革与社会变革之间所产生的时间滞差"。[②] 实际上,"培根计划"的解体或者终结,已经对社会变革提出了客观要求,事实上人类社会正处在转型期,需要哲学研究范式的变革。在任何一个文明时代,对哲学研究问题的反思和重新定位,都是一个不需要合法性证明的正当要求。"培根计划"导致的"文明后果"要求哲学围绕人与自然、人与人、人与社会的新的重大问题重新确定自己的问题域,要求哲学唤醒自我的批判意识,改变以往的研究范式。

在人类社会出现以前,自然界按照自然法则自然地调节、演化和发展。在人类社会出现以后,产生了人与自然、人与人之间的矛盾和冲突,人类为了生存和发展,也就有了自觉的协调活动。曾几何时,哲学只关注人们身外的"物质"、"时间和空间"或者思考抽象的"实践",对"人"以及对"人与自然"、"人与人历史"的具体的历史联系则关注不多。历史发展到今天,整个世界呈现出快速多变、复杂多样的特点,不同文明之间相互交融又相互激荡,不同利益之间相互依存又相互摩擦,人对自然的索取越来越多,人与自然的矛盾也越来越突出。和谐共存、协调共进的问题已经成为人类普遍关注的重大问题。当前,世界范围内的和平与发展问题、生态问题、能源问题、人口问题、恐怖主义问题以及"自然技术"的飞速发展所带来的其他问题日益突出;大多发展中国家随着市场经济的发展,社会经济成分、组织形式、就业方式、利益关系和分配方式日益多样化,人们的

---

① 斯塔夫里阿诺斯:《全球通史》,吴象婴、梁赤民译,上海社会科学院出版社1992年版,第905页。

② 斯塔夫里阿诺斯:《全球通史》,吴象婴、梁赤民译,上海社会科学院出版社1992年版,第911页。

职业、身份经常变动,不同群体、不同行业、不同地域间的差异和矛盾错综复杂。所有这些都需要哲学研究重点的转向和研究范式的创新。否则,人们就难以在"培根计划"中总结经验教训,实现可持续发展。

根据联合国世界环境与发展委员会 1987 年《我们共同的未来》关于"可持续发展是既满足当代人的需要,又不对后代人满足其需要的能力构成危害的发展"的定义,应当肯定,消解现代自然科学技术给人类带来的负面影响,甚至是灾难性风险,在哲学理念、社会管理以及整个社会生产生活中终结"培根计划",真正做到以人为本,全面、协调、可持续发展,不啻是一个世纪难题和世界难题。因为终结"培根计划",实现"可持续发展"本身蛰伏着深刻的工程悖论。可持续发展第一要义是发展,核心是以人为本,基本要求是全面协调又持续,根本方法是统筹兼顾。显然可持续发展作为一种发展观,其向物质的转化,或者贯彻落实本身就是社会工程。特别是如何处理好发展与可持续之间的关系,需要实践智慧和社会工程。人类通过自然技术与环境发生相互作用,利用自然资源,所以在一定程度上人类利用自然技术对环境的作用都是对自然的一种干预。但如何"干预"和"改造"则不仅仅是自然科学技术的"责任",与社会科学技术也密切相关。自然技术与社会技术作为"技术",都是由人创造并由人来使用的改造世界的实践性知识体系,但两者的理论基础、指涉领域、制约条件以及在人们改造世界中所处的地位不同。自然技术是人的主观目的、人的智力与自然规律和自然物力的统一体,而社会技术则是人类依靠自然、适应自然并在一定程度上改造自然的社会中介。正如卡尔·波普尔所说:"自然工程的主要任务是设计机器和改造、维修机器,社会工程任务是设计各种社会建构以及改造和运用已有的社会建构。"①通过社会技术调整人与人、人与社会的关系,通过社会工程改造社会世界是通过自然技术调整和改善人与自然界关系的逻辑和事实的前提。马克思指出:"为了进行生产,人们便发生一定的联系或关系,只有在这些联系和关系的范围内,才有他们对自然界的关系,才会有生产。"②对此,科学学家贝尔纳指出,若干经验领域被纳入科学境界的先后顺序大概是:数学、

---

① 卡尔·波普尔:《历史决定论的贫困》,杜汝辑等译,华夏出版社 1987 年版,第 50 页。
② 《马克思恩格斯全集》第 2 卷,人民出版社 1972 年版,第 162 页。

天文学、力学。但各项技术在历史上的顺序几乎相反,而是:社会组织、狩猎、家畜。① 这充分说明,与自然技术相比,社会技术、社会工程在调整社会关系、把握自然技术开发与使用方面的作用应当是预先的、方向性的和不可替代的,终结"培根计划"必须创新社会技术以制约自然技术的滥用。爱因斯坦早就指出:"我想得比较多的还不是技术进步使人类所面临的危险,而是'务实'的思想习惯所造成的人类互相体谅的窒息,这种思想好像致命的严霜一样压在人类的关系之上。"② 所以,抑制现代性的负面效应,发挥其正面效应,固然可能是人类在高科技(自然科学技术)面前的永恒课题,但首要是依靠社会技术社会工程在场。

　　自然技术带来的问题,有时光凭自然技术还难以解决,必须依靠社会技术,以控制自然技术对环境的干预,以减少自然技术对自然及人类的威胁。如通过生态伦理道德、环境保护的法律以及其他各种规章,对人类发明、使用自然技术加以适当的限制,实现资源、人口、经济、社会的可持续发展。"但不够的是人类社会规律的知识,从而对社会学规律也掌握不够。因此物理学的成就被用来进行更加有效地破坏世界……战争和人类生命、文化和生存资料的滥施灭杀是摆脱无法控制的繁殖力和人口过多的唯一手段。为什么是这样呢? 就是因为,我们只是对物理力量的了解和控制太多了,对生物力量的了解和控制还可以,而对社会力量的了解和控制等于零。所以我们如果有很发达的人类社会的科学和相应的技术,那就是避免目前世界的混乱和即将出现的毁坏的途径。"③

　　21 世纪,人类解决人与自然、人与人(社会)矛盾的根本手段是实现社会技术创新,即为实现人们改造社会世界、调整社会关系、协调社会运行的某一特定目标而设计、创造新途径,是一定社会的人们改变社会变迁方向的新的组织形式、新的控制方法和新的生活方式。一般地说,社会技术创新包括渐进式创新和原生型创新两种主要形式。所谓渐进式创新,一般系指对现有社会技术进行局部改进、改善、修补和完善,而原生型创新则孕育着社会技术的质的飞跃和发展,具有某种"发明"的特点。如果

① 贝尔纳:《历史上的科学》,北京科学出版社 1959 年版,第 26 页。
② 爱因斯坦:《爱因斯坦文集》第 3 卷,商务印书馆 1988 年版,第 293 页。
③ 贝塔朗菲:《一般系统论》,中国社会科学文献出版社 1987 年版,第 126 页。

说社会技术的渐进式创新往往以改进和模仿为主,那么社会技术的原生型创新则往往具有"内生性"和原创性。比如,"什么是社会主义"、"怎样建设社会主义",这是重大的社会科学、社会技术和社会工程问题。解决"什么是社会主义"的问题,是社会科学的创新,而解决"怎样建设社会主义"的问题,则是社会技术创新问题,把"怎样建设"变成现实就是社会工程在场需要解决的问题。"社会工程"不是在理念世界中在场,而是在感性世界中在场,是人们在一定社会环境条件下进行的实实在在的建构和改造过程。可以说,中国人对"中国特色社会主义"道路的创立和选择,就是社会技术的一项原生型创新。中国人创造了中国特色社会主义理论和中国特色社会主义道路,这本身就是复杂的社会工程实践。社会学家乌尔里希·贝克早在20世纪80年代就指出:"在发达的现代性中,财富的社会生产系统地伴随着风险的社会生产。相应地,与短缺社会分配相关的问题和冲突,同科技发展所产生的风险的生产、界定和分配所引起的问题和冲突相重叠","在现代化进程中,生产力呈指数式增长,使危险和潜在威胁的释放达到了一个我们前所未知的程度。"①面对"现代性悖论"和"风险社会"的威胁,人类合乎规律和合乎目的的选择只能是社会技术创新。

实现社会工程在场,其一,要扬弃传统的社会发展观,改变长期以来形成的"主客两分"的思维定式,把"自然"纳入"社会"视野,树立生态价值观和科学发展观。其二,要创新社会工程视阈形态,凸显"制度"在社会工程建构中的主导地位,即在新的社会工程理念指导下,主要通过社会工程,建构完备的社会制度、社会体制。社会机制规定人们在现代社会中能做什么,不能做什么,该怎样做,不该怎样做,从而划定一条社会行为的"边界",以调整、规范人与人和人与自然的关系。其三,要突出社会工程设计的人文性、合理性、科学性和可操作性。面对高度复杂的现代社会结构和社会实在,社会主体——人只能象征性地把握社会实在,只能通过象征性的结构去推论和分析社会实在。既要把改造(调整)对象看做具有确定性和不透明性双重结构的东西,看做客观和主观因素相互渗透的复合体,看做历史发展的结果和现实各种力量合成的产物,又要在现代社会

---

① 　乌尔里希·贝克:《风险社会》,何博闻译,译林出版社2004年版,第15页。

中尽可能排除来自现代社会约定俗成的各种现成观念的干扰,以确保社会工程设计的客观性、公正性对现代性的超越性,以超越"培根计划",为"后培根计划时代"而规划。

四、解析三论:理论的构架

1. 形而上学沉思之一:社会工程本体论

众所周知,存在问题是哲学研究中的根本问题,在西方哲学传统的演化中,直到 17 世纪才出现了 ontology 这个术语。按照当时德国哲学家沃尔夫的观点,逻辑学是哲学的入门,而哲学则可以分为两个部分:一是理论哲学,包括本体论、宇宙学、心理学和神学;二是实践哲学,包括伦理学、政治学和经济学。① 由此可见,本体论作为理论哲学的基础部分,起着十分重要的作用。也正是在这个意义上,海德格尔指出:"一切形而上学思想都是本体论,或者,它压根儿什么都不是。"②

既然近代哲学已对存在问题获得一定的认识,那么,从 20 世纪初以来,存在问题为什么会再度成为困扰当代哲学家的核心问题呢? 或者换一种说法,本体论的研究为什么会出现复兴呢?

其一,传统形而上学陷入了危机之中。传统形而上学认为自己在思考"存在",实际上思考的却是"存在者"。亚里士多德强调,哲学的任务就是"考察存在者之为存在者"③,但"存在者之为存在者"并不就是存在,这种考察仍然在存在者中兜圈子。它拘泥于现存的存在者,却遗忘了存在本身。正如海德格尔所批评的:"自其发端乃至其完成阶段,形而上学的陈述都以某种奇怪的方式活动于一种对存在者与存在的普遍混淆之中。"④

其二,与传统形而上学密切相关的,传统自然科学在描述存在者世界时提出的一系列重要的概念,如存在、实体、确定性、因果决定论等都面临着新的挑战。达尔文 1859 年出版的《物种起源》把一种演化的观念带入

---

① 参见梯利:《西方哲学史》(下),商务印书馆 1979 年版,第 146 页。
② 海德格尔:《海德格尔选集》(下),上海三联书店 1996 年版,第 764 页。
③ 《马克思恩格斯选集》第 4 卷,人民出版社 1972 年版,第 219 页。
④ 海德格尔:《路标》,商务印书馆 2000 年版,第 436 页。

到一切实证科学对存在者的重新审视之中。19 世纪下半叶的克劳休斯提出的熵增原理,揭示了存在者世界在演化中的不可逆性。创立于 20 世纪初的爱因斯坦的相对论和普朗克的量子力学理论,极大地改变了以牛顿为代表的经典力学的传统观念。在经典力学的视野里,存在先于演化,但当物理学对存在者考察深入到基本粒子层面时,科学家们发现一切都颠倒过来了,仿佛演化先于存在,因为时间是一个矢量。这一新的观念在 20 世纪后半叶的宇宙大爆炸学和耗散结构理论中得到了进一步的证实。由于演化构成了存在的本质,在传统物理学中作为不变的对象加以考察的实体也被现代物理学中的关系和功能所取代了。如果说相对论和量子力学的理论传承了经典力学对确定性观念的信赖的话,那么海森堡的"测不准原理"、波尔的"互补原理"、哥德尔的"不完全定理"、扎德的模糊数学、莫诺的生物学理论、曼德勃罗的"非线性科学"等都在不同程度上冲击了传统的、确定性的观念。正如普利高津所说:"人类正处于一个转折点上,正处于一种新理性的开端。在这种新理性中,科学不再等同于确定性,概率不再等同于无知。"[1]

　　其三,从近代社会向当代社会的转型过程中,生活世界的巨大变化也引发了人们对存在问题的新反思。德国历史学家斯宾格勒的《西方的没落》认为:"西方的没落,乍看起来,好像跟相应的古典文化的没落一样,是一种在时间方面和空间方面都有限度的现象;但是现在我们认为它是一个哲学问题,从它的全部重大意义来理解,它本身就包含了有关存在(Being)的每一个重大问题。"在斯宾格勒看来,西方世界所面临的深刻危机并不是外在的、偶然的,而是内在于精神世界的,是西方人的生存观念和生存方式所导致的必然的结果。只有以尼采式的视角重新审查并理解这个世界,西方文化才有可能走出自己的困境。雅斯贝斯在《时代的精神状况》(1931)中写道:"……今天的人失去了家园,因为他们已经知道,他们生存在一个只不过是由历史决定的、变化着的状况之中。存在的基础仿佛已被打碎。"胡塞尔在《欧洲科学的危机和先验现象学》(1936)中也显露出同样的忧虑,认为科学的繁荣与没落是一回事。[2]

---

　　① 普利高津:《确定性的终结》,上海科技教育出版社 1998 年版,第 5 页。
　　② 参见雅斯贝斯:《时代的精神状况》,商务印书馆 1997 年版,第 1 页。

显然,存在论(本体论)问题再度引起哲学家的兴趣,无论从哲学的发展,还是时代精神的把握来看均不是偶然的。

按照此逻辑,社会工程哲学也应当对本体论问题给出一个说法,即对社会工程存在和社会工程存在者有一个说法。我认为,社会工程存在是社会工程存在者的支撑,或者说社会工程存在者是使社会工程存在者的根据,社会工程存在者是社会工程存在的表现形式。

西安交通大学王宏波教授认为:"社会工程学是以社会政策、法规、计划等的设计概念为核心的,将人文科学、社会科学、自然科学、工程学等学科的知识和技术进行重构与整合,并具有自己特殊内容的新兴学科。社会工程具有交叉科学的特点,它要求体现理论研究与方法论研究相结合、归纳分析与演绎推理相结合、逻辑模型分析与数理模型分析相结合、矛盾思维与系统思维方法相结合、理论分析与案例分析相结合的原则建构社会工程研究的方法论。社会工程思维的特征是模式化思维和决策性思维,在这种思维的过程中始终要处理好两个基本范畴的关系,这就是规律和对策的矛盾统一关系。社会工程研究中的模式和对策都体现了规律与价值的矛盾统一。社会工程学的基本任务是通过建构新的社会结构与过程模式去促进社会发展;社会工程研究强调社会协调分析方法和整合方法;强调社会结构变迁的过渡过程研究;社会工程研究的方法论原则是强调多学科理论规律的综合作用,致力于多重规律相互作用所蕴涵的整体性规定。这些理论和方法是为适应 21 世纪需要而创立社会工程学科所进行的基础性研究。"①

工程哲学在 21 世纪初已经登上哲学的大雅之堂,而且业已形成了工程界与哲学界联盟的态势,人们从自然科学而自然技术而自然工程,同样的逻辑,人们也可以从社会科学而社会技术而社会工程。在社会工程哲学视野中,"社会工程本体论"就是研究"社会工程"的"最真实存在"的整体理论,就是通过对"社会工程"现象的哲学考察,研究、认识"社会工程"的本质。

社会工程范畴,作为社会工程哲学的核心概念,可以划分为广义和狭义两种,或者说可以从两个维度讨论社会工程。广义的社会工程范畴是

---

① 王宏波:《工程哲学与社会工程》,中国社会科学出版社 2006 年版,第 152—154 页。

指人们改造自然事件和社会世界的工程活动的总和。因为自然工程也是社会的,在社会中,并以人们结成一定社会关系为前提和条件的,其工程成果是为社会服务的。狭义社会工程是指人们改造社会世界、调整社会关系的工程。但此类工程实施往往也有自然工程参与,或者自然工程往往也是狭义社会工程的组成部分或者必要条件。

社会工程活动的基本特征是如何使外界的事物满足人与社会的需要,其实现过程是通过创造一个新的社会结构、社会模式来完成。从社会演进的方式看社会,工程活动的这个基本特征也存在于社会管理过程中,并通过社会管理的环节作用于社会发展的进程之中。马克思主义认为,社会是以生产力发展为基础的各种生产关系的总和及确立其上的上层建筑体系。从实际的角度看,它表现为一系列制度、体制、法律、政策和各种规范。这些事物是社会的人建立的,又是社会的人打破并由新的形式所替换的。每建立一种新的形式,都是一种创新。设计新的社会蓝图,也就是制定新的社会制度模式、法律、政策和各种规范,建立一个新的社会结构和社会秩序,也是一种社会工程。在一定意义上甚至可以说,社会工程研究也就是社会蓝图设计和社会过程设计。18世纪的法国唯物主义所设计的理想社会就是对象设计的产物,问题在他们不了解历史发展规律和社会基本矛盾,在过程设计上是不符合实际的,因而是空想社会主义。社会主义市场经济体制的改革目标,也是对象设计的产物。问题是如何设计一个过程,使社会运行结构由计划经济体制到市场经济体制的转换过程达到稳定、快速发展的要求。我们要构建社会主义和谐社会,建设创新型国家,这也是一个设计复杂、并将设计蓝图对象化的社会工程。

社会工程的核心是社会模式的设计与实施,它的突出特征是把社会技术、社会目标落到实处。在社会实践中人们设计、创造的各种社会结构模式仅仅映现社会发展规律的要求,它本身并不等于社会发展规律。一个规律可以通过各种规则、程序表现出来,同样,社会发展规律的某种规定也可以通过不同的社会结构表现出来。另外,社会发展过程的不同方面的不同规律的集合决定了社会设计创造的基本空间。社会工程的意义,使人们改造社会世界的实践活动具体化。

许多社会工程项目确实是名副其实的工程。有确定的实际活动步骤并合进度地安排,有可行的资金、人力、组织和社会技术措施的保障。这些可能和正在有效实施的工程,具有作为工程的基本特征——定量化、可操作和可考核,而不仅仅是一种定型的原则要求,不仅仅是一种方针和倡议、愿望和口号。通过社会工程项目来解决某些实际的社会问题是完全可能和十分必要的。社会工程的可贵首先在于它有定量目标,某些社会任务,如人口动迁、下岗再就业、扶贫救灾,是可以和应当有定量化的目标、步骤、措施的,更需要作为社会工程对待而不要停留于政策规定和一般号召上。当然,对于某些难以定量化的目标要求,或虽能定量但未必有实质意义的或难以操作和考核的目标,是否适于作为工程项目提出,怎样作为社会工程任务来规划实施,这是值得认真研究和慎重对待的。例如,我们经常看到"理论武装工程"、"廉政工程"、"主人翁工程"、"送温暖工程"、"保安工程"等提法。很有可能,这些工程在当时当地有其特定的针对性,有切实可行的目标、步骤、措施。但理论水平的提高、为政清廉的程度、主人翁意识的强弱等有时是难以定量的。官员清廉或腐败,社会犯罪率的多少,虽则可以大致作定量描述,却可能难以作为一种工程目标去实施和考核,而要取决于整个社会的经济体制、法制约束、文化修养和伦理规范,而且需要一个难以确切限量的过程。但不管怎样,作为社会工程,其本质是一致的。

社会工程的前提条件是社会技术的创新。社会工程的设计、规划和实施,实际上是社会技术在支撑并充当手段和工具,但又不是社会技术的简单堆积,而是诸多社会技术的整合,发挥了 $1+1>2$ 的系统功能。

社会工程的目标是改造社会世界,促使社会世界良性循环,和谐发展。一部人类发展史,既是改造发展史,也是社会关系演变史,而社会关系的演变的"平台"就是社会工程。社会历史的革命、改革、改良等。就其本质而言,都是以调整社会关系为宗旨的社会工程,都是对社会世界的改造,进而缓和社会矛盾,减轻社会压力,促进社会和谐发展。

2. 形而上学沉思之二:社会工程认识论

从哲学层面上,我们一般认为认识社会和改造社会是社会科学与社会技术的"职责",而在人类认识社会和改造社会的过程中,尤其在改造社会的过程中,手段与运用手段是两个不同的概念。改造社会世界的手段是社会技术,运用改造社会世界的手段是社会工程。研究改造社会世界手段的哲学是社会技术哲学,研究运用改造社会世界的手段进而改造社会世界的哲学是社会工程哲学。

从认识论视角考察社会工程,我们不妨将社会科学认识、社会技术认识、社会工程认识放在一个"平台"上等量齐观,一视同仁。社会科学认识是对未知社会世界的规律的探索,社会科学知识的基本形式和基本单元是社会科学概念和社会科学原理,社会科学活动的最典型的形式是社会基础科学的研究活动。进行社会科学活动的主要社会角色是社会科学家,以社会科学知识和社会科学活动为研究对象的哲学分支学科是社会科学哲学。与社会科学活动有关的主要哲学范畴是感性、理性、经验、理论、归纳、演绎、规律、真理、诠释等。

社会技术认识是对人们改造社会世界可行的方法、技巧或"手段"的发明,随着社会科学的发展,人类已经越来越认识到自己既有能力创造,也必须创造自己的社会行为规则,建立社会秩序,并按照一定的总体规则来规范、调整和改造社会世界。社会技术认识的基本形式和基本单元是社会技术发明和社会技术开发。在现实生活中,进行社会技术发明活动的主要社会角色是社会管理者,以社会技术认识和社会技术活动为研究对象的哲学分支学科是社会技术哲学。与社会技术活动有关的主要哲学范畴是可能性、现实性、实然性、应然性、社会规则、社会方法、社会技术创新等。

社会工程是人们实际地改造社会世界的实践活动过程,社会工程认识的主要内容是调查社会工程的约束条件,确定社会工程的基本目标,设计社会工程的基本方案,做出科学、合理、明智的社会抉择并预见社会工程的结果。社会工程活动的基本角色是社会工程师,社会工程活动的基本单位是"目标"、"步骤"、"过程",以社会工程认识和社会工程活动为研究对象的哲学分支学科是社会工程哲学,与社会工程活动有关的主要哲学范畴是计划、决策、目的、运筹、制度、操作、程序、管理、职责、标准、意志、工具合理性、价值合理性、社会异化、社会和谐和社会理想等。

为了更简明地辨析与把握社会科学、社会技术和社会工程的不同特性,我们可以简要地把社会科学活动解释为以发现社会秘密为核心的人类认识活动,把社会技术活动解释为以发明社会手段为核心的人类设计活动,把社会工程活动解释为以改造社会世界为核心的人类实践活动。

黄顺基先生认为：自然工程，以自然界为对象，它的产品是各种各样的人工自然，如运河、大坝、森林、宇宙飞船等；社会工程，以社会为对象，它的产品是社会的经济结构、上层建筑，如政治体制、经济体制、法律体系、教育体制、科技体制、行政体制、文化体制等。这两类工程都要按照系统工程的理论与方法来建立。按照这个思路，可以把社会工程解析为社会工程主体、社会工程客体、社会工程中介，把社会工程主体过程解释为社会工程规划主体、设计主体、决策主体、实施主体、评估主体、验收主体；把社会工程客体进一步解析为社会工程规划客体、设计客体、决策客体、实施客体、评估客体、验收客体；把社会工程中介解析为社会工程规划中介、设计中介、实施中介、评估中介、验收中介等。在社会工程过程中的不同阶段，其主体、客体、中介的承担者是不同的，因此其负有的责任，包括伦理责任也是有区别的。

黄先生认为："大科学、大技术、大工程的诞生，成为人类认识世界、改造世界空前强大力量……在现代科学技术革命的新形势下，在大科学、大技术的基础上，出现了许多大工程，……最引人注目的是 1942 年美国'曼哈顿工程'，它标志大科学、大技术与大工程整体化时代的开始。"①

以"再就业工程"为例，这项民生工程就是一项极其复杂的社会工程。表面上看，似乎是帮助待业、失业、无业人员找工作，其实质则是社会经济结构、经济关系、利益关系的大调整，至少涉及城乡关系、工农关系、工农与知识分子的关系、有业与无业的关系、有产与无产的关系、富人与穷人的关系，因此，该项社会工程由谁来规划、设计、实施，用什么手段、中介来实施，就业者在施工的不同时期其角色也可相互转化。②

黄先生关于社会工程的基本观点，实际上是对社会工程的认识论意义上的解构，这种解构，打开了社会工程系统，同时明确了社会工程与自然工程在认识论层面的区别与联系。这对深入理解社会工程具有方法论意义。

---

① 黄顺基、郭贵春：《现代科学技术革命与马克思主义》，中国人民大学出版社 2007 年版，第 3 页。
② 参见黄顺基：《现代科学技术革命的新形势、新进展与新问题》，《辽东学院学报》2006 年第 5 期。

3. 形而上学沉思之三：社会工程方法论

科学哲学、技术哲学、工程哲学的"自然"系列与"社会"系列，在方法论上有联系又有区别。从逻辑上讲，既然社会工程与自然工程都是工程，因此两者的方法论就必然有某些相通之处；既然社会工程与自然工程分别指涉两个不同的领域，因此两者的方法论就必然具有某些本质的区别。从哲学视野考察，这种区别的根源在于社会工程与自然工程的区别，根源于社会技术与自然技术的区别，根源于社会科学与自然科学的区别，更根源于社会与自然的区别。

当前学术界对社会工程方法论的认识有差别。王宏波教授认为，社会工程研究是从社会关系的总体上把握社会结构的特征。他认为现代社会结构的复杂性特征表现在科学、技术、政治、经济、教育、文化相互交叉、渗透的一体化。人们不仅需要从"部分"的角度把握科学、技术、社会及其他领域的问题，更需要从相互关系的整体角度把握它们之间的相互结构。这就是社会工程研究的基本视角。王宏波教授主张社会工程研究着重与不同社会规律之间的整合、配套、协调方式的研究，而不单纯是某种社会规律、趋势的走向分析。①

王宏波教授指出：社会工程研究要对复杂性的社会结构进行关联分析。社会工程研究方法的重点指向是，在结构关系集合中的交叉领域，研究其结构要素和结构诸方面的相互作用、相互影响、协调理解与约束状况。它揭示不同规律在综合作用中的互动趋势和特点，以及这些规律之间的互动关系。社会规律所揭示的"互动规律"，具有"网络"性质和结构，在社会结构中每一个结构中的存在单元，都会与其他的存在单元发生"一与多"的对立关系，形成双方互动的网络结构。社会工程研究的最终目的就是揭示这种网络互动导致的各种整体性规律。②

王宏波教授的观点是很有启发性的。我们研究社会工程则更侧重于哲学视角和层面，沿着科学、技术、工程的思维进路，用唯物史观在现代社会改造实践中应用与拓展理论的视野来研究社会工程、思考社会工程方

---

① 参见王宏波：《社会工程研究引论》，中国社会科学出版社 2007 年版，第 21 页。
② 参见王宏波：《社会工程研究引论》，中国社会科学出版社 2007 年版，第 21 页。

法论问题。

社会科学方法论之争的启示。长期以来,在社会科学作为认知体系和社会制度两种观点之间,兴起了很多争辩,其中核心的理论争辩是建构论和实在论的争辩。建构论认为社会科学并不独立于其研究的对象,而是建构了其研究对象。实在论则强调社会现实的外在性和社会科学作为一种知识存在的客观性。20世纪30年代,维也纳的理论家们将逻辑实证主义从奥地利带到美国,并与美国的实用主义、行为主义相结合,形成了美国社会科学方法论。这种社会科学方法论,任何科学命题都必须具有可以被经验证实的"指涉"和"意义",而且这种"指涉"和"意义"必须是精确的可以检测性的。但时间不长,维也纳学派内部对这种方法论,特别是关于社会科学的定义、框架、性质、语意以及社会科学真理的标准等问题也开始进行了争论。第一,社会科学的形成和发展是否要绝对排斥形而上学?第二,社会科学真理的检验,哪怕是通过经验的证实,其真理性是否是绝对的?所谓可检验性,是否仅仅以经验作为唯一的标准?第三,社会科学研究的范围是否仅仅局限于感性经验的范围之内?对于一系列不可感知的精神思想和心理因素,社会科学应当如何进行研究?第四,语言、语义、语境等在社会科学研究中究竟具有什么意义?要不要将社会科学的语言结构及其意义同整个社会和文化的问题联结在一起进行考察?第五,在社会科学研究中,研究者如何正确处理主观因素与客观因素的关系?研究者与研究对象的关系是否仅仅是一种主体与客体的关系?主体间的关系在社会科学研究中发挥着何种作用?这些问题的核心是:人类社会历史过程是否存在客观的普遍有效的规律?社会科学何以可能揭示这些规律?

马克思以"实践"为基础对社会规律的客观性问题给予了肯定的回答:"历史可以从两个方面来考察。可以把它划分为自然史和人类史。但这两方面是不可分割的;只要有人存在,自然史和人类史就是彼此相互制约的",即将自然界、人类和社会历史统一起来,看成是一个统一的自然历史过程。因此,在马克思的视野中,自然是社会的自然,社会是自然的社会,人与自然的客观的物质交换规律构成了人类社会的基础。人类的实践活动、生产劳动具有双重的关系,即自然关系和社会关系,两者的互动创造了自然的社会和社会的自然。人类社会历史过程不仅具有客观的普遍的规律,而且自然科学与社会科学也具有内在的统一性,正如马克思所说:"自然科学往后将包括关于人的科学,正像人的科学包括自然科学一样,这将是一门科学。"显然,马克思强调了自然与社会的统一性,进而预见了自然科学与社会科学的统一性。是否可以这样说,在马克思的视野中,自然科学方法论是可以被应用或移植到社会科学研究中的,或者说,自然科学与社会科学在方法论上本来就是"同一"("一门科学")的。在这种意义上,我们说:"自然科学是人类一切活动和一切知识的基础,基本的自然科学方法能够也应该适用于人类其他知识领域。"同时,应当指出,自然和社会又不是一个东西,自然科学的目的是认识和控制自然,其对象是客观的自然存在物,但在现实性上依赖于人的控制手段和理论表征,因而最终表现为"工业的产物"。社会科学研究的各种社会现象都是社会化的人的主体活动的产物,具有人为性、不确定性、主客相关性。因此,自然科学与社会科学方法论也不可能是一个东西。或者说"自然科学方法在人文现象和社会现象研究中的应用,不可能是完全照搬,而必须是不完全的适度的移植和渗透"。

以上分析表明,自然科学的方法是可以"移植"、渗透和借鉴的,但自然科学的方法(标准)不是科学的唯一标准;自然技术的方法(标准)也不是技术的唯一标准;自然工程的方法(标准)更不是工程的唯一标准。研究社会世界,追问社会工程可以用形而上学的方法;没有根据和理由用自然科学进而自然技术和自然工程的方法来"指责""社会工程"的"非工程性";没有理由用自然科学进而自然技术和自然工程的方法来约束"社会工程"的研究。社会工程哲学的研究应当在"移植"、借鉴自然工程哲学方法论的同时,创新自己的研究方法。确实,如前所述,自然科学与社会科学方法论之争在20世纪50年代以来已经进入两者再度统一的新阶段,但这种统一已经不是第一阶段那样简单地把社会科学从属于自然科学,而是经历更高的认识过程之后,强调了在自然科学与社会科学各自特征的基础上的统一。但社会科学进而社会工程哲学方法论,对自然科学进而自然工程哲学方法论的"移植"、借鉴与使用必然具有自己的特征。人类社会越向前发展,文化越发达,人的极其复杂的思想和精神活动就越干预和介入社会生活,社会的运作就越带有偶然性,整个社会就越渗透着不确定的因素。

实证调查的方法值得研究与反思。早在威廉那里就有"政治技术"的设计,霍布斯也设法创造机械决定论,在实证论方面对社会有机体给出一个"科学、技术"的结论。实证主义的方法源于培根的经验哲学和牛顿——伽利略的自然科学方法,后经社会学家孔德形成为一种社会研究方法范式。按照孔德的观点,社会像其他领域的现象一样服从不变的规律,因而对社会的认识要运用"实证"的方法,追求实在、确定、相对意义上的知识,强调用精确分析产生现象的环境,用一些合乎常规的先后关系和相似关系把它们相互联系起来。实证主义只是叙述事实,只求知其然,而不问其所以然。从经验和归纳出发,运用精确的自然科学方法来描述社会现象的外在关系,这就是实证主义方法的精神实质。实证分析方法遵循以事实说明社会事实的原则,以达到经验可证实的因果关系为目的。实证分析法的出发点是确认概念之间存在着三种关系,即相关关系、因果关系和虚无关系,然后从中引申出纵向推理和横向推理。纵向推理或由概念层向经验层推理,或由经验层向概念层推理。前者是具体化的过程,即抽象的概念转化为可经验、可测量的实际指标过程,后者则是把可经验、可测量的实际指标抽象化、概念化的过程。横向推理则是同一层次的推理,分为概念层横向推理和经验层横向推理。实证分析的程序是排除虚无关系,确立相关关系,由此进入社会现象的因果关系。通过概念具体化和经验概念化的纵向推理,以及概念层和经验层的横向推理的综合,形成理论结构。此方法的长处在于强调社会事物的可测定性。社会工程是社会技术的集中使用,是人们改造社会世界的实践活动,社会工程哲学就是对这种实践活动的哲学反思。因此,解剖现实社会经济、政治、文化、社会生活中的具体的社会工程,走进具体社会工程"灰箱",对其进行实证分析,揭示社会工程系统诸要素、社会工程与社会环境等诸多因素之间的现实联系,进而为走进"社会工程"深层结构,揭示其发生、发展、创新的规律性创造理论前提,无疑是一种最好的方法。但没有哲学方法恐怕应对不了由人——"万物之主"构成的复杂社会。

抽象分析是卓有价值的。实证分析方法的成功与失败、长处与短处表明必须寻找一种可靠的科学的分析方法,从现象到本质,从而走向社会的深层结构。这个可靠的科学分析方法就是抽象分析方法。抽象分析方法,在马克思那里达到了炉火纯青的程度。在他看来,倍数再高的显微镜看不到商品的交换价值,最好的望远镜也看不到商品的交换价值。"直到现在,还没有一个化学家在珍珠或金刚石中发现交换价值。"然而,马克思却发现了"商品的交换价值"、"商品的价值",揭示蕴藏在"商品"中的秘密,创立了科学的劳动价值论,为剩余价值学说的发现创造了理论条件。这种方法就是抽象分析法。抽象分析法主要有两个路向:一是从感性具体出发,在收集大量资料基础上,经过归纳、概括、比较,抽象出该学科的初始概念,即"元概念"。二是从元概念出发引申出其他概念,由此形成理论体系。这一过程就是概念运动过程,是概念——判断——推理的逻辑展开过程。此时,"抽象的规定在思维行程中导致具体的再现","材料的生命就观念地反映出来了"①。后现代主义者认为,哲学家之所以为哲学家,因为他们是概念的创造者。哲学不能没有概念,不能不推动概念运动。而概念来自于思维,来自于抽象。特别是社会工程哲学的建构,这本身就是一个创新工程,创新就创新在"概念",创新在一个新的哲学体系的建构。所以,没有这种科学抽象法的灵活运用是难以想象的。

人们经常说,自然科学需要论证,社会科学需要解释。马克思为了表明自己的哲学与以往的哲学的区别,特别是在哲学研究范式和功能上的差异,曾经说过,"哲学家们只是用不同的方式解释世界,而问题在于改变世界"。但是马克思不但从来没有说过世界不需要解释,而且一直在为能够给出人类社会世界的科学解释而"奋斗"。

哲学社会科学首先是解释世界,特别是解释社会世界的理论武器——批判的武器,如果哲学社会科学失去或者放弃了这一重要功能,那么,哲学社会科学就会走向自己的反面,失去其自身。解释,在一定意义上来说,就是认识的本质。认识就是谋求对文本的一种理解、解释,从这个意义上说,解释可以视为人们认识的一个目的。伽达默尔是哲学解释学的主要代表人物,他认为,认识是一种理解。在理解中,理解者对于历史的参与是理解的中心环节。"理解并不是重建,而是调解。我们是把过去传递到现在的传递者。即使是最小心地试图在过去之中看过去,理解在本质上仍然是把过去的意义置入当前情境的一种调解或者翻译。"他认为:"理解是一种事件,是历史自身的运动,在这种历史中无论解释

----

① 《马克思恩格斯选集》第2卷,人民出版社1995年版,第18页。

者抑或文本都不能被视作自主的部分。理解本身不能仅仅视作一种主观性的活动,而应视为进入一种转换的活动,在这种活动中过去和当前不断地交互调解。"①

哲学社会科学的解释,主要是对世界,特别是社会世界"是什么"、"为什么"、"怎么样"等问题的解释,通过对社会世界现象的统计、调查、分析、综合、演绎、推理,探索社会世界存在和发展的基本(和特殊)规律。哲学社会科学之所以有这种解释功能,既是它存在和发展的原因,也是它存在和发展的结果。所以,首先,哲学社会科学应当也必然是人类认识世界的工具,认识、解释世界,特别是认识和解释社会世界,是哲学社会科学的基本职能(当然还有文化传承、服务社会等职能)。

由于研究解释的立场、观点、方法不同,因此,不同的学派、不同的时代、不同的学科,对同一社会世界中的同一社会现象的解释(认知),也就存在一些区别,甚至完全不同,有的也可能完全相反。

与实证主义方法不同,人文主义以及解释学的方法,强调社会与自然的差异性,认为社会本质上是人的主体精神的外化和客体化,是"精神世界"、"文化世界"。因此,认识社会世界不能用反映的方式,更不能用自然科学的方法,唯一可行的方法就是"理解"和解释的方法。解释学方法的要点是,对人文世界的意义必须进行"理解",而理解又是一个历史的流程和"视界融合"过程,其中理解者的"期望"或者"设想"是理解的出发点。"只有理解者顺利地带进了自己的假设,理解才是可能的。"现代诠释学的发展对于语言、思想、科学技术、人的实践、历史、文学艺术及文化一般的深入探索,几乎改变了传统哲学的基本原则,也改变了社会科学的方法论基础。伽达默尔指出:"语言是人类认识和我们理性的实践的普遍场所","人类的经验,从根本上说,是语言性的"。伽达默尔的哲学本体论诠释学进一步证实了社会、语言、理性的三角关系对于社会科学研究的重要性。在伽达默尔的影响下,德国、法国、英国、美国的社会科学家们,纷纷采用存在主义、结构主义、符号论、精神分析和其他哲学派别的各种诠释学研究成果,促进了20世纪60年代后社会科学方法论的新革命。这种方法论启示我们,"文本"并不意味着为诠释者提供诠释的标

① 伽达默尔:《哲学解释学》,上海译文出版社2005年版,第6—7页。

准,"论述"都是借由在沟通中比喻、借喻的欲望而形成的。解释学的研究方法,放弃了长期以来,受到古希腊以来确定下来的"主客体"对立统一的认知和理论建构模式的影响,研究者在研究中始终都是作为"主体"的角色,而把研究对象当做"客体"来处理。主客体关系,一方面是主体决定客体;另一方面,客体又是外在于主体的客观对象。由于主体决定客体,所以在研究过程中,总是主体首先选择客体,并决定客体的范围和性质。表面看来,这种传统的方法论,要求主体的认知和科学研究的结论必须接受客体的检验,并同客体相符合,这就是所谓传统的"真理符合论"。但实际上,真理符合论本身就是主体决定客体的过程和结果;传统的方法论实际上通过内外有别的方式,把主体和客体分隔并对立起来,不但违背了主客体之间实际存在的复杂互动关系,而且实际是也试图以保护客体的客观性为由,将其客观性的存在同主体创造性研究活动对立起来。马克思说,"人"和"社会"都是被"生产"出来的:"正像社会本身生产作为人的人一样,人也生产社会。"在解释学的语境下,我们追问:社会世界中"外在的存在"的那些事物是什么? 社会世界的最基本的性质是什么?对于社会世界的这些性质进行何种分析是可能的或者恰如其分的? 所有这些问题——根本问题的解释,大概都不能没有"社会工程"范畴的支撑。

　　"社会工程"本身不是"感觉"的产物,而是"思维"的产物,是"理解"的产物。是人们在解释学方法视野中,对社会世界中人们的一种特殊"实践活动"(不是所有的实践活动都是社会工程)的理论构建和哲学解释。在社会世界中,任何结构,尽管可以采取多种多样的客观的、制度化的和物质的关系,但都不同程度地隐含着或掩盖着人的相互关系。哲学、社会工程哲学的认知使命就在于透过社会结构的物质关系看到复杂的和隐蔽的人的关系。如何在思维层面,从哲学高度对这些复杂的人的关系,特别是对这些复杂的人的关系的调整、改善和重塑进行概括,并从此"元概念"推演出"符合"社会世界实际的概念运动,这就需要解释,需要解释的方法论做支撑。

第四章

科学尝试:社会工程的理论基础

纵观人类认识史,对于人类来说,没有什么研究比社会科学研究更重要了。甚至在一定意义上可以说,人类文明与野蛮、进步与退后的抗争,在很大程度上是人们对社会、对社会科学的认识之争。要认知社会世界,不仅要了解制约人们生活的条件,更要把握改善社会世界环境的规律和机制。因此,从改造世界以满足社会主体的各种需要,特别是实现人与自然、人与社会和谐共处,实现人的全面、自由发展的意义上说,社会工程与自然工程同样重要,甚至社会工程比自然工程更重要。

前面已经论及,我们主张把实践唯物主义推向前进,构建社会工程哲学,核心是主张社会实践,特别是社会工程活动的科学性,强调社会工程的理性前提、知识基础和认识论保障。最大限度地减少工程活动中的盲目性、随意性和主观性。也就是说,必须为社会工程设计、规划、实施、评估提供科学——社会科学基础,使社会科学理念、理论、学说、思想体系成为社会工程的构成要件,这是社会工程哲学的根本主张。

从认识论、知识论视角考察社会科学,我们不难发现,人类文化的所有表达方式既是相互联系的又是相互独立的,所以我们要想对人类社会有真正的了解,就要对社会系统的诸多分系统及其主要形式有所了解。如果我们只关注一些方面而忽视了其他的方面,我们得到的可能是一些片面甚至扭曲的认识。如今的社会科学是一个庞大的复合体,以至于没有哪一个哲学家、哪一个学派可以掌握它的全部。因此,社会科学只能分类为人类学、社会学、历史学、经济学、政治科学等。

正如世界是一个相互关联的图案一样,所有的知识都是相互关联的。一般地说,很难知道哪里是一门社会科学的结束,哪里是另一门社会科学的开始。不仅单个的社会科学是相互关联的,社会科学作为一个整体也与自然科学和人文科学是关联的。当然社会科学(把人文科学也包括其中)与自然科学在很多方面有别,因此从科学哲学层面,采取既辩证(在理论上把社会科学与自然科学联系起来)又形而上学的方法(在理论上把社会科学与自然科学割裂开来)追问社会科学的基本理论是完全必要。从社会工程哲学视角讨论作为社会工程理论前沿的社会科学,也绝对不是多余的。

一、社会科学的基本理路

研究社会科学问题的学问可能是社会科学家们的天职,但本书按照科学哲学、技术哲学、工程哲学的思维进路,着重从科学哲学视角讨论社会科学问题,以期在逻辑上为社会工程铺就一条"理性光明"之路。科学哲学自诞生之日起,一直到进入 21 世纪的发展,驱动其演进的核心动力实际上就是科学理性,只不过早期实证主义科学哲学彰显了自然科学和社会科学的区别,从而片面地追求和崇尚自然科学理性,忽视了或淡化了社会科学理性,其哲学后果就是人为地分离了自然科学和社会科学,以为社会科学并不是那么"科学"。事实上,从认识论视角考察,我认为社会世界作为物质运动或物质存在的一种形式或形态,有其科学理性的合理存在性。"所有的社会都是由生命体组成的系统(不是指那些个体的组合或信仰、价值和规范的集合)从而社会也能以自身的理性方式来进行研究。"①社会科学是研究人类社会活动中的各种现象,揭示各种不同社会现象的本质、相互联系及其发展规律的科学,是人们对人类本身的行为所形成的社会活动进行认识之后所建立的知识体系,是以理论形式反映人们对社会存在的本质及其发展规律的认识。社会科学研究的对象首先是人:人的活动、人的意识、人的心理、人的个性;其次是社会结构,包括经济、政治、人口、区域等结构;再次是社会的自然前提。社会科学的发展经历了萌芽阶段、独立阶段和成熟阶段。社会科学具有比较鲜明的"相对性"、政治性、民族性。社会科学是关于人类社会的知识体系。社会科学最关心的是社会运行中决定人们普遍行为方式的基本要素及诸要素相互作用的规律或趋势。

---

① Mario Bunge, *Finding Philosophy in Social Science*, Yale University Press, 1996, p. 1.

1. 社会科学的演进逻辑

社会科学有一个具体的历史演进过程。人类对社会现象的认识和探究,可追溯到遥远的古代。现在关于社会科学的各门知识萌芽,早就孕育在古代未经分化的包罗万象的"哲学"之中了。真正称之为社会科学,只是近二三百年的事情。如果把整个社会科学的历史演进过程划分阶段的话,大致可以概括为三个不同阶段:一是从人类文明开始到 17 世纪,是社会科学的萌芽阶段;二是近代 18、19 世纪社会科学各学科分化和独立阶段;三是 20 世纪社会科学各学科日臻成熟和快速发展阶段。

在远古时代人们怎样认识自然界、认识社会,没有明确的和直接的文字记载,但古人类的文化遗址、遗物和神话传说作为远古人们生活与活动信息的物质的和观念的载体,为我们了解当时人们认识社会世界的活动提供了佐证。原始神话既是原始社会的观念再现,又是原始人类以不自觉的方式认识社会的观念产物。原始神话尽管只是人类社会自我认识和自我理解的原初形式,是人类认识能力,尤其是抽象思维能力发展得很不充分的产物,但这毕竟是人类认识和理性思维能力的积极因素,而社会的科学正是这种能力进一步发展的必然结果。

在中国,春秋晚期和战国时代,诸子崛起,百家争鸣,这是中国及人类文明史上的伟大奇观,这种局面的形成,有深刻的经济、政治和历史文化背景。金属工具和农具的发明、使用,畜力耕作的广泛普及,极大地提高了劳动生产率,为耕种文化的发展提供了可靠的物质保证,运输业的发展大大缩短了人们的空间距离,为文化工业的繁荣提供了广阔的舞台。王权衰落,诸侯分朝,多方的政治局面促成了宽松的文化氛围,为思考和学术的发展提供了前所未有的自由和民主空间,区域文化的形成,有利于带有鲜明地方性特色的艺术团体和学术派别的产生和发展。士阶层是春秋战国时代经典文化的创造主体。

在欧洲,"希腊奠定西方思想体系的基础,而且提出和提供了数千年来欧洲文明和光荣"。

东西方都出现了历史上第一批非官非商的劳动者——"知识分子"。随着这些"知识分子"或"智者"的出现,专门研究社会现象的社会科学得以萌发。像中国先秦时期的老子、孔子等,西方的苏格拉底、柏拉图、亚里士多德等,这些人可以说是社会科学的最早开拓者。他们探讨了许多社会问题,提出了第一批社会科学的范畴,如礼、法、正义、民主等,也提出了理论研究的若干方法,如类比和推理。在这以后的数百年时间里出现了政治、法律、管理、伦理、军事、经济、历史、教育、文艺、美学等社会科学思想,使整个社会科学的发展,有了一个比较确定的基础。在中国的春秋时期,诸子百家论辩争鸣,各种学者、各类"智者"相继登台,出现了一个文史哲汇于一体的学术大繁荣,使当时的社会科学发展达到一个高峰,当时产生的许多哲学的、教育学的观点和思想至今闪耀着理性的光辉。但受当时社会历史条件的局限,这一时期的社会科学一般只是笼统的概括和浅显的分析,社会各方面的知识统一于哲学和神学之中,社会知识内部的各侧面各层次的内容也混杂在一起,没有严格的科学分类。如亚里士多德的《政治学》对古希腊城邦政体进行了详细的分析,然而,他的讨论又是与哲学、历史学、神学混为一体的。这一时期对社会的认识除了客观性、真理性的一面外,还掺杂着个人感受、猜测和愿望理想的成分。这一阶段的学者多是"百科全书"式的,没有专门的社会科学家。这些"智者"观察社会,发表看法,他们对于社会现象的考察,不是分门别类的,而是笼统的。由于交通不便,信息交流迟缓以及客观条件的种种限制,学术活动常常是以某"智者"个人为中心的学派和师徒型的团体等展开的学习和讨论。如亚里士多德创立的逍遥学派,孔子创办的私学,号称"贤人"(懂"六艺"者)七十二,弟子三千。这就使社会知识受到个人的生活环境、经验、性格、信仰等因素的巨大影响。这一阶段的研究方法,多半掺杂个人情感,如经学注释法,它主要对先哲经典进行无限制的正名、考据和注释,有些著作的注本达几十种甚至于上百种之多,更有为注作注者。这种方法在中国漫长文化史中一直占重要地位。

从16世纪到19世纪中叶,特别是现代性萌芽,随着自然科学的发展拓宽了人们的视野和思维空间,在中世纪里缓慢发展的社会科学终于冲破了封建专制和宗教神学的桎梏,并获得了迅速的发展。许多社会科学学科都相继从神学和哲学中分化、独立出来,并对近代社会的发展起了非常重要的指导作用。文艺复兴是人类理性的觉醒和复兴,在发掘、拯救、保存和复兴欧洲古代文化遗产的旗帜下,实际展开的是资产阶级文化创造运动,是对人类理性能力的一次大发掘,也是以高扬人的个性为主旨的对于人类本性的一次重新塑造和大解放。这场永垂史册的运动产生了两个划时代的结果,一是创立了与传统宗教神学和新兴自然科学完全不同的学科体系——人文科学;二是铸就了一种空前伟大的信念,即人是最高的价值,是一切事物的价值尺度,同时也培养了求知的精神、思辨的理性和"对象主体化"的思维方式。科学的独立是由于某种理性主义的压力,某个未解决的科学技术问题,人们决定把人包括在科学的对象当中——也许不该有证明绝对可以把人归入这类对象当中——这时便出现了人文科学。人文科学不是一种舆论现象,而是人类知识体系中的一个划时代的事件。人文科学是对人类精神生活的系统考察。从人文思想史看,在古希腊罗马,人文科学首先表现为一种课程体系,文法、修辞、音乐和建筑是教育的基本学科。中世纪后期,又出现了诗歌、历史和哲学道德等学科,实际上就是 21 世纪我们所说的文史哲。由于当时的人文主义者认为,人文主义教育的根本目的在于培养美德和热爱生活,因此道德哲学成为人文科学的思想核心。

随着新大陆的发现,新航路的开辟以及世界市场的开拓,特别是资本主义生产关系的确立与巩固,迫切需要与之相适应的社会意识形态,同时由于技术革命的发生,打破了传统的生活方式,社会急需一种新的运行和活动模式来代替。在这种社会背景下,社会科学有了快速发展的社会环境,社会科学研究活动逐渐成为一种新的社会职业,出现了大批社会活动家和理论家。经济学、政治学、法学、社会学等社会科学的基本学科逐渐分化、独立,各种学术思想流派不断产生和演变。各门类的社会科学学科各自以特殊的社会现象为探索对象,并十分注重客观的现实社会的材料及经验资料的收集积累,在一定程度上摆脱了纯思辨的外壳,实验、比较、心理分析、行为分析等各种研究方法也得到广泛使用。特别是 19 世纪中叶,马克思哲学的诞生,不仅使哲学,而且使整个社会科学发生了根本的变化,整个社会科学第一次有可能真正成为科学。由于社会科学在指导思想上发生了根本的变革,因此开创了社会科学的新纪元。

19 世纪后半叶到 20 世纪初,社会科学获得了空前发展。法国学者孔德将"实证"问题上升到哲学高度,创立了"实证哲学",又强调以实证方法研究社会问题,创立了"社会学"。斯宾塞的社会有机体论、塔尔德的心理社会学派、迪尔凯姆的集体表象论、韦伯的社会行动理论、齐美尔的形式学派及帕森斯的结构功能主义等,在不同领域发挥了"方法论"的作用。在经济学领域,英国经济学家马歇尔的均衡价格理论和分配理论,在 19 世纪末至 20 世纪 30 年代的西方经济学界占据支配地位,至今仍构成西方经济学的重要基础。法学领域出现了哲理法学派、分析法学派、功利主义法学派。史学领域兴起了以朗克为代表的"实证主义史学",以斯宾格勒、汤因比为代表的"思辨的历史哲学"和以克罗齐、科林伍德为代表的分析的历史哲学。心理学领域出现了格式塔心理学、行为主义及精神分析心理学。政治学在发展中逐步系统化;美国管理学家泰罗成为"科学管理之父";赫尔巴特的《普通教育学》的发表,为教育学的诞生提供了一个良好的开端。整个社会科学领域呈现出一派百花齐放、百舸争流新气象。

　　自 20 世纪 40、50 年代以后,自然科学技术迅速发展,美国的白领和服务行业的就业人数首次超过了蓝领工人的人数,这种劳动力结构上的巨大变化成了一个新的历史起点,以体力劳动为基础的工业经济开始过渡到了以知识或脑力劳动为基础的产业经济。如果说人类历史上第一次浪潮结构体系主要基于种植农作物,第二次浪潮的结构体系主要基于制造产品,那么第三次浪潮的结构体系就基于服务、思考、了解和试验了。自然科学技术的革命,人类结构体系的演变,这深刻地影响着社会科学的发展。这个时期的发展变化,是以往任何时期都不能比拟的,历史学家称 20 世纪是人类历史上变化最大、发展最快、争斗最烈、动荡最多的一个世纪。世界风云际会,东西方政治制度、意识形态的冲突,这些变化使社会科学的研究机构、主题、重点、价值取向等受到影响和规约,也使此前社会科学的许多理论都遭到质疑。社会生产力和新技术革命迅猛发展,自然科学取得了划时代的进步。相对论和量子力学的建立、遗传物质 DNA 的发现、第一台计算机的诞生,成为自然科学技术崛起的信号,20 世纪下半叶自然科学的新发现和自然技术的新发明,其数量超过了以往两千年的总和。许多新技术的使用和发明不仅使人类驾驭自然、了解自然的能力有了进一步提高,而且引发了许多政治、经济、道德、伦理问题,形成了较大的社会反响。这又为社会科学的发展、变化提供了全新的实践基础。科学发展的整体化趋势,为社会科学"准备"了层出不穷的崭新课题。当代的社会科学与自然科学、思维科学之间相互渗透,出现了前所未有的整体化、整合化景象,专业化研究与综合性研究相互结合,定量化研究和应用性研究发展迅速。正如未来学家阿尔文·托夫勒所言:"学术上的界限也在消失。尽管有着巨大的压力,但是校园里越来越多的学术工作正在变得具有'跨学科性质'。"①社会科学理论直接为社会生活和各种实践活动服务,如凯恩斯主义的推行,使美、德等西方世界的经济卓见成效。四是大量新的社会问题不断涌现,引起了社会科学界的广泛注意与重视。社会偶然、随机因素增加,传统社会问题和种族歧视、经济贫困、家庭婚姻问题、吸毒、国际性走私活动的频繁、居住环境的恶化、种族区域骚动、生态环境的破坏等日益加剧,新的重大社会问题初露端倪,都为社会科学研究提供了大量阐释机会和发展动因。

由此看来,20 世纪的社会科学得到了前所未有的发展,21 世纪的社会科学不再仅仅是课堂里的知识、书斋里的学问,而成为与人们的社会生活和各种实践活动息息相关,不可须臾离开的"理论工具"。社会科学研究已成为有组织、有计划的社会活动。

2. 社会科学的科学性质

科学的性质问题,是科学哲学领域中一个非常复杂、充满争议的重要问题。英国科学哲学家查尔默斯在《科学究竟是什么?》一书中,曾经对科学性质的现代观点作一个简单、明了和初步的介绍,但他同时也坦诚地指出,自己对"科学究竟是什么"却仍感迷惑,他说他对科学的性质的认识"始于迷惘,终于更高水平的迷惘"。这并不是哲学家故弄玄虚,而是因为科学的性质问题的确是一个非常复杂的科学哲学难题。与自然科学相比较,社会科学的性质、特征也不是那么简单。不能把社会科学的方法完全归结为自然科学的方法。社会形态属于物质形态中最高级、最复杂的运动形态,从而使得社会科学研究的对象比自然科学的研究对象要复杂得多。在社会科学的研究对象中,既要研究社会发展的物质关系及其规律,又要研究在社会的物质关系的基础上产生的一系列精神关系,关于人的主观世界、社会意识和精神文化等方面的关系。在《资本论》中,马克思对社会现象的研究,就充分注意到了这种复杂性,认为社会科学:

---

① 阿尔文·托夫勒:《财富的革命》,中信出版社 2006 年版,第 8 页。

"所谓必不可少的需要的范围,和满足这些需要的方式一样,本身是历史的产物,因此多半取决于一个国家的文化水平。"①为了科学地理解需要这种社会现象,既要深刻研究社会经济方面,又要认真研究社会与一个国家的文化水平的联系,其中包括政治法律观念、道德评价、艺术标准和心理分析等文化方面的情况。这说明社会科学的研究对象比自然科学的研究对象要复杂得多。但社会科学不能以此认为它的真理是主观的,并没有什么检验社会真理的客观标准,从而否认社会科学本身的存在。

马克思以前的科学理论,把生产和一切经济关系看成只是文化、文化史的一个从属因素,在社会发展过程中处于从属的地位。

马克思在《政治经济学批判导言》中,论及生产和文化的关系时,注意区分开原生关系和非原生关系,前者是社会的物质关系,处于决定性地位的关系。对于马克思的历史观来说,就是到了共产主义社会,这个社会物质关系的领域也仍然是"必然性的王国"。由于社会物质关系的领域的这个根本特点,首先使社会科学作为科学也是有其精确性的。例如,马克思在自己的经济学著作中多次说过,证券交易报告和自然现象例如气象报告相对比,其准确性毫不逊色。正因为社会物质关系的领域是具有必然性的领域,所以,马克思在首创真正的社会科学的过程中,把自己的精力主要集中于研究社会物质关系的领域即经济学领域。基于这个原因和出发点,马克思把《资本论》一书的最终目的规定为揭示现代社会的经济运动规律。马克思研究社会经济关系的态度和方法启发我们,社会科学的方法论的基础在于从各种社会关系中抽象出生产关系作为社会关系的基础,这是掌握社会科学方法论的关键,也是社会科学具有客观真理的理论根源。

一是社会科学的个体性和整体性。对社会科学的认识和理解,长期以来存在两种相互对立的视角或观点。一种是可以或者应该通过社会的整体来研究社会的理论,这种理论认为对社会进行分析、研究的基本对象不是个体或个体现象,而是社会的法则、倾向和运动。社会是由社会关系构成的,社会关系是具有结构的整体。整体大于个人的总和,个人的存在依赖于整体,一个社会事实只有通过与其他社会事实的整体联系才能得

---

① 《马克思恩格斯全集》第23卷,人民出版社1972年版,第194页。

到解释。在社会科学的视野中,社会关系及其体系结构是客观的,至于由哪一个人来体现或代表它这是不重要的甚或是偶然的。不能由个人的动机好恶去解释人的活动,而要由社会整体联系去解释人的活动。社会科学不仅能够发现社会规律并作出准确的社会预言,而且,这正是社会科学的重要职责所在。法国社会学家迪尔凯姆作为这一理论的代表,认为个人生活和集体生活的各种事实在某种程度上具有质的不同。他主张,构成社会现象的是集体性的信仰、倾向和守则。

个人的思想存在于个人身上,集体的思想存在于集体之中,它独立于个人而发生作用。与这种集体思想和行为相适应,采取某种形式,构成一种特别的团体,形成集合的现象,这与个人现象显然不同。与其相对的另一种则认为社会科学研究的基本分析单位是个人,它要求把一切社会现象还原到个体层面,从个人的行动、目的、意图和动机说明和理解社会行为。这种理论尽管承认社会关系、制度、结构、系统的存在,但他们更强调这些不过是有意识、有意志的个人活动所假以进行的条件、形式和媒介,这些社会结构是人的活动创造出来的,也只有从个人的主观动机出发才能确定它们的“意义”,因而它们在社会研究对象中具有从属性,不具有根本性。持这种理论观点的代表人物马克斯·韦伯等人强调,对于社会现象应当根据个人的动机、态度和行动来解释,而不应当根据社会集合体的性质来解释。韦伯认为个人及其行动是社会行为的基本分析单位,因为个人是有意义行为的唯一承担者,而社会制度等整体概念都是表明人们互动的某种范畴,它们都可以还原为各个参与者的行动。社会科学只能追求个别的认识,它不可能透析普遍性的社会规律,也不可能作出准确的社会预言。

比较这两种对立的理论视角,我们发现两者主张通过揭示整体的本质属性来解释各个具体事物;而两者则主张采用分析或分解的方法,并在基础层次上对事物作出解释。在西方社会科学研究中,受“非此即彼”的形而上学思维方式的影响,人们长期难以走出各持一端的樊篱。

马克思在他的理论活动的早期就意识到实现超越个体主义与整体主义两极对立的必要性和重要性。他在《1844 年经济学哲学手稿》中指出:“首先应当避免重新把‘社会’当作抽象的东西同个人对立起来。个人是社会存在物。因此,他的生命表现,即使不采取共同的、同其他人一起完成的生命表现这种直接形式,也是社会生活的表现和确证。人的个人生活和类生活并不是各不相同的,尽管个人生活的存在方式必然是类生活的较为特殊的或者较为普遍的方式,而类生活必然是较为特殊的或者较为普遍的个人生活"①;"因此,人是一个特殊的个体,并且正是他的特殊性使他成为一个个体,成为一个现实的、单个的社会存在物,同样地他也是总体、观念的总体、被思考和被感知的社会的主体的自为存在,正如他在现实中既作为社会存在的直观和现实享受而存在,又作为人的生命表现的总体而存在一样。"②这是 26 岁的马克思的真知灼见,他使用的概念是德国古典哲学的"个体"、"类",但表达的意思却是,表达了个体和整体的辩证统一思想。

从分析的角度来看,整体与个体绝对不能相互割裂,二者是既相区别又相联系的。在发生学角度看,个体与社会整体是同步发生、同步形成、同步演进的;在共时态视角看,个人与社会整体无论是在实体性、关系性上,还是活动论、价值论上都是密不可分地内在相关、互为条件和相互关照的;从进化论视角看,个体与社会整体在人的发展历程中相互制约又相互促进,二者在范围、程度和水平等各个方面也都处于相关发展的共变过程之中。从唯物史观视角考察,个体与整体是互动的,人及其活动的产物、各种社会现象都是个体性与社会性的统一,研究对象的这种特殊性质决定了整体研究与个体研究都不是研究社会现象的唯一方法,二者并不是完全对立的,实际上,它们在社会认识中具有功能互补性。因此,社会科学研究应当在个体与社会整体之间保持张力,在个体与社会的有机相关性和互为参照性中展开自己的研究思路,在人与社会世界的多方面、多层次、多向度参照关系中达到人在高层次上的自我观照和自我理解与自我超越。社会科学本身也并不是只具有个体性或只具有社会性、整体性,而是个体性与社会整体性的有机统一。

二是社会科学的说明性和理解性。对于纷繁复杂的社会现象,有两种互为补充的认识方式:其一是侧重通过实证方法来"客观地"分析、说明社会事实的本质、结构、功能及发展规律;其二是通过对行为者或社会

---

① 《马克思恩格斯全集》第 42 卷,人民出版社 1979 年版,第 131 页。
② 《马克思恩格斯全集》第 42 卷,人民出版社 1979 年版,第 123 页。

事件的意义的理解来揭示事物表象之间的内在联系。与自然科学只具有实证性、说明性不同,社会科学是说明性与理解性的统一。在西方现代社会科学中,人们对社会科学的说明性、理解性又常被割裂,或者简而言之,自然科学需要说明,而社会科学需要解释。实证主义强调人文社会现象与自然现象之间具有相似性,因而,社会科学与自然科学在研究思路、研究方法及性质方面也具有共通性、一致性。实证主义主张在科学一体化的观念支配下以实证主义方式肯定社会科学的可能性,要把社会科学建立在观察的基础上,并用物理学方法来进行研究主张,在关于人的科学和社会科学中寻求自然科学意义上的客观性、实证性、可度量性,使社会科学像自然科学那样具有可以用经验和检验形式加以阐述的命题,成为像自然科学那样的具有很强"说明性"的"硬科学"。西方社会学学科体系的奠基人埃米尔·迪尔凯姆提出必须清除对社会现象的目的论分析,应注重对社会现象进行原因和功能分析。从而确立对社会现象进行科学认识的方法论原则,以保证社会认识与自然认识一样能达到严格性和科学性。但我们必须明白,实证主义强调了人文社会科学的说明性,然而单纯用实证方法对包括意志、情感、信念、欲望等因素的人文社会现象进行具有合理性的解释是不可能的。解释学则立足于人文社会现象与自然现象在存在论和价值论意义上的根本区别,否定社会科学与自然科学之间在认识论和方法论上相互沟通和借鉴的可能性,否定自然科学方法在社会科学中应用的合法性。解释学认为,人的思想、观念、意志、情感和行为等人文社会现象本身具有个别性、非确定性和非量化性,不可能以自然科学的方式而被客观地加以描述和说明,它们只能通过理解才能被合理把握。由此,解释学把"理解"视为人文社会科学的最根本的方法和性质。狄尔泰崇尚"理解",认为理解是人的最基本的知识之泉源,"理解"是一个既不能从另一个过程派生出来,又不能为另一个过程所代替的过程;"理解"是人文科学方法的一个基本方面,这个基本方面使人文科学不同于自然科学。狄尔泰把理解与说明对立起来,他只承认"理解"却否定了"说明"也是人文社会科学的重要性质。亨普尔等人则肯定"说明"在人文社会科学中也具有重要地位,认为"理解"只是提供与动机假说有关、与心理分析相关的协助方法,要求以"说明"为基点来统一理解,寻求说明基础上的理解。而伽达默尔等人强调理解和说明具有同等的重要性,提出以"文本"作为说明和理解的基础,强调理解过程中的"视界融合",这就初步突破了仅承认"说明"或者只肯定"理解"为社会科学性质的片面观点。

对社会现象进行研究,有必要通过各方面各层次的思路和方法来加以把握。在这种意义上,社会科学研究完全排除自然科学的方法是不应当也是不必要的,但仅仅采用自然科学的方法显然也是不够的。正如人与自然、人与社会不是截然对立、彼此隔绝的一样,自然科学方法与社会科学方法之间也并非相互排斥、水火不容关系,它们是相容的、互补的,各自有助于说明人类社会生活的不同方面,可以同时在社会科学中得到运用,并帮助人们达到对社会现象全面完整的理解。

换言之,"说明"、"理解"都是社会科学的重要性质和方法,它们是互渗互补的。当然,社会现象也是有差异和层次的,对与自然现象更为接近的那些现象如人的生理因素以及社会组织、社会制度、社会结构等进行研究的社会科学更具有说明性,而对与自然现象差异较大的现象如人的知、情、意等精神现象、文化传统等进行研究和讨论的社会科学则更具有理解性。由于各种社会现象是相互联系的整体,这些具体的社会科学之间也具有相互渗透性,它们的说明性与理解性也是不可分割的。

三是社会科学的建构性和创新性。社会科学对社会现象所进行的描述、说明、理解、反思,总是浸透着强烈的怀疑精神和批判精神。西方哲学史上通常把近代的理性主义溯源至笛卡尔那里。笛卡尔为这种理性主义注入的首要精神就是"怀疑"精神。没有怀疑,就没有理性,就没有科学。一种进步的、合理形态的社会科学,总是能对现实的观念世界和物质世界保持清醒的批判态度,它不满足于现有的人文社会知识,不迷信于任何形式的权威,不故步自封,而是始终致力于创造新概念、新定理、新理论、新学说,始终致力于探索、揭示新的真理,始终致力于观念建构和实际建构一个更加美好、合理的新世界。批判、启蒙、规范、创新,既是进步的社会科学的内在本性,也是社会科学的生命力和发展动力的所在。

对"社会世界"不断进行社会说明、社会理解特别是社会批判的社会科学,不仅对现实的"社会世界"进行科学的审视和批判,而且对理想的认识、实践和社会制度哲学观念的追问和建构,因而,它们能够帮助人们解放思想、破除迷信,并为人们提供价值观和社会信念的指导,具有重要的社会启蒙性和社会规范性。社会科学是当代社会创新体系的重要组成部分,不仅对现存社会世界进行说明、理解和批判,而且能使人们在批判旧世界中发现新世界。恩格斯指出,在18世纪的法国和19世纪的德国,"哲学革命也作了政治崩溃的前导";马克思更是强调:包括社会科学在内的科学是"一种在历史上起推动作用的、革命的力量",是推动人类社会发展的"历史的有力的杠杆",是"最高意义上的革命力量"。这种推动作用不仅表现为它是社会生产发展的重要因素,是促进经济、社会结构变革的强大力量,而且表现为通过生产关系的中介,促进上层建筑的变革,推动新的社会改革和社会革命。

在现代社会里,知识经济的发展,不仅改变了社会化的技术手段,而且改变了人们的生产方式、生活方式和实践方式;不仅带来生产力的巨大变化,而且带来生产关系和上层建筑的巨大变化。当代任何重大的科学技术问题、经济问题、社会发展问题和环境问题等都具有高度综合性,涉及经济发展的方向和目的,涉及经济和社会运行机制的调整和人们思想文化观念的变革,等等。这些问题的解决超出了自然科学技术能力的范围,对于社会科学的发展提供了新的契机和更高的要求。当代大科学、大技术、大工程要求把自然科学和社会科学结合成为一个创造性的综合体;而当代社会科学的新的重要任务和社会功能之一,也正在于研究如何通过经济机制、政治机制、文化机制等使自然科学的创新成果迅速有效地转化为社会生产力。由此可见,21世纪,在人类续写"现代性"的社会背景下,高度重视社会科学所具有的这种批判性、规范性、创新性,对于人类"合理地改变世界"有着空前突出的意义。

四是社会科学真理的绝对性和相对性。社会科学从各自的侧面、角度在不同程度上揭示社会现象的本质、特点、结构和发展规律,因而,它们都具有一定程度的真理性。这是社会科学与伪科学的根本区别。但是,如何理解和把握社会科学的真理性,长期以来却存在着绝对主义和相对主义的对立。

绝对主义把社会科学的真理性绝对化。它认为,对社会现象的认识、理解,要以这一对象的真实面目和实际意蕴为准绳,而这种真实面目和实际意蕴是不以认识者、理解者所处的特定社会文化传统、他们的价值观念以及他们的主观意愿为转移的。因此主张社会科学应当追求一种超历史的、价值中立的、绝对的客观性和合理性。与其相对的相对主义则认为社会现象的价值、作用、效应、意义等与具体的人和人的活动具有相关性,它们本身并不具有永恒不变的性质;同时,处于不同社会文化传统并具有独特生命体验的人,对同一社会现象的理解、把握也存在着很大的个体差异性。因此,社会科学的真理性不能绝对化、永恒化。换言之,社会科学是具有可错性或可变性的。社会科学的这一性质反映了它们与常识的原则区别。常识能够在一定范围内满足人们的某些需要,而语言的模糊性、难以检验性、难以证伪性等则是它的特点,同时更是它不可克服的弱点。因而,常识一般不易被证伪或推翻,它们的生命期一般较长,有的甚至可以存在许多世纪,但它们的积极功能毕竟非常有限。而社会科学与自然科学一样,具有可检验性、解释性等共同特征。社会科学对社会现象进行合理解释,这是有风险的、可错的。特别是社会科学虽然也像自然科学一样呈现出知识总量积累、水平日渐提高、理论日臻完善的进步图景,但是,在社会科学世界中却似乎有一些后世难以再现、超越甚至企及的精神高峰,对许多具有永恒意义的问题,诸如人的本质、世界的意义、生活的目的,以及关于什么是理想、幸福、正义、善恶等,所以这些都涉及价值与意义问题,都难以获得一个确定的答案或不变的结论。这些答案或结论会随着人类历史的推进、时代的变迁和文化的差异而呈现出不同的性质和意义,需要社会科学作出新的解释和理解,赋予这些永恒的话题以新的时代意义。因此,社会科学理论的预见只要与实践结果之间的不一致超出可容许的误差范围,理论就要加以修改和扬弃。因而,社会科学知识的生命期一般相对较短,它对社会现象的说明和解释是相对的、可变性的。其实,从哲学意义上讲,真理性认识都是绝对与相对的统一,自然科学也不例外,只不过社会科学表现更突出而已,但这也可能是社会科学的优点和生命力之所在。

五是社会科学的价值中立性和非中立性。社会科学的"价值中立问题"是关于社会科学知识与价值观念之间关系的问题。

"科学价值中立论"认为科学包括社会科学是价值中立或与价值无涉的;科学是追求纯粹真理的事业,客观性是科学的生命,科学与人的主体性、主观因素、价值观念是互不相关、没有联系的。这种观点在西方源远流长,它不但认为科学与价值无涉,而且认定这种想象中的价值中立性恰恰是科学的"客观性"和主要优点的表现。早在古希腊时期，就有一些学者主张，科学的使命只应该是为了追求知识。不过，当时的哲学家们大多持有一种朴素的真、善、美相统一的观点；经过中世纪宗教神学对科学的禁锢，近代科学家们崇尚科学理性，哲学家们把科学视为纯粹求真的事业，并把与近代实验科学方法和逻辑论证无缘的政治、伦理等和科学严格区分开来，以保持科学的纯洁与独立，这便是科学"价值中立"的起因。1740 年，英国哲学家休谟指出：在价值领域中，人们"所遇到的不再是命题中通常的'是'与'不是'等连词，而是没有一个命题不是由一个'应该'或一个'不应该'联系起来的"。人们不能从"是"的命题中推断出"应当"的命题，即从纯事实的描述性说明中不能推断出应当做什么的标准或有关道德的准则或规定。休谟通过对"是"与"应该"的划分，从逻辑上把事实判断与价值判断区分开来。这种划分被形象地称为"休谟的铡刀"。通俗点说，从"劳动重要"难以推导出"劳动光荣"。20 世纪 20、30年代，逻辑实证主义在将事实与价值二分的前提下，进一步强化了科学的"价值中立性"观念。他们认为，科学是关于客观的事实判断，与"主观"的价值无涉，"价值问题完全是在知识的范围以外。那就是说，当我们断言这个或那个具有'价值'时，我们是在表达我们自己的感情，而不是在表达一个即使我们个人的感情各不相同但却仍然是可靠的事实。"科学和价值是完全对立的两极：科学关乎事实，价值关乎目的；科学是客观的，价值是主观的；科学是追求真理的，价值是追求功利的；科学是理性的，价值是非理性的；科学是可以进行逻辑分析的，价值是不能进行逻辑分析的。他们认为，使科学远离价值就可以维护科学追求真理的纯洁性。一个思想家在进行哲学研究时，只应怀有追求真理的热忱，否则，他的思想就有被感情引入歧途的危险。他的意欲、希望和顾虑会把一切诚实的科学研究的首要前提——客观性给破坏了。任何一门科学，就其为科学而言，都是纯理论的。

在当代西方科学哲学中，"科学价值非中立论"对"科学价值中立论"进行了郑重且较深入的批判。以库恩为代表的历史主义学派将价值列入科学哲学，承认科学与价值及意识形态的相关性。库恩指出："科学是以价值为基础的事业，不同创造性学科的特点，首先在于不同的共有价值的集合。"普特南在 1981 年进而提出"价值事实"的存在，认为价值与事实不可分,价值就是事实的价值,事实也是有价值的事实,每一事实都含有价值,而我们的每一价值又都含有某些事实。一个没有价值的存在也就无所谓事实。法兰克福学派则把科学技术视为意识形态的重要内容。马尔库塞认为,科学与技术本身成了意识形态,是因为科学、技术同意识形态一样,具有明显的工具性和奴役性,起着统治人和奴役人的社会功能;哈贝马斯则宣称,技术与科学已经成了一种新型的意识形态,即技术统治论的意识。一方面,技术统治的意识同以往的一切意识形态相比较,意识形态性较少,因为它没有那种看不见的迷惑人的力量,而那种迷惑人的力量使人得到的利益只能是假的。另一方面,当今的那种占主导地位的,并把科学变成偶像,因而变得更加脆弱的隐形意识形态,比之旧式的意识形态更加难以抗拒,范围更为广泛,因为它在掩盖实践问题的同时,不仅为既定阶级的局部统治利益作辩解,而且站在另一个阶级一边,压制局部的解放的需求,而且损害人类要求解放的利益本身。如果科学,特别是技术都已经成意识形态了,那么科学与价值焉能不受影响呢?

社会科学是价值中立性与非中立性的统一。社会科学知识作为对"社会世界"的本质、特点、结构和规律、意义等的正确反映和解释,是社会认识与社会现象的一致或符合,它们具有客观真理性。尽管社会科学知识以概念、命题、原理等主观形式表现出来,但是,它们的内容却具有客观性和相对普遍的有效性,换言之,它们所揭示的各种社会规律在一定范围内是具有客观性、稳定性和重复性的,这不以任何人的主观意志和价值观念为转移。社会知识与对象的内容之间具有"相符性"这是客观的;凡为科学的理论都必定具有这种相符性,否则,当就无所谓科学。因此,在社会科学中所反映的社会规律是客观的,它们与其对象之间具有不以人的意志和价值观念为转移的"相符性"。社会科学是"客观的"、"价值中立"的。

任何科学绝不只是一种客观的知识体系,尤其不是一种脱离社会和人文价值环境的知识体系,因为它同时还是一种社会活动、一种社会建制、一种文化,它是由作为价值载体的人来实现的实践活动,因而又具有"价值非中立性"。首先,社会科学的研究对象总是包含、渗透、负荷着人的价值因素。从存在论视角看,作为社会科学研究对象的社会现象不是完全自在、与人无关的"自然"现象,它们都是通过人的活动形成的,具有人为性；在认识论意义上，根据认识系统中的主—客体相关律，在一个社会认识系统中，认识的客体是由认识的主体根据自己已经获得和已经形成的本质力量和认知定式有选择地设定的，它与认识的主体具有内在的相关性，因而，是不可能与主体的价值无关的。其次，社会科学家和社会科学共同体在科学活动中也不可能不进行价值判断。社会科学家们作为社会存在物、文化存在物，总是处于某种社会文化环境之中，其思想、行为及社会科学实践也无不打上各自文化传统和价值观念的烙印。因此，价值是社会科学过程和社会科学理性的一个特性。作为研究活动的人文社会科学当然都有各自的研究目的和达到这一目的的科学方法。它们不仅保证了社会科学理论的客观性、合理性和完美性，而且它们所体现的求实、尚理、爱美的品格，有助于人类自身的完美。再次，社会科学体系之中就渗透着价值和价值判断因素。价值本来就内在于社会科学本身的结构之中，也只有纳入社会科学的内在结构，才能更好地解释社会科学的合理性。从科学哲学视角看，我们不难发现，科学是人类的创造，而不是自主的、非人类的；科学产生于人类的动机，它的目标是人类的目标。科学是由人类创造、更新以及发展的。它的规律、结构以及表达，不仅取决于所发现的现实的性质，而且取决于完成这些发现的人类本质的性质。作为知识体系的科学主要通过科学观念或科学思想体现出信念价值、解释价值、预见价值、认知价值、增值价值和审美价值。可见，无论是社会科学的研究对象，还是社会科学家在科学研究中所作的选题、研究活动及关于研究成果的评价、应用，无不渗透、包含或负荷着人的价值因素，它们不是也不可能是与价值无涉的。

3. 社会科学的多重功能

现代意义上的社会科学是人类社会发展到一定阶段的产物，它的各种科学理念一经形成条理，成为逻辑，就会总汇到人类思想中。从总体上看，社会科学作为相对独立的理论体系和知识体系，"从来不是一种消极的教条；在维护或者摧毁一种社会制度上，这种知识总是起着积极的作用"。① 我们首先讨论社会科学功能的基本特性。在研究中我们发现，与

---

① 贝尔纳：《历史上的科学》，科学出版社 1983 年版，第 555 页。

自然科学相比,社会科学在社会中发生作用主要有以下几个特性。

一是综合性。社会是一个极为复杂的系统,社会的政治、经济、生产、文化等方面,互相渗透、交叉,人与社会、人与自然的关系在实践中也难以机械划分。因此,社会结构、社会运行轨迹的变化,决不是由直线式单一因素机械决定的,而是多种因素的耦和。因此,社会科学发挥功能的过程,往往是多种社会科学学科同时发生的作用。我们有时只是为了研究的方便,而采取形而上学的方法讨论某门社会科学学科的作用。而在复杂的社会实践—工程中;一种社会现象的出现和变化,往往是多种因素、多种学科综合作用的结果。

二是非自主性。社会科学作用于社会往往受许多条件的制约,这里可以指出,在社会科学研究中,任何一种社会理论得以公之于世,去影响人们的思想,必须要有一定的社会条件的支持。社会科学家对社会世界改造的理论和设想,如不被政治当局采纳,则只能束之高阁。应当承认,社会科学家对社会现象的兴趣、研究,进而创新一种社会科学理论是自主的,但是这一社会科学理论能否转化为巨大的物质力量,发挥社会作用,则往往是社会科学家本人难以左右的。这与当下的社会环境有着十分密切的关系。尽管在哲学上讲,人类社会是人创造的,因此人可以也能够独立认识和思考社会,但是当这种科学理论想要作用于社会时,就成了“非自主”的状态了。

三是双重适应性。在社会生产生活中,经常出现这样的状况。虽然有一定哲学素养的人都懂得思维与存在有同一性,两者并不是一个东西,而是动态的、有差别的同一。但是在二者发生矛盾时,总是“削足适履”、“刻舟求剑”,总是让实践、实际、工程去适应社会科学教条,试图在社会生活中还原社会科学理论,而忽视了社会科学理论与社会工程实际相结合的问题。长期以来,教条主义地对待一些理论概念,就曾发生了许多历史上的“错位”。本来,社会科学理论概念是丰富的现实生活的科学抽象,运用它来观察社会,需要经过具体的充分的解释,特别是要懂得概念与现实生活之间的区别。这是探讨社会科学功能的一个不可回避的问题。恩格斯早就指出:“一个事物的概念和它的现实,就像两条渐近线一样,一齐向前延伸,彼此不断接近,但是永远不会相交。两者的这种差别正好是这样一种差别,这种差别使得概念并不无条件地直接就是现实,而现实也不直接就是它自己的概念。由于概念都有概念的基本特性,因而它并不是直接地明显地符合于它必须从中才能抽象出来的现实,因此,毕竟不能把它和虚构相提并论。"①

　　四是渐近性。社会科学的功能除少部分是直接的、"立竿见影"的之外,大部分是间接的、渐近的。与自然科学、工程科学对于生产的显性作用不同,社会科学的功能大部分是一种"随风潜入夜,润物细无声"的潜移默化的作用。这些特性折射着社会科学的基本功能。

　　第一,认识功能。人们在社会实践—工程中,借助于社会科学的思想和理论,不断地发展着自身的认识能力。从人类诞生起,人们在生产、生活、生命、生态中,就产生了认识他人、认识周围世界的需要。社会科学(那时还是初步的社会意识)的认识功能,首先就表现在人类不断满足自身这种需要而不断增强自身的认识能力。一部社会科学发展史,就是人类对自身、对社会认识的结晶。但是,这种认识是以前人的认识为基础,并以借鉴同时代他人认识为条件的。正是在这种意义上,人们才说,在认识的领域里,从来没有"绝对的超越",而是要站在巨人的肩上,在认识和实践中承受前人和他人的理论启迪。关于人类社会的认识和知识,是一条链、一张网、一棵树,具有较强的积累性、连续性和嬗变性。每个时代对社会的认识,对社会科学新知识的探索,也都是在承接已知之中去探索未知,因此都是也只能是一个文化的传承过程。没有英国古典经济学、德国古典哲学、法国的空想社会主义,没有包括古希腊思想在内的欧洲一切文明成果为理论思想前提,也不会有人类社会认识史上马克思主义的伟大变革;社会科学在人们进行思考、形成观点、判断事物、抉择行动中,发挥着它的认识功能。社会科学知识,是人对社会现象及其规律性的认识,人们对变动不居的社会现象的认识,主要是在社会科学的帮助下实现的。尽管有些人尚不知社会科学为何物,但是,社会科学作为一种科学文化,广泛地渗透在社会意识的各种形式之中,影响着人们的意识活动和对社会的认识,许多正确的或错误的社会思想,也以各种方式和途径影响、改变人们对社会现象的认识;社会科学通过它本身的各种认识形式,去覆盖社会认识领域并为社会提供认识。社会科学具有哲理性认识——主要由

---

① 《马克思恩格斯选集》第4卷,人民出版社1995年版,第744页。

哲学提供世界观、方法论、人生观等来影响人类的认识。超前性认识——包括哲学的超前指导作用和经济学、社会学等学科在经济、社会发展战略和预测模型研究中的作用等。反思性认识——即对已发生的社会现象的反复思考,从认识与实践的运动轨迹中,对认识指导实践进行反思和总结。上述各种形式是互相联系、互相渗透的,它构成社会科学作用于人类认识活动的动态系统和自身的发展过程。

第二,决策功能。人类的社会实践—工程活动,是为达到一定的目的而进行的。人离开动物越远,这种实践—工程活动越带有明显的目的性、自为性。社会决策就是人们对社会实践—工程的方向、目标、原则和方法所作的选择。决策的正确与否同决策过程所依据的社会科学理论的正确与否有着直接的、密切的联系。我们从前面的讨论中已经涉及了社会科学的发展理路,实际上,社会科学从其萌芽时起,就在不同程度上发挥着决策功能。古希腊色诺芬的《经济论》,曾为古代奴隶主的家庭经济、农业经济的决策提供指导思想。中国古代兵家活动家的著述,在当时的军事决策、政治决策中都发挥了巨大的作用。历史学也蕴涵着巨大的决策功能,中国古代的各封建王朝和史学家都把修史作为总结历史上治乱兴衰经验的手段,强调以史为鉴。社会决策的理论需求,在近、现代社会科学的发展中得到了进一步的满足。19世纪以来,社会科学的决策功能大大增强。马克思主义的诞生,包括一系列其他独立的社会科学学科的发展,逐步形成了庞大的决策学科群。如政治学、经济学、社会学、心理学、科学学、未来学、人才学、情报学、行为学等等,为社会管理、决策提供了重要的社会理论工具;专门研究决策理论、决策方法的决策学得到了迅速的发展并成为学派繁多而且跨度很大的综合性学科。当代决策学的发展不仅在社会科学中处于非常重要的地位,增强了社会科学的决策功能,而且这种势头还在继续发展。

第三,导向功能。社会科学是关于人类社会的规律性的知识体系,它在人类社会的历史中始终围绕人的本质、人的地位、人的生存、人的价值、人的发展、人的解放、人的未来等问题,以实现社会的思想、文化进步来推动生产力的发展和社会的变革。社会科学本身既标志着社会的精神文明和文化发展的重量和水平,又以对社会现象的规律性认识,和它的理论形态的系统性和逻辑性"再生产"一定社会的精神文化。首先表现在它对人的世界观、人生观的培育作用上。世界观、人生观在人类行为中起着极端重要的导向作用。马克思说:"哲学把无产阶级当做自己的物质武器,同样,无产阶级也把哲学当做自己的精神武器……"①按照马克思的说法,任何真正的哲学都是自己时代的精华。因而哲学思想,对于科学家、艺术家也是非常重要的。爱因斯坦把哲学比喻为"全部科学之母"。实际上一流的科学家、艺术家,其作品的深邃和伟大,都是同他们哲学思想的深度和广度成正比的。社会科学的其他学科也对培育人有极为重要的作用;特定的社会系统中,社会科学的导向作用可以形成社会的价值取向,形成民族凝聚力,动员、组织和规范人们有目的地参加社会活动。《人权宣言》中的"私有财产神圣不可侵犯"就是一种鲜明的表现。A.托夫勒曾认为I.牛顿的机械论思想影响到美国宪法的制定者,使他们设计了一个"相互钳制抗衡的政府","就像一台零件相互嵌接的蒸汽机一样"。这说明A.托夫勒没有跳出在美国的社会环境中有强大影响力的科学主义思潮的影响。实际上,西方的社会制度,不仅是经济发展的必然结果,也是同那里的哲学家、社会科学家的理论思想密切相关的。17世纪英国的哲学家J.洛克所提出的"分权理论"和他所接受的"社会契约论",正是美国的"三权分立"的国家制度,"自由企业制度"和个人主义的社会思潮的理论渊源;社会科学自身的发展和繁荣对于科学文化的发展具有重要价值。科学是文化的一个组成部分,社会科学的发展水平又是科学文化发展的一项重要标志,社会科学的健康发展会给自然科学的发展创造良好的社会条件。社会科学对科学、文学、艺术等文化部门,也具有理论指导的作用。如哲学、自然辩证法、历史观等对自然科学进行不同角度的观察和研究,社会科学学、社会科学史对社会科学的总体发展及其规律进行的探讨,都对科学事业的发展起促进的作用。历史学、考古学、新闻学、档案学等也分别对有关部门的建设,发生直接间接的影响。同时,各个社会文化部门的实践也为社会科学研究提供了丰富的经验材料,并检验社会科学的理论是否符合客观实际。

第四,生产力功能。社会科学在其自身的发展中,越来越显示出它促进物质生产、经济发展的功能,这种功能是当代社会科学的重要特征之

---

① 《马克思恩格斯选集》第1卷,人民出版社1995年版,第15页。

一。社会科学通过提高劳动者的精神素质,在生产领域中转化成为强大的生产力。社会生产力包括人的要素和物的要素(生产资料)。前者处于能动的、主导的地位。没有主体在一定的目的之下,使用这些生产资料实现物质资料的生产,这些机器、设备只是一堆死的废铁。马克思说:"在一切生产工具中,最强大的一种生产力是革命阶级本身。"①社会生产力中的劳动者,不仅是有血有肉的人,还是有意识、有情感的人,不仅具有一定的生产经验和劳动技能,还具有一定的生产目的和群体意识。马克思在分析资本主义的生产过程时,并不讳言反而强调这一点。他曾提到"一切生产力即物质生产力和精神生产力"、"物质的(因而还有精神的)生产力"②。在分析协作中他又明确提出:"在大多数生产劳动中,单是社会接触就会引起竞争心和精神振奋,从而提高每个人的个人工作效率。"③在生产领域中,劳动者的精神素质(主要是社会科学知识及其运用的结果),劳动者对于劳动目的和意义的认识,他们的价值观念、心理状态、思维能力,以至伦理道德水平,都会以不同的方式直接影响着他们的劳动态度和劳动成果,社会科学在生产领域中不正是通过这些精神素质的因素,转化为生产力吗? 社会科学渗透到现代生产的各个环节和现代经济的多层次中,通过推动实际问题的解决,转化为生产力。社会再生产,是一个多环节的系统。它不仅是生产问题,而是生产、交换、分配、消费的有机结合体。自然科学集中解决生产领域的各种技术问题,而社会科学不仅研究生产中的人的作用的发挥,人际关系的协调,科学分工和管理等问题,而且研究自然科学和技术不涉及的交换、分配、消费等领域。社会科学中的市场学、物价学、消费心理学、消费经济学等专门学科,既反映这些领域的人类实践—工程活动,又直接指导这些领域的实际运行,至于社会科学的其他有关学科,如经济学、政治学、心理学等更作为指导生产、经济实践的理论基础发挥着作用。宏观经济中的产品结构、产业结构等经济问题和关系国计民生的经济、社会、科技发展战略问题,更离不开社会科学的支撑与协助。由此可见,科学渗透到社会生活的各个领域,深

① 《马克思恩格斯选集》第 1 卷,人民出版社 1995 年版,第 194 页。
② 《马克思恩格斯全集》第 46 卷(上),人民出版社 1997 年版,第 173 页。
③ 《马克思恩格斯全集》第 23 卷,人民出版社 1972 年版,第 362—363 页。

刻地影响着生产和经济的发展状况,也使自己转化为生产力。从管理层面考察则更为明显。生产和经济离不开管理,社会科学通过优化管理形成为巨大的生产力。现代大科学、大技术、大工程中管理是其中重要的因素,处于举足轻重的地位,它不仅体现生产关系和社会制度的性质,更是一种现实的生产力。人类生产、经济的发展,应该实行自我控制,形成人类与自然的物质交换的良性循环,实现这一目标,没有社会科学是不可想象的。

必须特别指出的是,在社会科学的诸多功能当中,还有一项是不可忽视的,这就是社会科学对于自然科学技术存在、发展及创新具有重要作用。

第一,社会科学可以培养科技人才。科技人才是科技活动的创造主体,其素质高低历来对科技发展具有决定性的影响。在21世纪科学已进入高度交叉渗透与综合状态的社会背景下,科技人才应具有复合型的知识结构和在综合中创新的能力、良好的心理品质和人文修养、成熟的道德责任感、健全的人文意识,否则科技知识就有可能以非道德性的运用而成为社会的祸害和破坏力量。社会科学可以通过提高科技人员的人文素质,为培养和造就科技人才提供保障。第二,社会科学可以提高科技能力。科技能力在宏观上是指科技人力资源、技术装备、信息处理和创新效能的统一体,它的发展速度和水平同一个国家的经济学、政治学、教育学、管理学等众多社会科学的发展水平息息相关。现代科学技术是一个由众多要素、层面与环节构成的庞大系统,要提高科学技术的整体创新与应用能力,既要改善各个科技要素,又要优化科技要素的结构配置、健全科技运行机制、建立合理的科技体制。能够优化科技资源的结构配置、指导科技运行机制建构以及促进科技体制改革。第三,社会科学可以指导科技政策。制定科技政策既要符合科技自身发展的规律和要求,又要符合社会发展的规律、需求和条件,无论是科技政策目标的确立、科技政策方针的制定、科技政策规则的设计、科技政策手段的选择,还是科技政策系统的执行、评估、反馈与创新,都要自觉地依靠社会科学、顺应社会规律、满足社会需要和适合社会条件,否则就会招致失误和损失。第四,社会科学可以促进科技成果转化。科技成果本身还只是精神产品,它只有经过价值形态转化以后才能成为现实生产力。科技成果转化需要科技系统内外部各种条件的配套联动,但经验表明,影响其转化效率的最关键因素不在科技系统自身,而在于社会经济体制、科技体制和经济发展方式以及人们的思想观念。没有社会科学理论与方法的介入经济体制、科技体制改革,没有经济发展方式的集约型转变以及人们的科技意识的普遍增强,则科技成果转化必然是缓慢和低效的。从这个意义上可以说,社会科学是促使科技成果向生产力转化从而使科学技术成为现实的第一生产力的关键条件。第五,社会科学可以改善科技环境。科技系统是一个开放的系统,科技发展需要良好的社会环境条件,特别需要公众普遍理解、尊重和追求科学的文化氛围等基本条件。历史和现实已充分表明,社会科学能够影响能够指导社会建设,引导人们的思想观念更新,进而能够通过优化经济环境、政治环境、文化环境的途径促进科学技术发展。第六,社会科学可以消除科技异化。科学技术是第一生产力,但是从哲学视角思考问题,也可以说,科学技术是第一破坏力,科学技术自近代以来被大量滥用和误用,现已造成了十分严重的科技异化现象,诸如环境破坏、资源枯竭、安全隐患等等,将人类推到了不可持续发展的危险边缘。减少乃至消除科技异化,社会科学有用武之地。可以帮助人们树立起可持续发展型的生产与生活方式,加强科技道德调控和科技法制约束。用先进的社会科学理论和人文精神对科学技术的运行过程实行全方位的严格有效的价值定向与规范控制,消解科技给人类带来的巨大灾难。

二、社会科学的工程价值

社会科学具有传承文明、咨政育人、改造世界、服务社会的功能,这些已经在前面进行了讨论。在这一节,我们着重从社会科学与社会工程的关系层面,特别是从社会科学对社会工程的意义、价值视角,深入研究社会科学的功能。从工程、社会工程视角讨论社会科学的价值。在一定意义上可以说,社会科学是社会工程的原因——认识的原因、改造的原因和规划的原因。社会科学既是社会工程认识的来源,又是社会工程认识的前提,既是改造社会世界的条件,也是改造社会世界的财富。

1. 创新思维与实践的逻辑前提

社会科学理论使社会主体发现社会问题，为社会工程"起源"创造逻辑前提。社会工程是负荷价值的。人们不会毫无目的和价值指向地搞什么社会工程，而是根据具体历史条件下的社会矛盾和社会问题，并出于消解这些矛盾和问题的需要，而着手社会工程动意、社会工程规划和设计。然而最重要、最及时、最准确地发现社会矛盾和社会问题的认识工具是社会科学理论和社会科学家，至少是有着丰富社会实践和社会科学经验和社会科学素养的人们。正所谓感觉到的东西未必真理解，只有理解到的东西才能真正感觉到。没有对社会问题的深刻理解，对存在的社会问题就会熟视无睹。

社会科学是社会事业发展的有机组成部分，它以社会现象作为自己的研究对象，是"按历史顺序和现今结果来研究人的生活条件、社会关系、法的形式和国家的形式及其由哲学、宗教、艺术等组成的观念上层建筑的历史科学"。① 社会科学之所以能在社会发展过程中发挥它的作用，并不一定是被那些具有进步思想的社会学家们所采用，或在一种政治变革的背景中为人们所利用，而是由它自身的固有本质所决定的，这种本质使其能更好地完成所承担的历史使命。社会科学的本质在于寻找到使人类社会变得生机勃勃的客观规律，并帮助每一个个体在求得解放和生活幸福的基础上成为一个具有自觉性和掌握自己命运的主人。

社会科学的目的在于使社会实践活动不再是一种偶然的机遇而是一种深思熟虑的社会设计，并最终把社会工程观念变成为社会的共识。从理论上说，一个社会所提倡的正确应不仅仅只是符合现实的社会实际，而是要有一种"客观上"的规范力量。因此，社会科学应超出现实的社会问题而转向范围更大的有关人类健康、幸福的问题。从一定程度上说，社会科学对于整个社会来说担当了社会变化的诱导者的角色，这就如一个心理治疗师对于他的病人一样，它以什么方式导入就会影响到其社会成员发生什么样的变化，虽然也许会有同样的结果出现，但同样的结果其实是蕴藏了不同的意义。社会科学从根本上说是一种生活科学，是帮助全体

---

① 《马克思恩格斯选集》第 3 卷，人民出版社 1995 年版，第 429 页。

社会成员更加自然和容易地共享幸福的社会生活。21 世纪,随着现代化步伐加快,社会结构已发生了深刻变化。从世界范围来看,人类社会的许多领域内都或多或少地正在兴起一场积极运动。现代社会创造了大量的物质财富,而这些物质财富不仅正在改变着人类的物质生活、政治生活和文化生活,而且也正在改变着人类的思想和观念,它使人们的一切都产生了一种新的需要——让社会的方方面面变得更积极。正是由于社会科学的这种价值,使人们经常发现社会生活在"矛盾和问题"当中,进而使人们通过"发动"社会工程来改变现存的生活方式,追求美好与理想世界,深刻理解、把握规律,追求幸福。

在马克思唯物史观的视野中,社会既是现实的,但更是历史的。社会科学必须面对"应该是"和"可以是"的问题:"应该是"是社会科学的本体价值,"可以是"是社会科学的非本体价值。社会科学研究应当以"应该是"作为自己的核心价值。

2. 建构社会发展的核心理念

社会科学追求以人为本的核心理念,为社会工程提供终极关怀。社会科学,特别是 21 世纪社会科学恢复了社会科学本来应有的功能和使命——使所有人的潜力得到充分的发挥并生活幸福,这体现了一种社会意义上的博爱和人性。如果社会科学能集中力量于利用人积极的本性来使人更有尊严,而人又能在个人和集体的解放中表现出充分的积极,那么,社会科学在使社会更具有人性方面就能作出巨大的贡献。人类现在的生存环境已大大不同于人类祖先生活的环境,人类的奋斗目的不再是生存而是享受。今天的社会已达成一个共识:使一切生命过得更有积极意义、更有人性,即全社会都要以人的良好生活为追求目标,让所有人都过上幸福的生活。随着现代化建设进程的加快,社会已经能够为每一个人提供良好的生活条件,如何在良好的条件下使普通人生活得更幸福就自然成了当代社会科学最迫切的任务,这也是社会工程的终极追求。

3. 张扬现代社会的科学理性

社会科学提升社会主体的综合素质,使人们改造社会世界的工程活动更有科学性、合理性。社会科学本身就是社会活动规律的"理论再现",人们掌握社会科学理论,用以认识社会世界,改造社会世界,减少认识和改造活动的盲目性和主观随意性,提高认识和改造活动的经济和社会效益,降低经济和人生成本,最大限度地减少社会灾难,这是现代社会人们的重要价值追求。

4. 凸显人类工程活动的自觉自为

社会科学应当主张人自己决定自己,提升社会工程物质承担者的自觉性、自为性。人是自己发展的创造者和决定者,也就是说人的发展不仅仅是来自于外在的适应和生存压力,也来自于他的建立在需要基础上的内在动机,特别是追求一种积极的、有快乐体验的动机。不论在什么场合,也不论在什么时候,人们总是倾向于选择能使自己感到有快乐体验的行为,如胜任、创造性、求得与周围环境相和谐等。社会科学所面临的一项最重要的任务就是调动起所有人的力量、智慧和创造性,从而促进社会的日益完美,并以此来满足人类自身的各种需要。社会科学的价值并不仅仅存在于我们对社会科学的理论理解中,它更存在于理论与实践的关系之中。社会科学在 21 世纪为社会矛盾和问题找到学科归属,找到本来的家园。

应该承认,现代社会的现代阶段,当下人们对社会和社会科学的无知比有知要宽泛得多,然而正是这种无知的坦白,才是不断推动社会和社会科学未来进步的保证。如果我们想采取坚决而明智的行动,我们的目光就必须放得更远一些。这就是从社会科学经过社会技术而走向社会工程的必然趋势。

三、社会科学的社会工程化趋势

社会科学的社会工程化趋势,不是说社会科学变成社会工程,而是说社会科学在其发展和发挥改造社会世界作用过程中的价值指向是社会工程或者说社会工程学理论应当转化为物质力量,才能发挥其改造社会世界的功能,也就是说,社会科学发挥作用对社会工程具有依赖性。

社会科学与社会工程的关系比较复杂,从科学技术哲学视角研究两者的内在逻辑联系,我们不难发现,第一,社会科学以人类社会为中心,经济学、政治学、法学、社会学等各门具体社会科学,从各自不同的角度和层面对人类社会的组织结构、功能作用、稳定机制、变迁动因等进行分门别类或整体的考察研究,获得人类社会发展和运行的系统知识和规律,其主要是关于社会对象"是什么"和"为什么"的知识,讲求研究成果要有所发现,研究过程要突出探索。社会工程则主要解决人们在改造社会世界时"做什么"和"怎么做"的问题,讲求有所发明,有所作为,有所规划,有所设计,其创新过程计划性强。社会科学揭示"原因",社会工程则促成"结果";社会科学揭示"可能",社会工程则将可能变成"现实";社会科学揭示"必然",社会工程则是对必然性的利用。第二,社会科学主要形成于由社会实践到社会科学理论提升和转化的过程,社会工程则主要创造于从社会科学理论向社会实践转化的过程。第三,社会科学主要研究"是非",强调其结论要符合社会世界实际,对社会世界的反映越全面、正确、深刻和精确,其理论的真理性就越强。社会工程则主要注重社会公众利益,即讲优劣,重实质。

1. 社会科学走向社会工程的必然性

社会科学向社会工程的转化是客观规律性向主观目的性或客观效果的转化,更是手段向目的的转化。社会科学揭示的是社会运行规律,社会工程是对社会规律的应用过程。因此,其一,社会科学向社会工程的转化是"一"向"多"的转化。在社会科学活动中占主导的是"从多到一",或者从复杂到相对简单,从纷繁复杂的社会现象中揭示社会生活的本质和规律以及构成社会的各个领域运行的本质和规律。而社会科学向社会工程的转化则恰恰是"从一到多"。同一个社会科学学说,达到同一个社会目的,却可以通过许多完全不同或者相近的社会工程来实现。其二,社会科学向社会工程的转化,是客观必然性向主观目的性的运动。社会科学固然与自然科学有别,社会科学的研究对象具有主观色彩,但社会科学研究的对象必定是一种客观存在,它所揭示的规律必定是客观规律。社会工程主要把人们"如何做"落到实处,具有很强的、很具体的主观目的性。因此,社会科学向社会工程的转化,必然是客观必然性向主观目的性的转化。这种"转化"不是"变成",而是经过某种计划、设计等中介实现逻辑上的"转化"。

2. 社会科学走向社会工程的合理性

社会科学向社会工程的转化是相对真理性向社会功利性的转化。社会世界——并不是没有结构的,对于人类在其中的生活、思考和活动来说,它具有特殊的意义和特殊的关联结构,他们已经通过一系列关于日常生活实在的常识构想预先选择、预先解释过这个世界,正是这些决定他们行为的思维客体界定了他们的行动目标,也界定了实现这种目标可资利用的各种手段。社会科学都是关于行动者在社会环境中所作出的构想。社会科学家观察这些行动者和行为并且努力对其程序、规则作出相应的解释。因此,必须让社会科学摆脱这种“可能”的状态,而获得工程的现实性,或者从相对真理性转化为社会功利性。这种转化是一个系统工程,是社会科学理论之间、社会科学研究部门与社会其他相关部门之间、社会管理各职能部门之间的相互配合。要言之,“如果确立了‘社会工程’范畴,实现社会科学向社会工程的创造性转化,并着力推进社会工程创新,那么,哲学社会科学认识世界、传承文明、创新理论、咨政育人、服务社会的重要作用的发挥,就有了实践的中介、科学的依托、制度的保障。”

3. 社会科学转向社会工程的过程性

社会科学向社会技术的转化大体是社会理论向社会实践的转化。之所以说是“大体”,原因是这种“转化”是在从认识向实践的转化过程中实现的,并不是说“认识”就是社会科学,“实践”就是社会工程。更为复杂的是,社会科学与社会工程并不是线性对应的,而是存在着双向作用与反馈,有的具体的社会工程并不只对应于一门社会科学,有的社会科学可能转化为若干种具体的社会工程。但从人们认识的逻辑看,正像理性认识有待于回到实践中去指导实践并接受实践检验一样,社会科学也有待于回到社会实践中去指导人们改造社会世界的实践,并接受这种实践的检验。这种检验、指导、改造的过程即社会工程。人们通过社会科学研究和掌握社会发展规律,进而开展实证研究和应用研究,提高人们管理、控制社会的能力和水平,这是社会科学的价值、社会工程的功能和人类追求的目标之所在。随着社会科学的发展,人类更能对他掌握自己命运的力量获得充分的信心。可以把直到现在为止已经发生的一切都当做史前的事;人们自己有意识地控制社会的和物质的力量,就是真正历史的新阶段。正是根据这样的前景,社会科学才获得了空前的发展机会与条件,人们开始了解各门社会科学的十足重要性。在社会世界改造过程中,人们将获得一种新的责任感,并且将采取从前没有的方法同生产过程及各门具体科学相联系。社会科学家将不再是只观察而永不实验的一个小而分散的队伍,而是将要控制和改造着他们自己的社会的共同体。历史事件同人类意识所指望的目的相同的时候少,而相异的时候多。当我们开始多多少少了解这些力量和它们所必须遵守的规律时,历史事件将成为有意识的计划的结果和成就。如恩格斯所说,随着社会这门科学的发现,人类的真正历史才开始。

总之,如前所述,社会科学有必要、有可能转向社会工程,但这种转向一般往往不是直接转变,而是经由一个中介实现过渡,这个中介就是社会技术。如果说科学——技术——工程是三元的,那么社会科学——社会技术——社会工程也是三元的,证明三者有原则的区别。在逻辑上是并列的,但在现实社会改造过程中,三者又是递进关系,也就是人们认识社会世界,然后提升、创新改造社会世界的方法、手段,再将这些方法、手段运用于社会世界改造。然而这一过程正是社会科学经由社会技术而达到社会工程、嵌入社会工程、在理论(灵魂)上控制社会工程的过程。

第五章

技术探索：社会工程的设计原则

工程活动作为人类的一种实践活动就是创造能够满足人类所需要的"新存在"，工程活动作为一项具有科学内涵和技术内容的人类活动，不同于一般的人类满足生活需要的社会实践活动，"设计"是工程活动的"关键词"。

社会工程通过对社会世界的改造，创造出一个适应人与社会发展需要的新的社会模式、社会制度、社会体制和社会运行机制。这些社会存在的创造与建构，必须首先在创造者的头脑中形成新模式的设计方案。社会工程与所有工程一样，需要社会工程主体建构，包括过程建构、状态建构和符号建构。

一般地说，社会工程最重要、最核心的设计是制度设计。制度设计实质是对人与人之间关系的设计。制度建构作为复杂的社会工程，其本身主体是特殊的制度所涉及的所有社会成员。由于社会主体不是在制度真空中建构制度，而是在既定的制度规定中建构、设计制度，因而，不同主体对制度设计的意图、态度、倾向各不相同。正是这些设计意欲、设计态度、设计倾向、设计价值、设计目标的差异及其相互作用，对设计制度就形成了一种"合力"，这就是社会工程设计的历史。社会工程需要设计，但不是随心所欲的设计，这里蕴涵着丰富的哲学问题。

社会工程是由于社会的需要才产生的，社会工程设计往往是非经济的，或者说社会工程设计是非营利性的，它是以为人类、为社会谋福祉为目的的。因此，社会工程设计活动强调"大爱无疆"而不是狭隘的设计主体的"小爱"，这也许是社会工程设计的又一哲学意蕴。

一、社会工程设计的前提性

1. 社会工程设计的认识论价值

设计社会工程,这既是一种挥之不去的"现代性"情结,更是讨论社会工程设计问题的一个逻辑前提。我们既应当承认人类是理性的动物,这是"最蹩脚的建筑师从一开始就比最灵巧的蜜蜂高明的地方",又应当承认人类的理性是有限和无限的统一。尽管人类理性没有能力从总体上完全把握社会历史发展的规律,更无法保证完全科学地对某种具体社会工程进行设计以及自上而下地推行某种社会工程,但人类理性却可以对人类历史上各个方面的社会工程从总体上加以认识并把握其发展的规律,在此基础上设计出比较科学的社会工程是可能的。波普尔指出:"规范与规范性法则却可以由人来改定或改变。特别是由遵守它们或者改变它们的某项决定或社会约定来制定或改变。"①他还说:"人们需要的与其说是好人,还不如说是好的制度。我们渴望得到好的统治者,但历史的经验向我们表明,我们不可能找到这样的人。正因为这样,设计使甚至坏的统治者也不会造成太大损害的制度是十分重要的。"②

一项社会工程往往涉及社会各个部门、各个方面,特别是在知识经济时代,社会工程越来越强调它的设计,要使与工程相关的所有部门均围绕一个社会工程目标在计划规定的时间内准备好各自相应的措施,并且及时掌握各种信息,并对各种信息及时作出反应。

设计在社会工程哲学中主要指社会工程活动的一个初始阶段,在汉语词典中给设计的定义是:"根据一定的目的要求预先制定方法、程序、图样等的活动。"在社会工程哲学的解读中,设计是人们进行某一具体活动之前在思维中进行的超前认知活动,是包括人的思维、想象、目的、意志及手段采取等的计划过程。可见,设计是一种带有目的性的人类思维活动。

---

① 卡尔·波普尔:《开放的社会及其敌人》第 1 卷,中国社会科学出版社 1999 年版,第 381 页。

② 卡尔·波普尔:《猜想与反驳》,上海译文出版社 1986 年版,第 549 页。

　　既然社会工程是可以设计的,那么是否只要按照预先设计好的"计划"就可以实施一项成功的社会工程了呢? 亦不尽然,社会工程在具有可设计性的同时,还具有应变性。社会工程特殊的复杂性及其在实施的过程中可能会出现的诸多不可测因素,要求一项社会工程在实施时准备各种预案。

　　确实,社会工程的设计不仅不简单,反而相当复杂,它涉及方方面面的利益,是人们社会关系、社会利益的调整和再调整。在社会工程哲学视野中,社会现象不仅是复杂的,更重要的它是多变的。任何一个社会工程项目,从建议立项到实施,都要经历方案论证、可行性研究、设计和运行等阶段。每一个阶段都存在很多值得深入细致考察的问题。除了进行周密的设计外,还要充分准备工程实施中可能发生或者事先根本预料不到的各种困难与问题。

　　社会工程设计固然重要,但应变却更见功底。一项优秀的社会工程应该是设计性与应变性的统一;一项优秀的社会工程不应该仅仅是被设计出来的,应该是在实践的应变中锤炼出来的。没有设计,应变便成了"空中楼阁";没有应变,设计便成了"一潭死水";设计是应变的基础,应变是设计的升华。

　　社会工程哲学设计的提出和深入研究是建设中国特色社会主义事业客观需求的呼唤。对于工程哲学这一学科的开拓,我国学者走在了国际同行的前列。李伯聪先生率先倡导了工程哲学研究,一批哲学界和工程技术界的专家们提出了一系列有创新性的观点和论述。工程哲学首先在我国提出并得到迅速发展,一方面有赖于专家们的深厚学术造诣和多年的潜心研究,另一方面也是有着当代中国的社会背景、社会基础和深刻的社会根源的。

　　社会工程设计的研究和普及有着现实而深远的意义。首先,中国学者不断深化和创新工程哲学研究,使它更为完善和丰满。其次,社会工程设计具有很强的实践性和应用价值,它的研究和普及将使我们在工程活动中少走弯路,提高效率和效益。如中国工程院院长徐匡迪所说,"工程需要有哲学支撑,工程师需要有哲学思维",用唯物主义武装我们工程师和工程的领导者、管理者,有助于避免主观主义、政绩工程、拍脑袋工程、豆腐渣工程;而辩证思维有助于避免片面性、走极端、思想僵化;等等。所以,对工程科技工作者来说,在哲学视野中,社会工程设计是思想方法、理论工具,也是可以转化为物质的精神力量。

2. 社会工程设计的人文精神

社会工程设计是社会中的人,对人与社会关系、对以人为物质承担着的制度安排与结构模式的设计,因而必然带有人文性,具有文化、符号、意向、激情、意志色彩等。由于现代社会的高度复杂性和多变性,人与人之间、群体与群体之间总是既通过互动建立相互依赖和相互协调的关系,又通过互动产生相互对立和相互限制的矛盾,整个社会世界贯穿着无数相互交叉的冲突关系,特别是社会世界中的任何事物和现象都离不开人的影响,社会世界本身就是人们"生产"的产物,社会的因素同文化的因素相互交错,社会的生产、生活中离不开语言和象征性的纠缠。因此,现代社会要求人们高度精确地、绝对地把握社会事实几乎是不可能的。面对高度复杂的社会结构、社会实在,人们只能象征性地把握社会实在,只能通过象征性的结构去推论和分析社会实在。社会工程设计既要把对象看做具有确定性和不透明性双重结构的东西,看做客观和主观因素相互渗透的复合体,看做历史发展的结果和现实各种力量合成的产物;又要使社会工程设计者形成一种"认识论的警觉性",即尽可能排除来自传统知识和公众常识的各种现成观念的干扰,在对社会工程对象要素进行反思性批判的同时,也对主观的各种自发意识进行反思性批判,以确保社会工程设计的客观性和公正性。尽管如此,社会工程设计也不会从根本上消除人文特色。进入"现代社会"以来,人类历史发生了一系列的深刻变化。首先是人文革命——意大利文艺复兴运动,然后是科学(自然科学)革命——近代科学正式诞生,并从此产生两大观念:人文观念——尊重人;科学观念——尊重规律。紧接着人类社会进入并经历了工业社会的若干阶段(蒸汽机时代、电气时代和电子时代等)。当下又发生一场以信息化、知识化、全球化为标志的新的革命。不能漠视的是,这种现代性蛰伏了很大的人性隐忧。马克斯·韦伯担心现代性使人变得越来越世俗、越工具化,而世界的前景也随之越来越堪忧——社会理想和人生意义的失落。尼采为现代性在人文精神方面的失落而忧虑重重,痛斥构成现代性核心的"现代灵魂"的堕落,导致世人精神状态的委顿和生命力的压抑。

海德格尔对现代性的担忧则在于"世界向何处去",他认为现代世界已经成为自然科学技术支配的世界,因此极力呼唤对人的存在的关注,解救已经陷于精神危机之中的现代欧洲社会,从而实现对人的"救赎"。雅斯贝斯更认为:现代社会"尽管各门自然科学的引人注目的一致性影响了当今的基本思想,然而自然科学对外部世界的直观是缺乏整体性的。与其说它们是作为真理被确立起来的,倒不如说他们是供人试验的迥然各异的处方。各门精神科学缺乏人文教化的观念,虽然它们在各自的领域里作出了内容丰富的描述,但这些描述是零星的,并未导致对根本的人性的新的同化。一种普遍的、无涉要旨的冷漠价值似乎笼罩着过去的一切。不管在哪里,只要人们认为缺乏整体世界观的知识是正确的,那么这种知识总是按照技术的可用性来评价的,于是它就沉落到与任何人都无关的无底洞中去了"。① 所以,建构或"续写"现代性,最首要的问题就是在以改造社会世界为主旨的社会工程规划、设计中,浸透人文精神,重新"确立"人在现代社会中的主体地位,实现社会角色的根本的转变,改变过去几个世纪中自然科技理性占主导地位的历史局面,彰显"人是目的"的哲学理念,把人从过去的"工具人"、"经济人"转变为现代的"社会人"和"文化人",关心人、爱护人、尊重人,让人的价值得到充分承认。

要言之,在社会工程思维框架下,人文精神就是社会主体人之为人的一种理性意识、情感体验、生命追求、理论阐释、评价体系、价值观念和活动范式,是人类以文明之道大化于天下的生命智慧,以对人的终极关怀统摄社会世界的工程理念。人文精神,是社会工程创新、构建人文制度的理论基础。人文精神作为社会工程的文化底蕴,既活跃于社会精英文化里,也存在于普通大众文化中;既为"社会工程师"(卡尔·波普尔语)所秉持,也为社会公众所共有;既是一种理性意识的哲学反思,又是一种跨越时空的非理性的体验;既表现为一定的知识形态,也蕴涵着一定的价值指向;既是一种积极的生命追求,也是人们建构现代性的一种行为规范。藐视或抛弃人文精神,社会工程创新进而现代性的建构性就可能迷失方向。

在规划、设计、实施、评估社会工程以建构现代性的历史进程中,嵌入人文精神,需要社会主体特别是"社会工程师"们从科学精神与人文精神

---

① 雅斯贝斯:《时代的精神状况》,上海世纪出版集团 2006 年版,第 99 页。

两极对立的社会理论思维模式中摆脱出来,实现对这种先入为主的理论思维的哲学超越,超越对人文精神的片面和狭隘理解,立足于人类特别是中国现代化、工业化和信息化的整体发展、长远发展来反思人类精神的现代建设,用人文精神整合以探索精神、实证精神、原理精神、创新精神、独立精神为主要特征的科学精神,从而照亮人类建构现代性之路。

社会工程设计具有逻辑的目的性。所谓目的性是指社会工程的内容应当符合社会工程的内在规律。如社会工程设计是否具有逻辑的一致性,是否能体现或者实现社会工程的目的诉求,是否能维系社会秩序,推动社会生产力发展。或者说,社会工程设计能否完成其协调人与人、人与社会关系,规范人类行为,实现人的全面发展的任务。美国著名学者帕森斯认为:"社会系统的平衡是靠多种过程和机制维持的,而这些过程和机制的失败就必定导致不同程度的不平衡或者非整合。推动社会系统在主要方向上持续运作的两类重要机制,就是社会化和社会控制的机制。"学者高宣扬认为:"通过一系列多元的符号、密码和信号所构成的社会制度,既构成社会结构的一部分,使人的行动被纳入到制度和规范的轨道上去,同时又是文化系统的重要因素。"[1]如果社会工程设计实现不了制度的一般价值目标,那也就失去了社会工程设计的合目的性。

工程过程与自然过程的一个根本区别就是工程构成是以人为主体的有目的的过程,而自然过程则是自然而然的无目的的过程。在自然界中是没有什么"第一推动"的,而在工程活动之初设定一个工程的目标就是这个工程活动的"第一推动"。

社会工程活动是从计划阶段开始的,而计划工作又是以设定目的作为开端的。目的在整个工程活动过程中发挥一种导向性的作用。这种导向不仅是"最终导引",而且具有第一推动的作用。

在近代自然科学中"驱逐"神学目的论和唯心主义目的论的过程是一个艰难而曲折的历史过程。达尔文在19世纪创立生物进化论,从理论上说明生物的进化过程是一个有规律的过程而不是一个有目的的过程,这标志着自然科学家在把目的论逐出自然科学的领域方面取得了决定性的胜利,但是必须明确,工程活动中确有因果,也有目的和手段,从工程活

---

① 高宣扬:《当代社会理论》,中国人民大学出版社2005年版,第35—37页。

动的伟人的活动而言,工程过程主要表现为手段和目的的关系,但二者是相互作用又相互渗透的因果关系,因为工程活动首先要尊重自然科学,尊重自然规律,违背自然规律,不按自然科学、自然法则办事的工程是注定要失败的。在社会世界领域亦然,社会工程,如前所述,它必须以尊重社会科学、社会规律为前提,也就是说社会工程本身也有因果关系,在尊重因果关系的前提下,社会主体探求工程创新,实现主观目的,这个在自然观和自然科学发展进程中被拒绝和被驱逐的目的范畴和目的论观念,在我们进行工程哲学研究时却又非把它再度"请回"哲学的殿堂不可了——当然这个再度"回归"哲学殿堂的范畴和目的论观念在"面貌"上和性质上与古代哲学殿堂中的范畴和目的论观念是迥然不同的。由于自然过程是一个因果性、无目的的过程,而社会工程过程是一个价值性的、有目的的过程;由于在工程活动中既有因果性在发挥作用,同时又有目的性在发挥作用。所以,需要从目的性范畴和因果性范畴的对比分析开始了。

设定目的(目标)是人类的一种内在属性和特有能力。随着文明的进步和社会的发展,随着人越来越成为自觉和自为的人,设立目的的问题对个人、对由个人组成的集体(即一个"组织")以及对人类社会都越来越重要了,任何"真实的"目的都是属于一个特定的主体的,由此我们可区分出个人的目的、集体的目的,乃至国家的目的;从时间维度上看,我们可区分出近期目的和长期目的、"战术"目的和"战略";由于目标的内容和结果往往是多元的、复杂的,由此又可区分出总目标、系统目标和"子目标"或"分目标",等等。

在现实生活中要设定一个具体的目标,特别是大型工程的目标往往是一件很复杂很困难的事情,要经历一个复杂的过程,现代社会中的各种"设计院"、"设计室"所从事的工作就是确立和明确"目标"的工作。对于设定目标的过程和如何设定目标的许多具体问题,现代管理学和设计学已有许多研究,从哲学角度看,值得认真研究和分析的问题是设定目的何以可能的问题。

从哲学的观点来看,人类之所以能够设立目的,其最重要的基础和前提条件有二:一是事物的未来发展具有多种可能性;二是人有设定目的的能力。如果没有这两个前提条件,如果未来是由"铁的必然性"所唯一决定的,那么,人类就既无必要又无可能设立自己的社会工程目的了。卡西尔曾经说过,"现实"与"可能"的区别,既不对低于人的存在物而存在,也不对高于人的存在物而存在,低于人的存在物,是拘囿于其感官知觉的世界之中的,他们易于感受现实的物理刺激并对之作出反应,但是他们不可能形成任何"可能"事物的观念。而另一方面,超人的理智,神的心灵则根本不知道什么现实性与可能性之间的区别。上帝乃是纯粹的现实性,他所构想的一切都是现实的。上帝的理智乃是一种原形的理智或创造性直观,他在思考一物就借助与这种思考活动本身创造和产生出此物,只有在人那里,在人这种派生的理智那里,可能性的问题才能发生。很显然,确立目标,制订计划的全部活动都是建立的模态思维(首先是关于可能性的思维)的基础之上的。不可能出现的未来状态不能成为目标:以"铁的必然性"必将出现的未来状态也不是一个目标。在一个拉普拉斯决定论的世界中,确立目的既是不需要的,也是不可能的。由于未来状态不是唯一的,而是有多种可能的,使人的设定目的的能力有了用武之地,使人的确立目的的活动有了可能和意义。

社会工程设计具有明显的规则性。在传统哲学教科书中,人们讨论最多的问题是发挥主观能动性与尊重客观规律性的关系问题。这实际上是哲学基本问题合乎逻辑的延伸,在社会工程哲学视野中,我们发现社会生产、生活中很难找到纯粹主观或存在主观的事物。因为社会生活在本质上是实践的,在社会实践过程中,人的活动的规律性与社会主体的选择性有机统一起来了。人们往往不是按照社会规律办事,而是按照社会规则行事。所以在前半部分,我把"社会规则"作为社会工程哲学的一个基本范畴了。社会规则实际上是社会规律与社会选择的辩证统一,是人造的"世界"。我们肯定和承认社会存在、发展有着自身内在的规律性,肯定和坚持人类任何创造世界和改造世界的社会实践,都必须遵循社会的客观规律。解决社会问题的社会实践活动也要以遵循社会规律为原则。解决社会问题将会涉及社会问题自身的规律性、解决条件中的规律性,以及对策措施中的规律性。而把这三种"规律性"提炼、建构出来的社会规范,就是所谓的"社会规则"。人们实际上是需要正确把握和运用这三个方面的规律性,来科学地设计和有效地实施社会工程,解决社会问题。

社会工程哲学以社会工程为研究对象,工程哲学把现代人类的主要实践方式之一——社会工程活动,提升到了哲学理论的高度来加以研究。它要研究工程的特点和本质,工程在社会中的地位和作用,要通过对现代社会工程活动的哲学研究,来透视人的本性和社会工程活动的本质,研究工程的发展规律,研究工程对自然、人类和社会的作用和影响,研究工程对文明进程、社会发展和人类生存状态的作用和影响。

为了在哲学层面上阐明规则的含义,最关键之处是需要弄清楚规则与规律的区别和联系。规则的具体类型是多种多样的:有成文的规则,也有不成文的规则;有正式的规则,也有非正式的原则;有强制性较强的规则,也有强制性较弱的规则。各种法律、规章、章程、规程、规定、守则、习俗、习惯等都是"规则"的具体类型,而统称为规则。而规律与规则的区别主要有以下几个方面。

第一,社会规律具有客观"自在性",而社会规则具有"人为性",这就是社会规律和社会规则内在的基本性质的不同。第二,社会规律是被人发现出来的,而社会规则是被人建构出来的。第三,从逻辑学的角度看,社会规律是人关于存在的普遍性的陈述(或曰判断),社会规则是对于行动者在所指定的环境条件下应该如何行动的"规范"、"律令"或"命令";从语法的角度来看,社会规律是用陈述句表达的,社会规则是用祈使句表达的;社会规律回答的是关于外部世界的"所是"或"是什么"的问题,而社会规则回答的是关于人在某种条件下应该怎样行动和要怎样行动的问题。西方哲学家所提出的关于"是"和"应该"之间的分野的观点与这里论述的规律和规则相区别的观点是相互支持、互为表里的。第四,科学是一个社会规律系统,社会科学家以发现和研究社会规律为己任;社会工程、社会技术和经济活动都是社会规则系统,社会管理者、社会工程师和实际工作者以制定、改进和执行社会规则为己任。第五,从认识和评价的角度来看,对社会规律认识上的不同观点和意见分歧是"真理论"方面的问题,是真或假的问题,或者更确切地说是更接近真或者更接近假的问题;而对于制定和遵守社会规则方面的不同观点和意见分歧是"效果"方面的问题,是功利或效用的问题,是对或错、好或坏的问题,是广义的价值评价问题,关于规律的真或假的问题与关于对或错的问题显然是不同的。

从本体论视角考虑,可以说社会规则不是客观自在的,它是人有意识地建构出来的,而不是人"发现"出来的。社会规则在没有被建构出来之前是不存在的。例如,靠右行走的交通规则是在被人建构出来之后才存在,在被制定出来之前这条交通规则是不存在的。应该承认,当人们说"因为违反了客观规律所以受到了客观规律的惩罚"这句话时,其具体含义往往是很复杂的。首先,客观规律具有不可违反性,所以这句话中的关于人"违反了客观规律"的说法在表达上是不恰当的;其次,人在行动中有所违反的对象不是社会规律而是社会规则。由于社会规则是"人工物",是人自己"建构"出来的,所以人也就既可以遵守它也可以违反它。

3. 社会工程设计的符号性

所谓符号性,系指社会工程设计凝结着丰富的社会文化内涵,文化因素渗透或"镶嵌"在社会工程设计当中,而现代社会的文化生产和再生产越来越依赖着人造符号的更新、差异及其运作的同时,人造符号的更新、差异和运作又进一步同社会各种关系、各种利益过程相关联,导致现代社会和文化差异过程的进一步复杂化,进而对社会工程设计施以影响。社会工程的设计者是一种能思想并具远见的人们,不仅借助语言和符号去思想,而且要通过语言和符号把自己想的东西表达出来,同时,又不断地借助语言和符号把表达出来的思想再次不断地符号化。符号可以"替代"被意指的事物,成为某种意义的"代表",具有相当程度可塑的凝缩性和抽象性,成为人类精神的创造标志,又为人类精神的创造提供广阔的想象空间。

黑格尔早就指出,象征是用外界存在的某种具体事物,当做标记或符号,去表现某种具有不同抽象程度的思想内容。现代社会学家法国鲍德里亚则明确宣称,当代社会是符号社会,符号可以表示一切。

人类总是凭借符号这个中介物的创造和运作,不断地进行文化的再生产与更新。而文化的更新,又往往推动了符号的进一步差异化和层次化,把文化再生产的活动推进到新的更高的层次,导致文化再生产和符号区分化双方之间不断循环相互渗透和相互转化。

符号本身,如"希望工程"虽然可以是自然的因素或者是人为的因素,但始终都是同人所创造的意义结构相关联,同人类制造和运作意义结构的社会文化条件有密切的关联。这项社会工程,表明当下社会关注贫困地区贫困儿童的学习权利问题。符号既是人类的社会文化活动以及由此产生的各种复杂社会文化关系网的产物,又是它们不断运作和不断再生产的基本条件和中介因素。符号体系及其运作在本质上是人本的,是社会性的,又是文化性的。符号的人文性既显示了符号同一切非人的非社会的和非文化的自然事物的根本区别,又显示了文化的运作、区分和再生产,同人的社会和文化的运作及其再生产之间的紧密内在联系。比如"985工程"、"211工程"这些符号,实际上展示人们对特定教育关系的一种整合与重建。

二、社会工程设计的理性自觉

1. 理解社会工程设计的具体性

从认识论视角考察,"设计"在英文中用"design"表示,其内涵与汉语的筹划、规划、计划、运筹等极其接近,即都是人们进行某一具体实践活动之前在思维中进行的超前认知活动。设计是一个代表思维操作行为的概念,是指在人脑中进行的思维操作活动及其过程,是一种"智力"的社会力量。设计是人们认识过程的一个重要阶段——"思维具体"阶段。马克思在《政治经济学批判导言》中指出:思维的逻辑运动包括"完整的表象蒸发为抽象的规定"和"抽象的规定在思维行程中导致具体的再现"的完整过程。马克思认为:"从抽象上升到具体的方法,只是思维用来掌握具体、把它当做一个精神上的具体再现出来的方式。""具体总体作为思想总体、作为思想具体,事实上思维的、理解的产物……是把直观和表象加工成概念这一过程的产物。"①设计恰恰是这样。社会工程认知是对既存事物的认识,它关注的是对已存事物的解释,而社会工程设计则是对现存事物的应然化的认识,是对未来形成的人工物或社会活动的超前认识和把握;社会工程认知是以追求真理为导向的思维活动;而社会工程设计则是以建构、改造为导向的实践理性;社会工程认知以追求事物的普遍性、规律性为宗旨,而社会工程设计则以追求建构的特殊性、具体性为核心;社会工程认知解决"是什么"和"为什么"的问题,而社会工程设计则解决"做什么"、"谁来做"和"怎么做"的问题。

---

① 《马克思恩格斯选集》第2卷,人民出版社1995年版,第18—19页。

　　面对现代性演进过程中已经或者可能出现的危机,社会工程设计是社会工程主体对社会工程的程序、细节、趋向、目标以及达到某种新境界的规划和预警过程,包括现代社会改造的思维、计划、方案和具体活动安排等。西方现代制度经济学的杰出代表——诺斯对制度设计的讲座对我们理解社会工程设计是不无启示的,他认为:"制度是为人类设计的、构造的政治、经济和社会相互关系的一系列约束,是人类设计出来的形塑人们相互行动的一系列约束。"①诺斯的制度设计理论启示我们,社会工程设计就是人们以具体的社会历史条件为基础,以某一或某些社会科学理论为前提,按照既定的社会目标,构建一种新的行为规范和准则体系,以规范人与人之间的社会关系,维系一定社会秩序的实践理性活动。作为实践理性,社会工程设计是对社会工程观念模型的一种创造。"当代社会中任何一种社会行动,越来越具有研究社会的活动的性质,当代社会中越来越多的社会行动,往往建立在对于社会的研究活动的基础上。因此,当代社会的社会行动,一方面具有该行动本身所要达到的特殊行动目的和行动方式;另一方面具有研究整个社会的性质。"②亦即现代社会的科学技术(包括自然科学技术和社会科学技术)基本控制了政治、经济和社会生活的各个领域的全过程,或者说科学技术对这些领域的结构和功能实现了比较彻底的改造,使得这些领域不仅在外表的结构上和组织形式上换成科技的架构,而且在内在功能和动作动力上也几乎完全为科技所支配。因此,现代社会对社会工程的合理性、科学性和效用性也提出了更高的要求,这就迫切需要社会工程的设计应当建立在科学和理性的基础之上,显然,作为实践理性,社会工程设计是理想的、抽象的,但作为"思维具体",社会工程设计又是具体的可以操作的并能外化为社会工程现实的逻辑准备和理论准备。

2. 认识社会工程设计的前提性

　　这既是一种挥之不去的"现代性"情结,更是讨论消解现代性问题的社会工程设计的一个逻辑前提。一般地说,人们对产品设计、工序设计、

---

① 道格拉斯·C.诺斯:《制度、制度变迁与经济绩效》,上海三联书店 1994 年版,第 64 页。
② 高宣扬:《当代社会理论》(上),中国人民大学出版社 2005 年版,第 36 页。

课程设计是没有怀疑的,而对阻止或者防范现代性危机的社会工程设计则往往将信将疑。我认为,我们既应当承认人类是理性的动物,这是"最蹩脚的建筑师从一开始就比最灵巧的蜜蜂高明的地方",又应当承认人类的理性是有限和无限的统一。尽管人类理性没有能力从总体上完全把握社会历史发展的规律,更无法保证完全科学地对某种具体社会工程进行设计以及自上而下地推行某种社会工程,但人类理性却可以对人类历史上各个方面的社会工程从总体上加以认识并把握其发展的规律,在此基础上设计出比较科学的社会工程是可能的。"只有一个在其中有计划地进行生产和分配的自觉的社会生产组织,才能在社会关系方面把人从其余的动物中提升出来,正像一般生产曾经在物种关系方面把人从其余的动物中提升出来一样。历史的发展使这样的社会生产组织日益成为必要,也日益成为可能。一个新的历史时期将从这种社会生产组织开始,在这个新的历史时期中,人类自身以及他们的活动的一切方面特别是自然科学都将突飞猛进,光辉夺目,使已往的一切都黯然失色。"①显然,恩格斯早在120年前,就期盼社会运行(工程)的计划性、组织性和可设计性,并认为一旦社会工程可以设计,那么人类社会将进入一个新的历史时期。

卡尔·波普尔指出:"规范与规范性法则却可以由人来改定或改变。特别是由遵守它们或者改变它们的某项决定或社会约定来制定或改变。"②他还说:人们需要的与其说是好人,还不如说是好的制度。我们渴望得到好的统治者,但历史的经验向我们表明,我们不可能找到这样的人。正因为这样,设计使甚至坏的统治者也不会造成太大损害和制度是十分重要的。这是对社会工程设计可能性的既不盲目乐观又不盲目悲观的科学的理性。也就是说,在哲学视野中人的理性可以把握社会规律,有能力对具体社会工程进行规划和设计。社会工程设计消解不了人文性。所谓人文性,就是社会工程设计过程的文化、符号、意向、激情、意志色彩等。由于现代社会的高度复杂性和多变性,人与人之间、群体与群体之间总是既通过互动建立相互依赖和相互协调的关系,又通过互动产生相互对立和相

---

① 卡尔·波普尔:《开放的社会及其敌人》第1卷,中国社会科学出版社1999年版,第381页。

② 卡尔·波普尔:《猜想与反驳》,上海译文出版社1986年版,第549页。

互限制的矛盾,整个社会世界贯穿着无数相互交叉的冲突关系,特别是社会世界中的任何事物和现象都离不开人的影响,社会世界本身就是人们"生产"的产物,社会的因素同文化的因素相互交错,社会的生产、生活中离不开语言和象征性的纠缠。因此,现代社会要求人们穷尽高度精确地、绝对地把握社会事实几乎是不可能的。面对高度复杂的社会结构、社会实在,人们只能象征性地把握社会实在,只能通过象征性的结构去推论和分析社会实在。社会工程设计既要把对象看做具有确定性和不透明性双重结构的东西,看做客观和主观因素相互渗透的复合体,看做历史发展的结果和现实各种力量合成的产物;又要使社会工程设计者形成一种"认识论的警觉性",即尽可能排除来自传统知识和公众常识的各种现成观念的干扰,在对社会工程对象要素进行反思性批判的同时,也对主观的各种自发意识进行反思性批判,以确保社会工程设计的客观性和公正性。尽管如此,社会工程设计也不会从根本上消除人文特色。

三、社会工程设计与重构现代性

1. 反思社会工程设计的技术性

把社会实践提升为"社会工程",实现现代社会实践哲学向工程哲学的一次跃升,本质上就是要强化社会工程设计的科学性和技术性,改变以往和社会生活中经常出现的"不完全统计"的状态。所谓科学性,是指社会工程设计必须有科学性的社会理论作保证。或者说,社会工程设计是以社会工程主体对社会规律的科学认识和正确把握为基础的。社会工程设计不是也不应该是人们主观臆断的产物,而应该是社会理论的延伸和展示,这是社会工程设计科学性的基本前提。各个时代的社会理论所探讨的基本论题,在相当大的程度上,同其所处的历史时代的社会变化有着密切的关系,往往首先反映该时代最敏锐的、最深刻的思想家对于他们所处社会的理论关怀。正是这些抽象的社会理论体系,充分体现了思想家在思考社会问题时的高度思想自由,充分地展现了人类智慧在寻求最美好的生活方式时的高度创造潜能,通过远离和摆脱对于现实和历史问题的看法,采取一种中立和客观的理念模式,最深刻地表现人类创造和批判现实与历史的能力。社会理论虽然在历史的不同阶段具有不同的内容,但对社会运行中存在的重大问题的关注是共同的,试图跳出和超越历史与现实的羁绊,引导人们不留恋、不满足于现状和已经存在的制度,激发人们走向一个新的更高未来的愿望是共同的。正如黑格尔所说:"精神在本质上是行动的,它使自己成为它自在地所视的东西,成为它自己的行动,成为它自己的作品——一个民族的精神是这样。它的所作所为,就是使自己成为一个存在于空间之中的现存世界。"①这恰恰是社会理论的本质,也是社会理念的功能即为人们的社会工程设计提供思想保障和智力支持。所谓技术性,是指社会工程的工具性、实用性和可操作性。社会工程设计是技术理性的重要方式之一。社会工程设计可以在观念中改变社会关系、社会组织、社会结构的本然状态,创造(改造)社会关系、社会组织、社会结构的应然状态,形成社会技术理性,进而为实现对社会关系、社会组织、社会结构的"事实"上的调整和改造创造条件。因此,一项科学的社会工程设计必须凸显设计的可行性和规范性。社会工程设计是从社会理念经社会技术到社会工程创新的过程。社会理念是人们认识社会形成的抽象的思想体系,社会技术原理则是实现特定社会目标的实践性知识体系,而社会工程设计则是人类调整社会关系、改造社会世界智慧的"物化"形式,其根本特点在于可实现性和可操作性。一种社会工程设计即使在理念上很完善,甚至很完美,但如果缺少自我实现能力,那么这种社会工程设计就是乌托邦。

2. 把握社会工程设计的复杂性

社会工程设计是社会工程设计主体对现代性的继续设计活动,又是在社会关系网络中进行的工程创新活动,因此,必然要求其合理性,表现为复杂性。所谓合理性,是指社会工程设计的内容应当符合社会工程的内在规律。如社会工程设计是否具有逻辑的一致性,是否能体现或者实现社会工程的目的诉求,是否能维系社会秩序,推动社会生产、生活正常有效运行发展。是否实行社会工程协调人与人、人与社会关系,规范人类行为,实现人的全面发展的终极关怀。社会工程设计的终极追求就是让社会工程本身尽可能地与主体需要即主体性的复杂快速相适应。显然社

---

① 转引自高宣扬:《当代社会理论》(上),中国人民大学出版社 2005 年版,第 119 页。

会工程设计与一般的社会活动不同,社会工程设计是人为性最强的人类活动。如果社会工程设计实现不了工程本身一般的价值目标,那也就失去了社会工程设计的合理性。所谓复杂性,由人构成的社会现象呈现极大的随机性、模糊性、不确定性和不稳定性,社会系统的因素多、层次多、子系统多,而且时刻存在着非线性作用,社会事件又不可能完全重复,不具有时间上和空间上的平移不变性。这些复杂性因素给社会工程设计造成了极大的困难。从认识论视角审视社会工程,不难发现,社会工程设计的简单性往往与人们的线性因果联系、相对封闭体系的认识相关。而社会工程的复杂性则往往与人们的开放性、整体性、非线性相互作用、开放体系的认识相关。社会工程设计的简单性对应的是还原论的方法,而社会工程设计的复杂性则对应的是整体论的方法。在社会科学视野中的社会现象是复杂的,发展的规律却是简单的,无论社会现象多么复杂,都服从几条简单的社会发展规律,可以作相对的量化处理,可以用简单性的语言进行描述。社会工程的简单性可以表述为社会科学对社会工程项目进行最大程度的抽象和简化处理后所体现出来的性质和规律。与此相应,社会工程设计的复杂性是指不能通过对社会工程项目分析和还原而得到的性质,具备确定的因果律不能预期的工程行为和不能用线性表达的工程关系。社会工程设计的简单性是相对确定的,而社会工程设计的复杂性面对更多的是不确定性,社会工程设计的简单性思想已成为一种合理地构造社会工程理念体系的一个极为有用的方法论原理,对社会工程的实施者产生了极其深刻的影响。然而我们必须清楚知道这只是人们认识的一个阶段。这种对社会工程设计的简单性的追求是一种还原的思维方法,它已不符合当代科学技术与社会对社会工程发展的客观要求,阻碍了社会工程的发展,甚至给人类改造世界带来损失。事实上,不仅社会世界本身是复杂的,社会工程项目的实施也是复杂的,它是在社会工程与社会问题以及社会现象的联系、运动和变化中表现出来的一种状态,表达了一种不可还原的特征,而不是孤立、静止和显而易见的特性。为什么一讲"以人为本",许多人就把"以人为本"等同于"以民为本"? 为什么一讲构建社会,人们就把"构建社会"等同于"社会和谐",把过程、手段与目标等同起来? 为什么一讲建设社会主义新农村,人们就首先想到铺马路、建楼房、移柴垛? 所有这些,都是把本来十分复杂的以消解现代性悖论为使命的社会工程简单化,甚至庸俗化的结果。20 世纪 90 年代以来,伴随着社会工程的发展与创新,人们发现社会工程设计是处于变化与不断增加的复杂性之中,所以人们称之为具有复杂性的社会工程。社会工程设计中的简单性和复杂性是首尾相接、殊途同归的,往往形成一个环形系统。社会工程设计的简单性和复杂性互相包含,只要设计隐含某种可以分解的部分,运用新的思想和方法便可能以简洁性的办法将其划分出来。社会工程设计从其自身的简单性中发现了复杂性,又从复杂性中找到了简单性,由简而繁,化繁为简,繁简相通,相辅相成。社会工程设计的简单性和复杂性互为根源、两者相伴而生。社会工程设计的简单性孕育了它的复杂性,而它的复杂性也孕育出了它的简单性。在一定意义上甚至可以说,社会工程的复杂性是社会工程中某种简单性的东西不断重复、长期演变的结果。这种简单性在社会工程设计中不断地演化为复杂性的东西,才造就了今日如此绚丽多彩的社会工程设计。正是社会工程设计是复杂性与简单性的有机统一,社会工程才需要设计。社会工程设计的简单性与复杂性是社会工程发展链条上两个相互衔接的重要环节,二者缺一不可。社会工程设计既要着眼简单化,在策略上藐视"社会工程设计",又要立足于复杂性,在战术上重视"社会工程设计",前者往往使社会工程设计加速推进,后者则往往使社会工程设计有序进行。只有两者相得益彰,协同共进,才能使社会工程设计取得预期效果。

3. 体现社会工程设计的前瞻性

回顾历史,正视现实,运筹未来,从人类历史发展的基本趋势我们不难得出这样的结论:只要一个民族、国家或地区步入了现代化和全球化的世界历史进程中,现代性问题就基本上不是人们可以抽象地讨论和简单地颠覆的问题,而是如何续写(不是重写)、补充、完善的历史演进机制问题。从这个意义上说,后现代主义思想家的艰苦努力,既是智慧的,又是幼稚的。21 世纪以来,中国社会面临着工业化、信息化、城镇化、市场化、国际化深入发展的新形势、新任务。因此,其核心问题不是颠覆、消解现代性,而是建构、完善、续写现代性。从前面的分析,我们可以了解,现代性具有国际性、开放性、普遍性,但是现代性的模式不是一个,现代性的路径不是一条,现代性的标准不是一元。完全照抄,可能水土不服,完全封闭,可能没有出路。这就需要用社会工程的思维、社会工程的理路、社会工程的范式,规划、设计、创新和发展中国特色的现代性——把握其发展规律、创新其发展理念、转变其发展方式、破解其发展难题、提高其发展质量,实现以人为本和人的全面发展的社会理想。

　　构建或续写中国特色的现代性,核心是用社会工程思维和设计理念,创造性地进行社会制度设计。这里有两个根本要点,一是制度作为一定社会的生产方式的反映,所具有的社会中介、社会整合功能,应当得到彰显,进而控制和约束人与之间的社会关系;二是社会工程思维的范式,作为新世纪哲学研究范式的一个转变,应当对传统的社会理论思维范式进行超越,进而不仅解决社会状态"本然"、"应然"问题,而且更要解决社会状态从"应然"转变"实然"的问题。

　　从新制度经济学视角看,"制度是一系列被制定出来的规则、守法程序和行为的道德伦理规范——制度提供了人类相互影响的框架,它们建立了一个社会,或者更确切些地说一种经济秩序、规则和惯例"。① "制度"现象,是现代性的支撑或者特征。我们续写中国特色的现代性同样要科学、合理地完善作为社会工程的制度设计。实际是,现代社会的几乎所有社会问题的解决都对制度、制度设计存在一定程度的依赖。正所谓"社会问题的解决过程以及变革的过程就是社会设计的过程。所谓社会设计(social design)指政策方案的形成过程是透过不同利害关系人的社会互动达成的。这里的利害关系人是指与特殊政策议题或者问题相关的政治家、行政官员、社会群体以及公民。不同于传统理性设计观,社会设计观假定设计的参与者共同工作,寻找解决问题的办法以及实现它们的手段。政策的目标和目的是透过人际的互动、对话以及相互学习而社会地建构的——社会设计的焦点在于理解不同的观念、经验、技术和社会知识,以及通过分权化发展共同的责任"。② 如果把社会工程的哲学思维与新世纪中国特色现代性的建构、完善和续写的社会工程结合起来,那么完善中国特色现代的制度设计,兼顾经济建设、政治建设、文化建设、社会建设各个环节、各个方面相协调,促进生产关系与生产力、上层建筑与经济

---

① 道格拉斯・C.诺斯:《经济史的结构与变迁》,上海三联出版社1994年版,第225页。
② 张成福:《重建公共行政的公共理论》,《中国人民大学学报》2007年第4期。

基础相协调,走生产发展、生活富裕、生态良好的文明发展道路,建设资源节约型、环境友好型社会,实现速度和结构质量效益相统一、经济发展与人口资源环境相协调。这应当成为当下社会工程设计的一个总原则。统筹城乡发展、区域发展、经济社会发展、人与自然和谐发展、国内发展和对外开放,统筹中央和地方关系,统筹个人利益和集体利益、局部利益和整体利益、当前利益和长远利益,统筹国内国际两个大局,应当成为社会工程设计的战略思维。

经验表明在现代社会中,只有具体的社会工程进行科学、合理的设计,才能在现代社会中对现代性进行理论的反思和现实的建构。如前所叙,社会工程设计,系指以社会主体——现实的人为工程和设计的起点,把"人"——自然性和社会性、现实性和历史性、主体性和客体性、目的性和规律性等的统一这样一个复杂的矛盾——人与自然的关系、人与人(社会)的关系的"灰箱"打开,从人的现代生存状态出发,从人的现实需要出发,从人的全面发展的未来目标出发,对现代性这个"尚未完成的设计"继续设计。社会工程设计,从一定意义上说,是社会工程的核心环节,是社会科学技术与自然科学技术综合的运用和系统提升,是人类对现代性问题的一种高度自觉。

总而言之,通过对资本及其与社会技术和自然技术的关系进行历史和逻辑的分析,我们把握了现代性的文化根源、社会根源和经济根源,进而理解了现代性得以生成、发展、演化的直接动力,实现了在历史和哲学层面对现代性的解构;通过创新"社会工程"范畴,实现风险社会背景下,哲学研究范式的一次历史转换,使社会工程思维超越传统的社会理论(宏大叙事)思维,进而把社会工程的设计理念嵌入现代社会人们构建、完善和续写中国现代性的社会工程当中,把主体性、科学、技术、理性、设计、创造等现代性的内在要素整合起来,置于社会工程创新之中。这,既是我们对现代性诸多"问题"与"矛盾"进行具体分析、分类、限定、修补的最好态度,又是我们构建中国特色现代化的最科学的方法。

第六章

工程创新：社会工程的本质属性

工程是技术的集成应用，社会工程旨在调整人与人（社会）之间的关系，建立和完善相关制度，因而必然是诸多社会技术在一定社会条件（环境）下的集成和应用。因此，社会工程就必然具有社会技术的特点，创新性就自然成为社会工程的本质属性。为了深入了解和把握社会工程的本质属性，确有必要讨论社会工程哲学的基本立场。

一、社会工程哲学的基本立场

1. 社会工程哲学的生活立场

社会工程哲学不仅是关注人的生活的哲学，而且植根于人的现实生活，是对现实生产生活进行批判的哲学。"生活"和"现实生活"是社会工程哲学最基本、最核心、最重要的范畴。马克思对宗教、道德、形而上学等的认识一直是"不是意识决定生活，而是生活决定意识"。① 宗教是无情世界的人们的心境，宗教是现实生活的重要内容。生活是历史的起点，是历史开启的地方。这些重要的理论观点是我们研究社会工程的重要方法论。社会工程哲学不思考彼岸世界，不关注无情世界的人们的心境，但是关注现代生产、生活中现实的人生、现实的社会、现实的生活。作为一种应用哲学，社会工程哲学植根于生活，但又超越于生活，是对现实人的现实生活的哲学观照，是从人与现实的生产关系和社会关系的改造与被改造、适应与被适应、调整与被调整、建构与被建构的视角来思考现实生活。在社会工程哲学视阈中，人们的物质生活、政治生活、精神文化生活等都在其反思之列，当然反思的视角不是就事论事，而是从社会主体与社会环

---

① 《马克思恩格斯选集》第 1 卷，人民出版社 1995 年版，第 73 页。

境、社会结构、社会关系的层面讨论如何适应现实生活？如何改造现实生活？在适应、改造和超越中实现人的全面发展。

2. 社会工程哲学的历史立场

在人类社会中，工程活动是一种最基础、最重要的实践活动，人类不但在工程活动中改变了自然的面貌，为人类的生存和发展提供了必需的物质生活条件和基础，而且在工程活动中还形成了人与人的关系，社会工程就是人与人、人与社会关系的调整和改造过程。可以说，一部人类发展史，就是自然工程和社会工程的发展史。马克思说过："我们仅仅知道一门唯一的科学，即历史科学。历史可以从两个方面来考察，可以把它划分为自然史和人类史。但这两个方面是不可分割的：只要有人存在，自然史和社会史就彼此相互制约。——意识形态本身也只不过是这一历史的一个方面。"①马克思哲学的这一立场，也是社会工程哲学的基本立场。社会工程哲学注重从人类社会工程史（人们改造社会世界的历史）中，从哲学层面，从思维与存在的关系的视角总结教训，升华经验，丰富工程概念，扩大工程外延，强化工程理性，凸显工程思维。社会工程哲学坚持论从史出的方法论，它的思维创新从历史起步的地方开始。

3. 社会工程哲学的现实立场

关注现代性、审视现代性、续写现代性，使现实社会世界更加体现人的意志、人的诉求、人的需求，实现人的全面发展，这是社会工程哲学的重要立足点。"旧唯物主义的立足点是市民社会，新唯物主义的立足点是人类社会或者社会的人类。"社会工程就是对新的社会关系或者新的人类关系的剖析、建构与展望。社会工程哲学拒斥形而上学宏大叙事，从思辨终止的地方拓展思维空间，主张超越现实、改变现实。社会工程哲学立足于现代社会、知识社会、工业社会、风险社会，正是人类转入第二特别是"第三次浪潮"门槛后的真正处境，着眼于现代性悖论的消解，主张社会规划、社会设计，实现社会工程创新，以期建构和谐社会、和谐世界。这正是社会工程哲学的现实价值所在。

---

① 《马克思恩格斯选集》第1卷，人民出版社1995年版，第66页。

4. 社会工程哲学的未来立场

众所周知,在马克思的视野中,哲学从来就不是教条,而是解释、发现新的和改变旧世界的方法论。[①] "我们不想用教条预测,而只希望在批判旧世界中发现新世界。"马克思认为自己的哲学中农民工的哲学、穷人的哲学、无产阶级的哲学,从而也是人类解放自身的思想武器。自己的哲学是德国工人阶级的头脑。主张世界无产者联合起来,通过共产主义运动,实现人类崇高理想:人的全面发展,人的彻底解放。社会工程哲学作为马克思唯物史观的合乎逻辑的发展与创新,更加关注未来,它对历史关注的着眼点在于关注未来、建构未来、创新未来。

5. 社会工程哲学的主体立场

审视对象应当从主体立场出发;生活是人的主体力量的实现;克服主体异化是人的全面发展的终极追求。这是社会工程哲学的根本所在。在社会工程哲学视野中,人类社会在本质上是工程的。没有自然工程,人类对自然界的改造无从解释;没有社会工程哲学,人类对社会世界的改造无从说明。所以,从这个意义上讲,人的本质内在地包含或者对象化在工程(自然工程和社会工程)之中。我们说,马克思哲学是唯物主义,或者把马克思哲学归入唯物主义哲学阵营是有道理的,但我们不应当把马克思哲学归结为唯物主义。那样的话,马克思哲学——唯物主义与旧唯物主义的区别就被人为地消解了! 这本身也是社会工程哲学启示人们得出的必然结论。

时至今日,几乎没有注意到马克思这里所说的"对象、现实、感性"与唯物主义的"物"是同一个概念。所谓"唯物"就是"唯现实",马克思的"唯物主义"就是"唯现实主义"。旧唯物主义把"物质"理解为具体物质,从客体、直观的方面去理解;传统的教科书把物质理解为"客观实在性"——唯一特性。显然,"客观实在性"意义上的"物质"是纯粹的思辨、思想、抽象的产物,不具有任何感性特征。马克思所谓的"对象、感性、现实"是什么? 是人们的"现实生活过程":在马克思的视野中,自然不仅仅

---

① 参见《马克思恩格斯选集》第 1 卷,人民出版社 1995 年版,第 416 页。

是本体论意义上的自然,哲学也不再是一种本体论世界观,作为本体论的哲学,特别是自然对于人来说具有历史和逻辑先在性的哲学观,随着"德国古典哲学的终结"已经终结了! 现在的"自然",是实践的产物,是认识论、方法论、价值论意义上的自然,这全自然是工业和实践的产物。这就是社会工程关注的焦点。所谓从主体的方面,所谓当做实践、当做人的感性活动去理解,就是把自然、人、社会与实践统一起来理解。在人类社会中,人是主体,人与自然、社会、人的关系,是认识的关系、实践的关系、活动的关系、真实的现实活动的关系。除了人的活动、活动的人和人的活动产物,什么也没有。这就是现实,这就是唯物。

马克思在这里把自然与社会、与人联系起来了,彻底改变了费尔巴哈的"半截子唯物主义"的历史命运。

显然,在马克思的视野中,现实人与现实的人的实践是一个问题的两个方面:人是从事现实的生活实践的人,实践是现实的人从事的现实的实践。从这个意义上说,把现实的人与现实的人的实践看成人类社会的本体,都是可以得到合理的解释的。而且用现实的从事实践活动人、人的社会关系解释社会历史发展,或者用现实的人的现实的实践解释社会历史的发展都是合乎逻辑的。在马克思看来,对于社会本体论的透视,关键在于全面地把握自然、人、社会整体之间的复杂关系,从劳动实践的角度说明物质世界与精神世界的分化、统一性和相互作用的方式,揭示社会历史的本质特征和实际构成。马克思所指的社会是"人们相互作用的产物"。马克思所指的社会,是以共同的物质生产为基础而相互联系、交互作用的人类生活共同体。作为人的共同体的社会,显然在现象上表现为一定的组织形式和国家形式,不过,"人永远是这一切社会组织的本质"。我们可以理解马克思对社会本体论的阐述,他的社会本体论的思想始终是以对人的关注,对社会历史的研究也始终坚持着以人为本的理念。

马克思把人置于社会的中心,强调人和人的价值具有首要的意义,并把以人为本作为研究和衡量社会进步程度的一个标准。马克思的社会本体论思想是一个以人为本的社会本体论思想体系,即人是社会历史的第一个前提和基础,人的自由、解放和全面发展是由人的活动所造成的社会历史有规律地运动的目的和归宿。社会工程哲学正是在实践论的基础上,对马克思哲学革命是一种合乎逻辑的延伸,为了人、依靠人、改造人的哲学。当然这里有一点必须指出,就是主体间性的出现。主体间性问题是哲学领域的一个重要问题,更是社会工程哲学的中心问题,所谓"主体间性"实质上就是社会主体"人与人之间",社会工程哲学关注主体、关注民生、关注社会关系、关注社会世界改造,实际上就是从哲学视角和层面关注社会中人与人之间的关系——它的生成和改造问题,通过工程规划、设计与实施,协调主体间关系,建构和谐社会。

二、社会工程创新的哲学之境

1. 创新思维与实践的哲学之根

创新的本质是什么? 这是一个值得追问的问题。长期以来学者们大都从经济学视角思考创新,往往一提"创新",则言必称熊彼特(美国哈佛大学教授熊彼特,他在 1912 年,第一次把创新引入了经济领域。换句话说,从经济的角度他提出了创新,他认为创新就是要建立一种生产函数,实现生产要素从未有过的组合)。仿佛没有或者不借助于熊彼特,就无法把"创新"表达清楚,就难以揭示"创新"的真谛。实际上,在现代社会中,"创新"范畴早已弥漫于社会各个阶层,"创新"实践早已渗透在社会各个角落,"创新"词汇早已时时见诸各类媒体,以至于成了现代社会世界的"高频词、关键词、主题词",甚至离开"创新"人们真无法想象自己的生产和生活,无法设计自己的现在和未来。因此,"创新"的内涵或者"辐射"力已经远远超出了"经济"或者物质资料生产领域。这就要求人们在哲学层面或者哲学视角给"创新"一个新的"说法"。当然,在哲学意义上思考"创新"也同样见仁见智。

在哲学视阈中,"创新"可以是一种进取精神,是一种推动人类文明进步的激情。这种"精神"或"激情"往往表现为淘汰旧观念、旧技术、旧制度,培育新观念、新技术、新制度。所以,"创新"绝对不是也不可能是"复制"或"克隆"和"模仿"。从时代转变的维度看问题,"创新"的本质或者灵魂在于"继往开来",但关键不在"继往",而在于"开来"。

当然,可以在马克思主义哲学视阈中,把"创新"解释为认识和实践的一种形式、形态、阶段或者过程等等,但人们仔细思考就会发现,这种概括,意犹未尽,隔靴搔痒。因为,"创"和"新"在一般的"认识"和"实践"

范畴中均未得到充分的体现和展示。这样一来,就需要求助于中国哲学思维,在中国哲学的深厚而肥沃的土壤中,为"创新"选择最合适的注脚。庄子所谓"一生二、二生三、三生万物",《周易·系辞下》云"天地之大德曰生",所谓"生",乃是说"世界"并非本来如此,亦非一直如此,而是生生不息、日新而月异。所谓"创新",更具体地说,就是"无中生有"——从被抛弃、被忽略、被认为是"不可能"、"不必要"的"空白处"生出"有"来,独辟蹊径,别开生面,挽狂澜于既倒,化腐朽为神奇。"无中生有"的前提是"有中生无"——超越已有的成果,不为权威的结论所束缚,不被流行的观点所湮没,不因眼前的困难而退缩。所以,创新的本质可谓"有无相生"。在"不可能"中寻求"可能",这就是"创";把"不可能"转化为"现实",这就是"新"。

当然,在哲学视野中,还可以从创新主体、创新文化、创新环境、创新过程、创新思维、创新设计、创新理念、创新精神、创新可能、创新现实、创新能力、创新未来等多视角对"创新"进行分析、批判和描述。从认识论视角考察"创新",应当承认,创新必须是自主的、自为的、自愿的、自由的。这既是"创新"的前提,也是创新的环境,更是创新的条件。从价值论视角考察创新,应当承认,"创新"是针对过去的,"创新"是立足现在的,"创新"是指向未来的。从方法论视角考察,"创新"是对保守的革命,"创新"是对创新者的解放。正像英国哲学家怀特海(1861—1947)所指出的那样,"将人性的自由同知识的条理结合起来",对外界生活中偶然发生的事情勤于思索,以不断产生全新的思想。创新需要一种冒险精神,一切伟大文明都是民族活力推动的想象力的冒险所成就的,也唯有喜欢冒险的人才能理解过去的伟大之处。只有超越过去的、为冒险的活力所鼓舞的民族,才能维系其原创力,而丧失冒险精神的民族则必将导致其文明的衰败。人类文明的进程至今已经有了六千多年的历史,人类的创新经历了从自发到自觉的过程。工业革命之后,人类创新的能力空前提高,创新的频率不断加快,创新的范围不断扩大,世界历史的不平衡发展,生产力、文化力乃至于综合国力的巨大差异,在很大程度上是各民族创新能力的差异。当今世界,一切社会的发展,一切经济价值的创造,一切战略实力的提升,其内在的根据来源于创新。创新应当成为人类最高的哲学理念和共同的文化意识,人类应当更加理性地对待创新,把"创新"作为一项直接的和现实的"工程"来加以规划实施,并贯穿在人类的生产、生活、生命和生态当中。显然,在哲学视野中,创新具有鲜明属人的性质。

创新是人所特有思想观念、行为方式和实践内容,换言之,创新的主体是人也只能是人,但并不是所有的人都具有创新的意识、创新的精神、创新的活动,对于大多数人而言,生活、生产、生命恐怕主要是模仿、是"复制"。

尽管如此,哲学家们还是对人、"大写"的人以创新理念、创新精神和创新活动的期待,不是把人的本质看成预成的、既定的、一成不变的,而是主张人的本质的可塑性、人的本质的对象性、人的本质的创造性。

人的本质问题由来已久,从古到今都是学者们关注的焦点问题之一。古希腊的哲学家柏拉图认为:"人是长着两条腿的没有羽毛的动物。"而他的学生亚里士多德则认为:"人是政治的动物。"19 世纪德国杰出的唯物主义思想家费尔巴哈对人的本质或本性有着多种看法,有时把人维持生命的血肉说成是人的本质;有时把人的本质说成是建立在自我和非我区别基础上的血肉之躯;有时又把人的存在、人的生命说成是人的本质;而他在《基督教的本质》一书中,则把理性、意志、心说成是人的本质。在这里,他把人的感性和理性统归于人性。在批判基督教时,他指出上帝是人性的异化,人加在上帝身上的全知、全能、博爱的属性,不外是人的精神属性即理性、意志、心得自我异化而已,因为理性指的是知,意志指的是能,而心指的则是爱,不过这三种属性在人身上是有限制的,人出于利己主义的需要,便凭借想象力的帮助,把这些属性集中于上帝一身,这样就创造出上帝的形象。费尔巴哈指出,上帝"三位一体"的神秘就在于人的三位一体,人的三位一体乃是构成上帝三位一体的本质。

在现代西方哲学中,存在主义哲学家萨特关于人的本质的见解似乎为创新提供了一个颇有价值的哲学视角和哲学支撑。萨特致力于建立一种现象本体论,把具体的人、人的实在、"实在的个人"作为本体,并依据胡塞尔现象学意向性理论和现象学还原法来研究"具体的人"。现象学本体论认为,没有抽象的人的本性,无论是上帝赋予人的本性,共同的人性或先验的社会本性都不存在,人是自己的实际行动造成和完善的,人的本质是人行动造成的产物。这就是现象学本体论所谓"存在先于本质"的第一原理。

萨特认为,人是一种自为的存在,是有意志自由和有意识的,他实质上是虚无,因而他是自由的,通过自己有目的的选择活动而获得自己的本质。他认为人的存在和本质的关系是不可与世上的事物的存在和本质的关系相比的,人的自由先于人的本质并使其成为可能。人的本质被悬在他的自由之中。在萨特看来,我们所说的自由是不能与人的实在存在相区别的,人不能首先存在然后成为自由,在人的存在和自由之间没有任何区别。之所以如此,是因为虚无的出现,使人得以摆脱充实的存在(自在)的束缚,从一切因果链条中抽身出来,完全不受它的限制,从而在绝对自由中创造自己的本质和世界。

在《存在主义是一种人道主义》中,萨特强调,世界上除了人以外的任何事物都本质先于存在,只有人是"存在先于本质"。在他看来,人与物不同,人能够制造一件器具,例如制造一台机器,技术家必须有这台机器本性的概念,懂得它的用途,知道它的生产方法,然后才能把它生产出来。因此,就机器而言,可说本质先于存在。而人却不同,人之初,他只存在着,并无任何规定性,只是到后来,他按照自己的意志,经过自己的选择,他或者成了一个基督教徒,或者成了一个无神论者。萨特在其名著——《存在与虚无》中建立的现象学本体论,肯定了人的本质自为性、自觉性,也肯定了人对价值和自由追求的合法性与合理性。萨特研究人的本质的现象学视角及其所得出的哲学结论却是新颖的、别致的、颇有价值的。

马克思在《关于费尔巴哈的提纲》中指出:人的本质并不是单个人的所固有的抽象物。在其现实上,它是一切社会关系的总和。马克思在《1844年经济学哲学手稿》中明确指出:一个种的全部特征、种的类特征就在于生命活动的性质,而人的类特征恰恰就是自由的自觉的活动。虽然马克思对人的劳动、人的本质的理解还带有一定程度的"理想化",在"类特征"的术语上还带有费尔巴哈的痕迹,但是他比费尔巴哈前进了一大步。他在劳动上看到了人的自我产生的过程;把人的本质与劳动明确地联系起来;他指出了人的活动是自由、自觉的,与动物的生命活动有着本质的不同。他说的"自由的自觉活动"包含了他后来反复说明和论证的劳动,特别是物质生产实践;他的"人类特性"的论断包含了把人的本质解释为各种社会关系的总和的可能性,虽然在当时还没有作出这样的结论。

相对于"从前的一切唯物主义"而言,马克思关于人的本质的学说不啻是西方人学发展史上的一次"哥白尼式的革命",突破了以往旧哲学关于人的本质研究的"预成论"的人的本质观。所谓"预成论"的人的本质观,认为人的本质是与生俱来的,绝对稳定、一成不变的。它是一种抽象性、预定前兆性的人的本质论。马克思在《德意志意识形态》中关于人的本质的理论的突破,是对以往"预成论"的颠覆,推翻了费尔巴哈、黑格尔等人关于人的本质的抽象论证,也即打破了人的本质"预成论"的孤立的、片面的、静止的形而上学的观点,是人类历史上关于人的本质论的一大创举。人具有什么样的本质特征,是同他们劳动的联系方式直接相关的。

从费尔巴哈到黑格尔,特别是从萨特到马克思,这些思想家对人的本质的讨论,特别是马克思关于人的本质是实践的社会关系的总和的理解,对于思考人的本质具有重要的方法论价值。

2. 创新思维与实践的哲学之源

创新的物质基础或者载体的主体是人,这个问题已经解决。现在的问题是,创新的基础是什么,比如创新何以可能? 研究发现,创新的哲学依据是"结合"问题。那么"结合"是什么? 结合何以可能? 结合何以必要? 结合何以实现? 解决了这个理论问题,创新,包括工程创新,特别是社会工程创新的哲学根源就找到了。

"结合"是一个重要的哲学范畴。范畴是人们认识世界的过程中的一个小阶段,是帮助我们认识和掌握自然现象之网的网上扭结。诸多哲学范畴是相互联系的,新范畴不断出现,范畴之间也不断确立新的联系。"综合",在哲学(或逻辑)上,是分析的对称,是在分析的基础上进行的,更多地指认识论、方法论范畴,是分析以后的一种提升。而结合既是本体论范畴,也是认识论范畴,还是方法论范畴,结合是结合双方或多方的相互渗透、相互改造,因而是新质的产生。如马克思主义与中国革命和建设实际相结合,产生了两次历史性飞跃,形成了两大理论体系——毛泽东思想和邓小平理论。很显然,毛泽东思想与邓小平理论,既不是马克思主义本身,也不是中国革命和建设实际,而是中国化了的马克思主义,是中国共产党两代中央领导集体和全党智慧的新创造。从结合与同一的关系看，"同一"是矛盾的一种属性，与"斗争性"相对，反映事物之间的吸引和一致，而"结合"是以差异为前提，同一为条件的。正如毛泽东所说，"有条件的相对的同一性与无条件的绝对的斗争性相结合，构成了一切事物的矛盾运动"。因此，结合作为一种机制和方式，深刻地揭示了矛盾的同一性和斗争性的关系。就矛盾的同一性而言，对立面的相互依存是结合，相互渗透是结合，相互转化也是结合。"结合"作为一个哲学范畴，虽然与"同一性"是同一系列的范畴，但是，比"同一性"更生动、更丰富。从结合与联系的关系看。如果不作仔细比较，我们确实很难将两者区别开来。二者都是关系范畴，而且都表示事物之间或事物内部诸要素之间相互制约、相互作用、相互影响。从这个意义上说，二者可以说是一个东西。但是结合比联系在状态上更有生机、更有活力，在内涵上更加丰富，更富于主体人的属性。"结合"是"联系"的延伸和深化。如理论与实践是有联系的，但理论和实践却未必是结合的。油和水是有联系的，但油和水未必是水乳交融的。显然，二者还是有区别的。

　　人类为什么在生产、生活中寻求结合？为什么为实现某种结合有时甚至不惜付出生命的代价？从客观上讲，为什么需要结合？不结合为什么就不行？为什么能够结合？为什么有的事物却不能结合？为什么能够实现结合？用什么标准去检验是否实现了结合？这些问题都有必要进行哲学思考。

　　结合需要前提——事物之间或事物内部诸要素之间存在差异，是结合的前提，使结合成为必要。两种事物或多种事物或某事物内部诸要素为什么结合？社会主体——人，为什么要把某物与某物结合起来？为什么强调要把理论与实际结合起来？根本原因是事物和事物之间、事物内部诸要素之间、理论与实际之间存在着明显的差异和矛盾，两者不是绝对同一的，或者两者不是一个东西。如果世界上只有一个事物，或者虽然有万事万物，但它们之间没有质的差异，那就全然没有结合的必要。由于"世界上没有两片完全相同的树叶"（莱布尼茨语），一切事物都有差别，A 又不是 A，彼此等同的两物是没有的，由于事物之间的差异是绝对的，所以结合是必然的、普遍的。

　　结合需要条件——事物之间或事物内部诸要素之间存在同一性，是结合的条件,使结合成为可能。差异是结合的前提,那么是否有差异就一定能结合呢? 那要具体分析。如果事物之间或事物内部诸要素之间没有相通、相同、相近、相似之处,而是风马牛不相及的事物,那么,这种结合几乎是不可能的。能够结合的事物之间必须具有某种共同点,这种共同点往往表现为结合要素的共需。比如,社会主义与市场经济的共需,是加快发展生产力。不同国家、地区尽管政治、经济、文化制度不同,但能寻求合作,其共同点在于它们有共同的利益。所以,结合只能根据物自性和事物自身的规律,因势利导,靠"拉郎配"是不能实现真正的结合的,正所谓"捆绑不成夫妻"。由于矛盾的同一性是相对的、暂时的,所以结合必然是具体的、有条件的。

结合需要途径——社会实践,是事物之间或事物内部诸要素之间结合的途径,使结合得以实现。自然界演化中的结合,表现为"自组织"的自我结合,没有也不用人的参与,但社会、思维系统的结合,则是人的实践活动的结果。整个人类社会就是由人、人的活动、人的活动的产物构成的,社会(国家、民族、地区)内部的一切结合,都是由人来参与的,人是结合目的的确定者、结合途径的选择者、结合过程的组织者、结合成果的享用者,一言以蔽之,社会主体——人,是结合的唯一物质承担者,而人之承担此重任的唯一途径就是实践。社会主义公有制与市场经济的结合,是实践问题,只能在实践中解决;马克思主义与时俱进,与不断发展的中国实际相结合,是实践问题,只能在实践中解决;建设富强、民主、文明三结合的社会主义国家,是实践问题,只能在实践中解决;等等。经济、政治、文化领域里的一切结合,只有通过人的实践来进行,此外没有别的办法。

为什么我们一些地区和部门的同志,理论、方针、政策没少学,体会连篇累牍,报告振振有词,可是,工作就是打不开什么新局面,老百姓没有得到什么实惠。是作风不实问题,但从哲学上讲,是理论与实践是否结合的问题,是是否把理论、方针、政策诉诸实践的问题。

既然结合的途径是实践,在人们的实践中才能实现结合,那么这就有一个结合的出发点、结合关节点的把握和结合的方式、结合的途径的选择问题。

首先是关于结合的出发点问题。是从原则出发,还是从实际出发,这是重要思想路线、思想方法问题(不愿意非上升到唯物主义和唯心主义的高度)。作为人的一种实践活动,人们总是(大多数情况下)从自己能够认识到、感受到、理解到的实际出发去实现某种结合。而不会漫无边际地去想当然地乱结合。但是,在个人生活中,特别是一个阶级、一个政党或一个集团,在重大历史使命面前,由于主客观条件的限制,在实现结合的时候,又往往表现出比较复杂的情况。比如,在大是大非面前,在关系国家、民族前途命运的重要问题来临之时,是不是实行结合(普遍原理与具体实际、历史经验与现实、外国经验与本国实际等)?什么时候实行结合?怎样推进结合?是从理论到理论去结合?还是从实际到实际去结合?是从理论到实际去结合(从理论出发)?还是从实际到理论去结合(从实际出发)?实际是什么?有没有纯粹的脱离主观的客观实际?实际是不是人们认识、理解的客观实际?客观实际在一定历史条件下有些什么内容?比如,21世纪刚刚开始,中国的最大实际是什么?从生产力水平看,最大实际是什么?从社会总供给和总需求来看,最大的实际是什么?从国际关系情况看,最大的实际是什么?从党、政府同人民群众的关系看,最大的实际是什么?等等。这样,问题恐怕就不是想象的那么简单了!所以,不用说从"什么"(实际还是理论)出发,就是从实际出发,情况也比较复杂。上述这些,究竟哪个是实际?还是它们都是实际?从实际出发实现结合,是从一个实际出发,还是从若干个实际出发?这里有没轻重缓急?有没有先来后到?等等。

其次是关于结合的关节点问题。关节点问题就是"度"的问题,如果结合的程度能够用尺子衡量的话,那么,结合几分最合适?结合到何种程度算到位?如果说结合是创新,那么结合一分的创新与结合五分的创新在实践中有什么区别?比如,外国(外地)经验与本国(本地)实际相结合,是了解了经验是什么了并且运用了,就是结合了,还是了解了经验,并加以改造运用了,才是结合?运用、改造到什么程度才是最好的结合?比如,公有制经济与多种所有制经济的结合,到底两者占多大比重才是最好的结合?此地与彼地又应该有什么区别?等等。

再次是关于结合的方式问题。结合的核心问题是一个崇尚个性、追求个性、寻求自身特色的问题,因此,从逻辑上讲,结合也是一与多的统一。结合的方式也多种多样。矛盾不同,条件不同,背景不同,结合的因素、目的不同,因此,结合的方式也肯定不同。比如,对传统文化,有人主张国粹主义,都是好的,不能丢,全与现实结合;有人主张虚无主义,没什么好东西,应该抛弃之。对外国先进经验、文化,有人主张"中学为体,西学为用";有人主张兼收并蓄,拿来主义;等等。所以,结合的确有个方式问题。

在社会生活中,结合不是一个理论问题,不是一个简单的口号,而是一项十分严肃的实践活动。事物与事物的结合,方针政策与本地实际的结合,"三个代表"与自己思想的结合等等,都不是说一说就能结合了的。如果那样,那么结合就太简单了,工作也早就上去了。从哲学视角考察结合,我认为,结合是质变、是新质的产生;是飞跃,是人的一种创造(创新),而不是被结合事物的代数之和。毛泽东同志指出:"吸取外国的东西,要把它改变,变成中国的。鲁迅的小说既不同于外国的,也不同于中国古代的,它是中国现代的,……应该学习外国的长处,来整理中国的,创造出中国自己的、有独特的民族风格的东西。"①显然,结合就得发展,结合就得创新。如果把什么与什么结合起来,就是两者同时进行,或者用此代彼,那是对结合的误解。我们判断结合与否,就是看结合后,在观念上、思路上、理论上、对策上有没有创新,如果没有创新,那就还是两张皮。

一部人类社会发展史,就是一部通过一系列创新而不断发展的历史,在这历史进程中,人们的观念创新、技术创新、制度创新等,创造和推进了人类物质文明、政治文明、精神文明、社会文明和生态文明建设。古代这样,近代如此。在当今知识经济时代,科学技术的发展日新月异,经济全球化趋势日益明显,一个国家、一个民族能否生存、发展,她的前途、命运如何,关键在于国家、民族的创新能力。知识和技术创新是人类经济、社会发展的动力源泉。中国将致力于建设国家创新体系,通过营造良好的环境,推进知识创新、技术创新和体制创新,提高全社会创新意识和国家创新能力,这是中国实现跨世纪发展的必由之路。

如此看来,创新,特别是知识经济时代的创新,对人、社会、国家、民族是何等的重要!总结上述分析,我们认为,创新的内在根据是结合,创新的动力机制是结合,创新的实现途径是结合。没有结合,创新就无从谈起;从另一个角度讲,一事物与他事物是否结合,是否实现了结合,到底结

---

① 《毛泽东文集》第七卷,人民出版社 1999 年版,第 83 页。

合了没有,其评判标准就是看是否实现了创新。

我们哲学地研究创新,其创新概念的外延要比经济学意义上的创新宽泛得多,内涵丰富得多。但创新与结合的本质联系却没有发生变化。创新是某一具体事物所发生的符合其发展逻辑的某种质变。根据事物矛盾法则,这种质变的造成主要是来自两个方面的原因:事物内部主导性要素发生了变化;事物内部诸要素之间的关系或结构发生了变化。而问题在于,这两个引起变化(质变)的变化是如何引起的?我们认为是"结合"引起的。事物(矛盾)同一性和斗争性之间的本质关系是结合(性质、过程、状态);事物(矛盾)内部诸要素之间关系、结构的变化,实际是其结合的方式、结构、状态的变化。

3. 创新思维与实践的哲学之魂

从哲学的角度上看,创新是人类思维和实践的一种特殊形式,是人类突破传统、寻求新的发展时空的存在方式。创新的本质在于它的发展性,创新的表现在于它的突破性。创新过程在于它的辩证否定性,即对旧事物的否定和对新事物的肯定,实现"扬"与"弃"的统一、"质"与"量"的统一、"思"与"行"的统一。

长期以来,人们对哲学与创新关系的认识存在片面性和狭隘性,认为:在观念上哲学过于空洞抽象,而创新重在实效具体,创新者去搬弄思辨概念,那是"误入歧途";在价值偏好上,受当代西方创造学理论研究重技法、重应用的影响,误认为创新者应是实际工作者。在方法论方面,过多的学者把创新方法论的作用看做是创新者实践经验的系统化,误认为训练创新型人才,哲学思维方法没有什么具体的实质与内容可以参考。如此这般,便造成了创造学界对哲学思维在创新中的作用关注甚少。实际上,哲学理念、范式、方法对创新具有十分重要的价值,因此,创新对哲学有着强烈需求。可以说,创新需要哲学支撑,创新者需要哲学思维。创新的过程,如果缺乏哲学理念的诱导,缺乏理性的设计和整合,缺乏哲学思维的贯穿与提升,自主创新的目标就不可能实现。从某种意义上说,自主创新是一个通过哲学思维发展升华创新思维从而推动创新实践的过程。

哲学从主客体关系上认识创新。哲学思维是从主客体中把握创新。

以往人们对创新的认识常常只停留在对创新主体的认识或对创新客体的认识上,孤立地将二者分离。如果缺乏从主客体之间的关系来把握和领会创新,就不可能认识创新的本质,掌握创新规律,从而指导人们的创新实践。哲学思维是从创新主体、客体、主客统一的高度的抽象中把握创新,获得一般观念、观点和方法,给人们提供世界观和方法论,为自主创新的发展提供一种认识的基础。如果有正确的思维方法和良好的哲学品质,就能透过现象看到本质,从偶然中认识必然,从个别中认识一般。能够从哲学的层面上去思考和发现问题,学会用辩证的、发展的观点来分析问题。在提高创新者的认识,转变他们的观念过程中,哲学思维具有重要的意义。

哲学从理论思维上指导创新。目前人们对创新认识仅仅停留在经验认识的层面上,只是感性地来认识创新,没有从理性的角度去透过现象来看本质。对创新的规律研究不够彻底。人们在创新的全过程中,缺乏哲学理论的具体指导。哲学思维是研究和探讨特殊领域的指导性思维。哲学思维从方法论上为各门学科的发展提供了理性的思维。在理性思维的指导下,在具体方法论的指引下,各门学科才能良性地发展下去。哲学思维从方法论上为创新的发展提供了宝贵的理性财富。创新不仅需要创新工作者的经验、昙花一现的奇思妙想,更主要的是需要哲学思维上的方法论,毕竟在大多情况下"昙花一现"是很少发生的。恩格斯指出,一个民族要想登上科学的最高峰,就一刻也不能离开理论思维。这一点无论是对一个民族,还是对每个人,都是真理。哲学是人类文明的灵魂,也是一个创新工作者创造性的灵魂。科学创造者们大胆设想,理性思考,创新与创造出了诸多的成果。如果不从客观实际出发,便不能求得真理,更无从谈起创新。

哲学从实践论层面实现创新。马克思主义哲学的本质特征就在于以实践为基础的严格的科学性和彻底的革命性的高度统一,实践性是马克思主义哲学最主要最显著的特点。马克思指出:以往的哲学家们只是用不同的方式解释世界,而问题在于改变世界。而实践就是人们能动地认识和改造现实世界的一切社会的客观物质活动。认识世界是为了改造世界,改造世界就是通过人的活动,使世界更加合目的。要想实践,那必然是创新的,不论是认识世界还是改造世界,都离不开创新。假如没有认识世界与改造世界的创新,就不可能有今天科技的如此发展。所以,马克思强调实践的背后其实也在暗指创新的重要性。实践、创新其内涵没有本质上的区别。所以在如今强调科技旗帜独领风骚的时代背景下,深刻领会马克思主义哲学的实践观,将创新看做是实践过程中的重要内容,对于增强我们的创新意识具有重要的意义。

三、创新思维与实践的多维向度

人类的产生、人类社会的发展和完善,都是人类自身的创造的结果。这是人类区别于动物、社会区别于自然的基本特点。从这种意义上我们可以认为,自然界是没有历史的。它的存在和发展,只是在无限加大的范围内的循环。历史是属于人类及人类社会的。从人类学会劳动的那一天开始,人类便成为了动物的一个特殊的物种。类人猿一旦造出第一件劳动工具,人类便开始了无止境的自我创造活动。低级动物仅仅是自然的存在,它们没有从观念上建立起与自然界的关系。虽然它们与自然界的其他部门客观上存在着关系。因为它们没有把自己、把自身的行为当做观照的对象。这样一来,也就无法形成自我和主体意识。

为什么人类进行着无止境的自我创造活动?我们认为逻辑起点是"实践"这一巨大而有意义的里程碑。马克思认为:"从前的一切唯物主义包括费尔巴哈的唯物主义的主要缺点是:对事物、现实、感性,只是从客体的或者直观的形式去理解,而不是把他们当做人的感性活动,当做实践去理解,不是从主体方面去理解。"这正是问题的症结之所在,人是社会关系的承担者(总和),人是社会生活(实践)的根本主体,因此人的活动的创新性或者人的创新活动必然呈现多维向度。

1. 理论创新秘密的寻找

理论问题一直是备受关注的问题,一般地提及理论,人们总把理论与政治联系起来,把理论与哲学联系起来,把理论与"空洞"无物结合起来,似乎学习理论、研究理论、"摆"弄理论玩的是"空手道"。其实理论问题许多人还真没有说清楚。理论问题很复杂,人类生产生活有多少领域、多少方面,就应当有多少领域或多少方面的理论。有物理理论、化学理论、有技术理论、工程理论、有管理理论,也有健康理论,等等。也就是说并不是一提理论,就是政治理论、哲学理论。另外,近百年来,特别是半个世纪以来,受"原理哲学"影响,几乎所有人,特别是理论工作者在讨论理论问题时,大多在认识论层面讨论理论问题,专门讨论理论与实践的关系,强调理论对实践的指导作用,主张理论是手段,而实践是目的。实际上,我认为人们可以从文化学、人类学甚至社会学视角研究理论问题,把理论视为人们的一种行为方式、活动方式、存在方式。从这个意义上说理论本身就是目的,也未必一定发挥什么指导作用,因为解释、说明、论证、理解、认识……这本身也是人类活动的组成部分,甚至是一些人生产的构成要件。即使从认识论角度方式谈理论与实践的关系,也未必像以往人们讨论的那么简单。如今,有少数自诩为"理论专门家"的人,对理论的认识观点是"纯之又纯"、"深之又深"、"经典又经典",而对密切联系社会实际的理论则不屑一顾、不以为然。这种专家往往认为,越是那些厚古薄今的、游离于社会现实之外的、大众不喜欢看或是看不懂的东西,就越具"理论"味;否则就不算是"理论"或是"理论浅薄"。这,无疑是对理论概念的一种歪曲和亵渎。特别值得注意的是,有些理论工作者往往热衷于对"理论"进行"洋包装",饥不择食地"攫取"一些洋玩意儿,加以翻译和评价,然后生吞活剥。更为严重的是,有的学者主张中国社会科学理论必须经过西方社会科学"过滤"或者矫正才可能是科学的。实际上,这是不懂理论,更不懂中国理论,也不懂理论与实践关系的表现。

　　针对一些"专家"们的认识,联系波澜壮阔的社会发展历史,我认为,当前,十分有必要对"理论及其与实践的关系"的问题进行一次再认识。所谓理论指的是"人们由实践概括出来的关于自然界和社会的知识的有系统的结论"。人的认识过程,只能是对自然界和社会知识的"实践——认识——再实践——再认识",循环往复,不断发展。没有实践的前提,或是脱离实践的前提,理论只能是原地踏步,不可能出现"飞跃"。这是一个非常浅显的道理。倘若这个过程成了一个"理论——再理论——又理论"的所谓"纯而又纯"的过程,理论也就没有一点价值可言了。理论的创立或者产生是有前提的。用一句话来概括理论的产生前提,就是"时代和社会发展的需要"。一种理论,之所以能够存在并指导实际,就因为它是根据时代发展和社会发展的需要,经对"实践概括"而成的"有系统的结论"。由于事物的发展是永不停息的,因此,理论有无生命力,则在于其能不能根据时代要求和社会要求不断与时俱进地发展,而不是在"深之又深"中走向衰退甚至消亡。所有理论都不是空穴来风,不是无源之水。理论是有来源的,这就是批判继承,是"站在前人的肩膀上",而不是搂在前人的腰上。马克思主义的认识态度是"扬弃"而不是抄袭。因此,一个理论的基本源泉,在于批判地继承,在于"站在前人的肩膀上"高瞻远瞩,而不是搂住前人的腰或是跟在前人的屁股后面亦步亦趋,甚至停步不前。因此,那种所谓"经典又经典"的观点,不过是一种照搬照抄且丧失根基和源泉的观点。研究还表明,所的理论都应当有其相对独立的思想体系。理论的重要基础是实践,包括社会实践和科学实验。理论贵在创新,而创新的形式包括原创、组合、发挥、修正等。思想政治理论的基础主要是社会实践;其科学实验方式,体现在对国情对社情对民情的调查研究之中。显然,不重视实践甚至脱离实际的所谓"理论",犹如一座没有地基或是地基不牢的高大建筑,只中看,不中用。相对于任何一种理论来说,理论是一,实践是多,一种理论可以对多个实践有效;反之,相对于一个实践来说,实践是一,理论是多,一种实践必定牵涉多种理论。理论和实践的一多关系是双向交织的一多关系,而不是单一理论主宰一切实践的关系。理论注重"讲清楚"、合逻辑,强调公共地验证,力争"放之四海而皆准"。实践就要"想周全","弄明白",就要综合考虑一切在场的因素,并博采各家之长,以求事情本身的集成优化,就要"和而不同"。既不能用实践的方式开展理论研究,又不能用研究理论的方式从事践,要分工而互补。理论和实践都是人事,人的作为也是有限的,人是在大化流行中有所知、有所为,因此不能没有根基,必须永葆"问到底"的超越精神,并以之作为理论和实践的最终基准。

理论对人类之所以如此重要,关键原因在于理论是对实践的超越与升华。如果实践是乘风远航的轮船,那么理论就是船上的舵手。没有理论的指导,没有理论的掌舵,实践就很可能触暗礁。理论在一定范围内是给我们提供经验、行动的逻辑依据。在理论的指导下,对我们经验的正确与否进行批判。如果我们的实践、经验与理论格格不入,那我们就要对经验、实践及理论进行深刻的剖析。往往在剖析的过程中,改进和升华了理论,而经验、实践将得到质的飞跃。

随着自然科学从经验领域进入理论领域,自然科学本身所固有的辩证性质与机械自然观的矛盾逐渐激化。自然科学发展中一系列重大成就的出现在机械论自然观上打开了一个又一个的缺口。生产力得到发展,生产关系得到调整。社会的结构发生了变化,直接导致人们的理论思维发生了变化,而思维的转变又导致了人们实践更加理性。这已为科学的进步证实了。

因此,实践没有止境,理论没有止境,实践表现为过程,理论也表现为过程。从辩证法视角考察,理论不是也不可能是僵死的;从认识论视角考察,理论的过程,应当始源于人的理论的创新性,这是人类对实践的自觉,也是对理论的自觉。当实践出某理论是错误的乃至是荒谬的,那么我们便要重新开创新的理论,即理论的创新。可见理论的创新与实践是如此的亲密,以至于如果将二者隔离,直接的后果就是实践得不到实践,社会得不到发展。恩格斯曾经说过:一个民族要想登上科学的高峰,就一刻也不能离开理论思维的。

确实提高自主创新能力,就不能没有理论思维这个强大的后盾。只有完整的、系统的理论思维,才能提高自主创新能力。而且,这种理论思维要紧贴时代发展的脉搏,只有理论思维的不断发展,才能有自主创新能力的不断进步。千百年来人们的创新实践表明,哲学的思维方式、哲学的思维能力是自然科学、社会科学创新的保障。恩格斯也曾经说过,要想提高人们的理论思维能力,除了学习以往的哲学,就没有其他的途径。由此可见,以哲学的思维方式、思维能力为中介,在哲学的思维中提高我们的创新思维能力。哲学的思维方式也不是固定不变、墨守成规的,应该以"大胆的假设,小心的求证"的实证主义精神,括宽哲学思维的范式。理论创新要关注经典文本,但不能"唯文本"。

理论创新首先要研究理论,但不能"唯文本"。研究理论的一个困境就是文本及其解读问题,文本解读的最高境界是在历史语境中复原经典作家的思想肖像,虽然这种研究包含着改变意识的要求,但此能达到的仅是要求用另一种方式来解读现有的东西,这在本质上仍然是停留在纯粹思辨的世界范围内。回归理论经典文本的根本旨趣是读"真"经,但不管是从思维推向存在,还是把存在改造提升为思维,抑或根本就是在传统话语中兜圈子,这种研究理论方法看起来很学术、很本真,但除了是对经典理论的"高山仰止"以外,可做的事情就不多了。显然,理论创新有必要研究经典文本,弄清"究竟是什么"?但在此恋栈不去,恐难在理论创新上有大作为。

理论创新要关注经验,但不能"唯经验",一个民族要不断进步,必须及时、经常地检讨自己,总结经验,自己要看到所取得的成绩,又要正视自己出现的失误,要铭记代价换来的刻骨铭心的教训。总结经验就是找出事物发展过程中内在和必然的东西,使其上升到理论,但是如果只讲经验就事论事,"工作就是干,喝酒就是干",干完就算,工作上千辛万苦,理论上稀里糊涂,那就根本不会有什么理论,更谈不上什么理论创新。

理论创新要关注理论,但不能"唯理论",理论创新是在理论上有突破,毛泽东思想邓小平理论、"三个代表"重要思想、科学发展观等都是理论创新,当然其他领域也有许多理论创新。这些理论创新表面看来是理论本身的事情,其玄机在理论,实际上并不完全在理论本身,而在于理论的现实生活实践,实践没有变革,实践没有新意,实践没有创造,所谓理论创新就失去了最根本的基础,所谓理论创新就是无源之水、无本之木,这大概也是马克思主义认识论题中的应有之义。

2. 技术创新图式的思考

长期以来,人们对技术创新的关注、研究大都从经济和企业的视角来进行。因此,往往把技术创新理解为经济活动或企业活动。这种研究是有价值的,但思考技术创新还有新视角。

马克思哲学明确提出了人与环境形成了人与自然之间、人与人之间的两重关系,这两种关系之间的关系,本质上就是生产力和生产关系两个层次的复杂关系,只有从这两种关系,亦即从生产方式上来把握技术系统,把握技术与人、社会和自然构成的综合体,才能提出技术(创新)的本质和规律,揭示出技术、人、社会和自然之间相互作用的规律,从而是对社会历史之谜作出合理的解蔽。

马克思关注的是"这两种关系",而不是其中一种关系,马克思不仅关注"这两种关系",而且还关注"这两种关系"的关系。

马克思首先考察人与自然之间的技术——自然技术,把自然技术与生产密切结合起来,与现实的社会诸因素宏观结合起来,从自然技术的依存性去考察自然技术的产生、运用和发展,把人类社会的历史同工业史联系起来考察。在马克思的视野中,绝不能离开一定历史时期的经济环境、条件去考察作为第一生产力的技术,而应当把技术的作用放到人类认识和改造、适应依赖世界的关系中去,做出合乎历史发展内在逻辑的研究。

马克思其次考察了人与人(社会)之间的技术—社会技术,把社会技术与生产密切结合起来,与现实社会诸因素密切结合起来,从人与人(社会)的关系对人与自然关系的影响、制约视角和层面,讨论了社会技术对自然技术的逻辑先在性。认为只有人与人(社会)的关系处理好了,才会有人们对自然界的关系。

无论自然技术还是社会技术,马克思关于技术(创新)的思考,总是与人的本质联系在一起的。在马克思看来,工业史、生产史(工程史)及其对象性存在,最明确地表现了人的本质的力量,人的本质不是单个固有抽象物,而是社会关系的总和,因而人的本质力量——技术,也绝不仅仅是自然技术;一定是包括自然技术、社会技术等技术在内的各种技术及其对象化。马克思不是把技术简单地视为游离于社会之外的某种抽象性,而是"这两种关系"的体现,他在《1844年经济学哲学手稿》中明确指出:理论的对立本身解决,只有通过实践的方式,只有借助于人的实践的力量,才是可能的。全部人类活动迄今都是劳动,也就是工业,自然科学通过工业日益在实践上进入了人的生活,改造人的生活……工业是自然界同人之间,因而也是自然科学同人之间的现实的历史关系,而工业的历史和工业已经产生的对象性的存在,是一本打开了的关于人的本质力量的书,是感性地摆在我面前的人的心理学……按照马克思的这种理解,作为人的本质力量对象化的产物,技术不仅展示了人对自然的能动的关系,也展示着人类社会生活关系的直接社会生产生活过程。

也就是说,人与自然世界的关系和人与社会世界的关系以及"这两种关系"的物质承担者—社会主体—人的本质,与作为"这两种关系"的改造适应。依赖手段—技术(自然技术与社会技术),在本质上具有内在一致性,没有技术(自然技术与社会技术)及其对象化,人的本质就难以表达清楚,没有对人的本质创造性、社会性理解,技术(自然技术与社会技术)的本质也很难表达清楚。

换言之,也可以合乎逻辑地得出这样的结论,技术(自然技术与社会技术)创新过程,也是社会生产生活创新过程,社会生产生活创新过程必然以技术(自然技术与社会技术)创新为依托或与技术(自然技术与社会技术)创新相伴随。脱离社会生产生活过程的技术(自然技术与社会技术)创新是难以想象的。

3. 制度创新本质的认知

制度是人类社会特有的重要现象,甚至在一定意义上可以说,制度是人类社会的本质现象。从人类社会发展的漫长历史进程中,人们越来越感受到制度的价值和意义,制度推进了社会的进步,也促进了人类的发展,制度也阻碍了社会的进步和人类的发展。现代社会是以制度为标志的社会形态(阶段),人们在现代性生成和发展的进程中,制度在协调人与人、人与社会之间关系中的作用日益凸显。

进入哲学层面视角研究制度,一般而言,其关注重点不再是"什么是"的问题,而是"是什么"的问题,它不在停留与对其知识性的探讨,而是更加关注对对象本身和对象本身的反思,因此哲学视角中的制度研究,自然不是社会生产生活中的某种具体制度,而是从诸多具体制度中抽象、提炼出"制度"本体,然后对制度是什么及其存在的价值的必然性进行形而上学的追问,对人、制度、社会之间的关系在自己—研究主体的时代水平上给出基本的认识和理解,为解构和建构制度提供哲学方法论支撑。

第一,制度作为一个历史范畴,它是人的活动的产物,人的活动的对象化,或者说制度的发明创造者是人。

第二,制度作为一个规范范畴,它是规范人与人之间,人与社会之间各种关系、确定特定社会秩序的工具理性。

第三,制度作为一个系统范畴,它由规则、对象、经验、载体四大要素组成,其表现形态可以是法律、规章以及决策规划。

第四,制度作为属人的范畴,它既是历史的产物,本身具有客观性,是一个"自然历史过程",同时,就其本质而言,制度是人们自觉建构和设计的,制度具有可设计性。

从上述分析可见,制度实际上是社会技术的一种根本形态。

美国社会学家和经济学家索尔斯坦·凡勃伦(1857—1929 年)是给

社会制度最早下定义的人之一,尽管他的著作《有闲阶级论》出版于1899年,但其中许多关于制度创新的思想至今没有过时。他认为"制度创新是社会制度的自然淘汰进程——淘汰那些按其本质对因外界变化造成的刺激所做出的反应同普通反应方式没有区别的社会制度。"

哲学视阈中的制度创新。哲学是时代的理性之光,思想精华,而创新是人类历史进步的核心,制度创新作为创新的一个侧面又与哲学有着千丝万缕的联系。制度创新是由量变到质变飞跃的过程,唯物主义辩证法认为任何事物的发展都有一个量的积累过程,没有量的积累,就不会有质的飞跃。要想制度有所创新,必须解放思想,敢于做前人没有做过的事,必须打破常规,走前人没有走过的路。制度创新是辩证的否定过程,唯物主义辩证法认为,事物的发展是通过否定来实现的。制度创新中推出的新制度是旧制度内部矛盾运动的必然结果,是制度的自我发展,是一个对旧制度吸收、继承、批判、"扬弃"的辩证否定过程。制度创新是内因和外因的辩证统一,唯物主义辩证法认为,矛盾推动事物的发展。制度创新是主体改造客体的行为,必须调动主体的各种潜能,充分发挥其能动性、积极性和创造性,这是其内因。制度创新需要密切结合实际,不仅客体要切合实际,而且社会需求也要切合实际,这时制度创新的外因。新制度在社会中的良好反映,就是制度创新内因和外因辩证统一的体现。制度创新是内容和形式的统一,唯物主义辩证法认为,任何事物都具有一定的内容和形式。内容和形式既相互区别、对立,又相互联系、依存。内容创新是社会经济、政治、文化生活发展的需要,要力戒为创新而创新。形式创新是内容创新的需要,新的内容不能沿袭老一套的形式,只有新的形式才可有效容纳并积极促进新内容的进展,制度创新必须要通过创新的内容来决定创新形式的取舍、改造、创新。要反对只顾形式创新忽视内容创新的各种形式主义。

社会技术作为一种制度创新的特征。制度是维系社会存在和发展的内在机制;没有制度就没有所谓社会,社会依赖制度才能获得其存在的现实性。从制度、理性和技术的关系看,制度为理性所引导和制约,又以技术为运作实现的形式;制度是技术与理性的具体历史的社会结合。在人类漫长的历史进程中,人通过实践理性地认识和把握客观事物及其规律,并在此基础上创造出了符合人们主观愿望、目的和需要的各种制度。人类理性在制度建构中具有"经过事先思考的、有计划的、以事先知道的一定目标为取向的行为的特征"①,从而赋予了制度以技术——社会技术的特征。

社会技术:(主要是)由一定社会的政府或执政党创造,发明(制定)的,由全体社会成员或一定社会阶层(主要是)接受、使用的调整人与人、人与社会关系的,解决社会矛盾和问题进而实现改造社会目的的实践性知识体系。它主要包括一定社会的政治(法律)、经济、文化制度和方针、政策以及习惯、道德规范,等等。可见作为一种社会技术,要想在社会中更好地发挥自己的能动作用也需要创新。

一是社会技术的设计性创新。长期以来,在约定俗成的理解中,人们总是把制度简单地理解为一系列诉诸文字的,存在于社会主体人的行为之外的"行为"规则,其结果往往使制度变成了"身外之物"。究其根本原因,就是没有把制度当做一个复杂的人们精心设计的社会符号系统去创新和使用。实际上,规范、制约和影响人类行为的制度本身就是人们设计的一个多层次的复杂系统,这个特殊系统包括了理论、规则、主体、客体、载体五大要素。这五大要素相互影响、相互依存、统一于制度系统,不能在传统的解决"根据什么设计"、"怎么样设计"、"由谁设计"、"在什么问题上设计"、"怎样表现设计"问题上下工夫,要用创新的思维更大程度上创造性地去解决这些问题。

二是社会技术的可操作性创新。制度是人类社会的"游戏规则"。制度作为一定社会条件下人们从事某种社会活动和协调某种社会关系的规范体系,主要表现为社会活动过程和社会关系生产再生产的行为模式和基本准则。从本质上讲,制度也是一种再调整,改造人与人(社会)关系时"怎么做"的实践方式,我们很难说"关系"、"联系"就是制度,但确立和维系人们之间的"关系"、"联系"的"实践方式"确实是制度。而此时的"实践方式"具有创新的可操作模式,使其更好地发挥纽带作用。这种创新的可操作模式取决于主体的创新思维模式,这样的"制度创新"无疑具有制度的社会技术性质。制度已经是社会技术的一种形态,制度创新已经成为社会技术创新的一种动力,那么,制度的社会技术的可操作性

---

① 《马克思恩格斯选集》第4卷,人民出版社1995年版,第382页。

创新也就自不待言了。

三是社会技术整体性创新。制度的社会技术是一个具有中介和整合功能的范畴,目的在于把社会维系在一定的秩序范围内。社会技术作为一种制度创新的基本形式就是制度的社会技术的整体性设计。这种创新制度的整体性表现为人们赋予社会技术以新的规定、新的要求、新的标准、新的形式,是人们面对问题,解决问题的主动创造。一般地说,在现代社会中,制度的社会技术整体性创新正日益成为制度演化的主要模式。

我们强调制度的社会技术的设计性创新、可操作性创新和整体性创新,并不是说社会技术的功能是无限的,无条件的。社会技术在调解人与人(社会)关系的过程中,具有确定界限、形成秩序、规范行为,提供预期、营造环境的功能,但社会技术并不"包医百病",它也存在自身难以克服的局限性。尤其,社会技术作为一种制度创新在规范社会领域中人们的行为时,往往发生制度创新同创新目标相异化、同创新作用相异化、同创新主体的根本利益相异化的现象。如何克服或减少这种局限性呢? 如何能更好地发挥创新在社会领域中的作用呢? 这就需要一种新的创新模式——管理创新。

四、工程创新的反思

我在本章前已经讨论了理论创新、技术创新和制度创新,考察创新的多重维度,这种分析是哲学分析,具有明显的形而上学色彩。实际上,在现代社会的生产、生活、生命和生态中,这三种创新维度,既是创新的三元视角,又是创新的三大领域,也可以说是人们创新活动的三个不同阶段,在创新实践中是"三位一体",它们辩证统一于工程创新的伟大实践。

1. 自然工程创新的经验

自然工程作为人类的"造物"活动,是创造物质财富、实现经济发展的基本途径。因此,工程必然是各种创新活动得以发生的重要场所。这里使用工程创新一词,用来特指那些发生在工程中的创新活动,如技术创新活动、组织管理创新活动、经济创新活动(如融资创新)、社会创新活动(如工程移民)等。这些工程创新活动使一项工程具有不同于其他工程的整体或部分的特点,对工程建设和经济发展起着不可缺少的作用。一项工程的实施往往需要综合多种因素——经济因素、技术因素、科学因素、管理因素、政治因素、伦理因素、心理因素、美学因素,以及其他因素等。在一项工程中,工程创新贯穿其全过程,发生在不同环节和不同因素上,具有多方面的具体内容和多种不同的表现形式,比如工程理念创新、工程观念创新、工程规划创新、工程设计创新、工程技术创新、工程管理创新、工程制度创新、工程运行创新、工程维护创新、工程"退出机制"的创新等。

"工程创新"和"技术创新"有密切联系。由于性质和范围上的区别,技术创新一般被理解为"发明成果的首次商业应用",通常体现为新产品、新工艺、新系统、新装备等形式。由于在"发明成果首次商业应用"的技术创新实践中,必然会涉及科学、制度、组织、管理、市场等因素,因此,那些围绕技术创新而引起的组织创新、制度创新和市场创新等通常也被纳入技术创新的范畴中。技术创新以技术为主线,聚焦与发明成果的首次经济应用;工程创新着眼于工程本身,指涉"造物"活动中的创新。从过程看,技术创新必然要经过工程化环节才能实现;从要素看,工程创新中包含了技术创新。只强调技术创新,并不能保证工程创新的成功。工程创新若不成功,技术创新也容易走向失败。工程创新与技术创新之间的关系表示如下图所示。

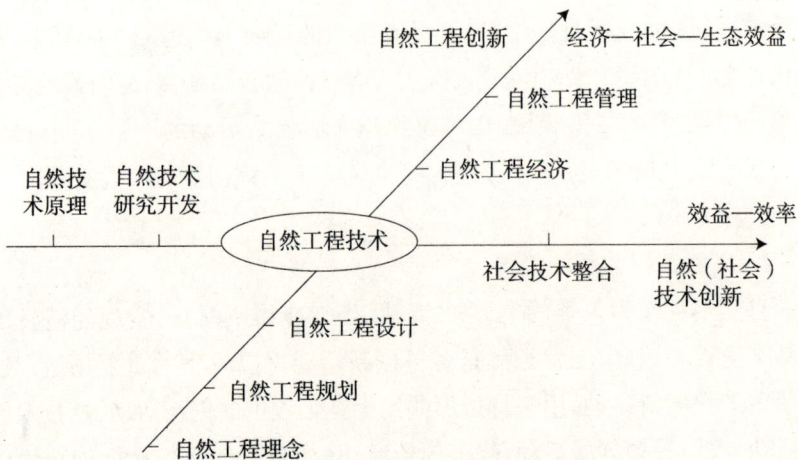

与技术创新相比，工程创新具有自己明显的特性：第一，工程的整体性。工程是比单纯技术更为复杂的系统，特别是大尺度的工程系统或技术—社会系统（交通、保健、能源、通信等），其发生的整体性变革，难以被技术创新概念所涵盖，而工程创新的概念则可以对其进行概括。第二，工程创新的多维性，其中不但包含技术维度而且包含许多非技术维度。工程中的创新活动是普遍存在的、或大或小的，不只局限于技术创新。这些多种多样的创新活动具有共同的属性，即它们都发生在"造物"过程中，都是围绕特定工程展开，都服务于特定工程的成功。工程创新概念可以从理论上确立这些创新活动的地位，把握它们的共同属性，进而为揭示其特点和规律提供概念基础。第三，工程创新的复杂性。工程涉及工程环境、工程条件、工程主体、工程文化，因此工程创新往往是诸多要素的一种"耦合"，而不是哪一个要素的功能。

对自然工程的创新，我们只有还原法的方法，因为我们讨论的每一个要素及其机械相加都将自然工程内的、计划、实践、消费作为自然工程创新的内部因素。这显然是有局限性的，并不能代表自然工程的创新。各因素创新之和并不等于自然工程创新之和。这是因为，在自然工程实践的过程中，我们需要有一种能调整人与人之间的关系，解决自然工程实践中的问题的技术，即社会技术。社会技术在自然工程创新中扮演着重要的角色。它以某种规则、制度等来协调各部分之间的关系。可以肯定地说，社会技术创新是自然工程创新不可或缺的重要因素。

2. 社会工程创新的内涵

李伯聪教授在他的《工程哲学引论》中，论证了"世界四"的构想。把某些非生产类型的社会活动也称为"（社会）工程"——例如希望工程，这就是说，工程一词的指称和使用范围已经出现了某种从物质生产领域向整个社会生活领域扩展的趋势，尤其值得注意的是，甚至还直截了当地出现了社会工程这个术语。很显然，物质工程活动和社会工程活动既有相同又有某些相反之处。李伯聪教授认为，可以将物质工程活动研究的成果应用于社会工程活动的研究上去。但他同时也认为，两者所实践的领域不同，一个是物质工程，另一个是社会工程，它们之间都有着特殊的本质和特殊的问题，所以两者还是有很大区别的。

　　研究中,我发现社会工程创新具有多重内涵,从不同视角或层次,可以发现社会工程创新不同的本质规定。比如,可以从社会工程创新与社会科学创新、社会技术创新关系上考量社会工程创新;可以从社会工程创新与社会创新关系上界定社会工程创新;可以从社会工程类别上界定社会工程创新。可以说,一部人类社会发展史,在一定意义上讲,就是工程创新史,既是自然工程创新史,又是社会工程创新史。人类社会不同生产方式的交替、不同社会形态的更迭、不同经济制度和政治制度的变革,从本质上看,都是社会工程不断弃旧图新的历史成果。因此,从哲学视角考察,我认为社会工程创新是社会理论创新、社会制度(技术)创新、社会结构创新、社会体制和机制创新的集合,其中每一种(领域)创新之与社会工程创新又都具有相对独立性,社会工程创新具有综合性、集成性和载体性。

　　社会工程创新—创新社会价值(符号)体系。哲学革命往往是政治革命的前导。社会价值(符号)体系创新也是社会工程创新的一个重要组成部分。这一点已经为古今中外社会发展史所证明,毋须赘述。

　　社会工程创新—创新社会运行体制、机制。任何一个社会制度存在、发展并发挥作用,都是以一定社会的各种体制和机制来实现的,而这一系列体制、机制凭借"自然工程"或者用"自然技术",比如纳米技术等是无法建构的,只能通过社会工程,自上而下或自下而上地调整当下社会主体之间、区域之间、城乡之间的各种利益关系;调整社会关系的物质承担者——社会主体之间、人与社会之间的各种利益关系;调整当代人与当代人以后 N 代人之间的各种利益关系;甚至调整人与物、人与自然世界的各种利益关系等,才能在一个比较漫长的过程中逐渐建构起来,并加以确立和巩固。这就是社会工程创新的第一要义。

　　社会工程从"人"出发,从人的本质和人的社会角色、现实性和历史性、目的性和规律性等去分析。而社会工程哲学就是在当今社会工业化、城市化、国际化的背景下,在构建"和谐世界"的伟大实践探索中,把人当做手段与目的的统一,当做主体与客体的统一,当做人与社会的统一,即"人就是人的世界,就是国家,社会"。社会工程哲学把人作为研究的逻辑起点,主要是从人的现实存在出发,从人的现实需要出发,从人的全面发展出发。"人"在社会工程哲学中是丰富的、具体的;"人"在社会工程

社会科
学理论　社会技术

社会工程技术

社会工程评估

社会工程重建

社会工程实施

自然技术应用　自然工程

社会技术创新

社会工程设计

社会工程规划

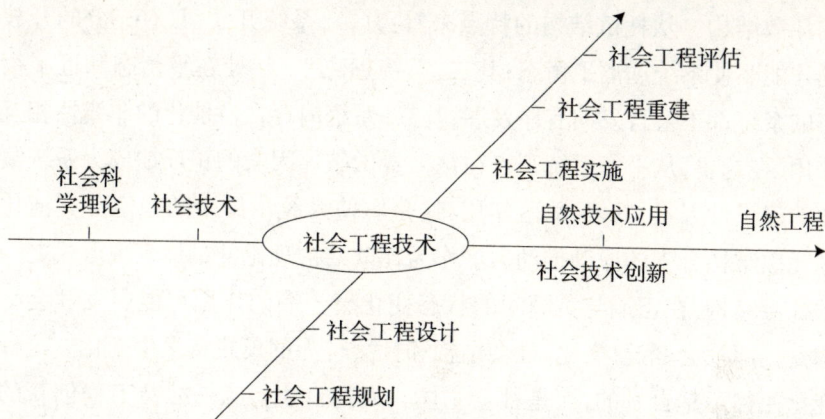

哲学中的逻辑起点地位是基础性的、全体性的。创新的目的或目标指向是改变社会结构,我们可以这样理解社会结构,即在人的社会行动的基础上,各种社会要素按照某种方式或机制所构成的相对稳定的关系体系。社会结构的概念也包含两方面的内容:其一由何构成,即作为统一体的社会或社会现象(单位)都是由一定的要素组合而成,因而是可以分析的;其二如何构成,即这些组成要素不是机械或杂乱的组合,而是遵循一定规则组合起来,维持较为固定的关系,使社会结构具有相对稳定性。

用系统论作为理论工具,分析社会结构,我们发现,社会结构首先具有非线性的特点,社会或社会结构都是由一定要素按非线性的关系结合而成的。在物质工程的还原论视阈中分析社会或社会结构时往往得到不完美的答案。只有用非线性的视角或系统论视角来分析时,才有可能得出理想的结果。一定的社会结构必然具有一定的社会功能。而社会结构内各子系统之间的组成方式的不同可能导致不同的社会功能。各子系统有着本身的功能。某种结构表现出特定的功能,而这种特定的功能反过来又能改变这种社会结构。

当社会结构对社会主体——人的生存发展形成限制或构成威胁时,社会工程创新的使命就提上了日程,社会制度、体制就可能发生变化,社会结构就要变迁了。普利高津于1967年创立了耗散结构理论。耗散结构理论认为开放系统不仅具有内部熵的产生,还有外部伴随着能量或物质的流动、转化而与环境之间进行熵的交换。这些系统通过耗散能量而保持其结构,被普利高津称作耗散结构。社会结构实际上就是一种特殊的耗散结构。从耗散结构的特点来看:其一,系统开放,只有充分的开放的才能驱使系统远离平衡态;其二,系统远离平衡,处在平衡态和近平衡态的系统都不会自发向有序发展;其三,系统内存在自催化的非线性相互作用,在这里,从平衡系统观点往往被看做破坏因素的正反馈成为系统演化的建设性因素;其四,涨落作用,这是驱使系统由原来的稳定分支演化到耗散结构分支的原动推动力。作为耗散结构理论的具体表现形式之一的社会结构,在正熵与负熵间的状态变化着。熵的作用可能引发社会结构变化即社会变迁,文化、社会结构和社会行为的模式将发生变化。这种变化往往不是自发的,而是社会主体—人的自主行为—社会工程创新的结果。从社会工程出发,我们所理解的社会变迁则是一种渐进的变化过程。按照波普尔的观点,即渐进的社会工程来调整相对应的社会结构或社会工程。

从哲学视角审视,社会工程创新是人们的社会工程创新理念的现实展开过程。生活在特定社会条件下的人们,根据生产力发展的状况,把握现在社会结构和功能的状况,不断谋求历史进步和人类生命的发展,探索社会生产力发展和解决社会基本矛盾的新途径,为此力求对现存社会构成要素进行重组或创造新的社会构成要素,形成新的社会功能,推动社会的整体发展。换言之,社会工程创新就是人们社会工程创新实践理念的形成过程,经过一定时间的探索和酝酿,人们会在自己的观念意识层面形成关于社会工程创新目标、程式、进程、方向等基本规则,这就是人们进行社会工程创新实践的基础和前导。理念只有转化为现实的实践,才能构成为现实的物质力量。人们在形成社会工程创新理念之后,必然要把这种理念现实化、对象化,而创新理念的对象化实现过程也就是社会工程创新实践具体展开的过程,也就是社会矛盾、社会问题的解决过程。

在社会工程创新过程中,资源的基础性作用更加突出地表现出来。资源概念已不局限于传统意义上的自然资源、资金、设备、一般劳动力的有形资源,而是以知识、技术、人力资源为核心的无形资源,越来越成为社会工程创新发展的最根本要素。人力资源已成为21世纪最宝贵的资源,因而也是最重要的战略资源。人力资本的经济价值和社会创造价值,能为社会带来新的经济收益和社会收益。人力资本与人力资源,虽然一字之差,但是有区别,人力资本不是天然的,而是个人和社会持续投资的产物,没有以货币形态和财产形态保证资源就不可能转化为人力资本,所谓社会工程创新持续能力也不可能提高。在当代经济进步和社会发展过程中,如果缺乏人力资源,特别是人力资本的投入,就会造成创新资源的严重匮乏和枯竭,社会工程创新的可能性和持续性将令人难以置信。

社会工程创新也包含着一个极其现实的逻辑悖论,即社会工程创新就本质而言是突破原制度的限制,构建一种体现社会发展趋势,符合社会主体利益的新制度、新体制,然而这种创新与建构又离不开合适的制度环境。社会工程创新的制度环境是实现社会工程创新的基本保障。社会工程的制定要符合社会制度的性质,不能与社会的一般价值取向发生较大的矛盾。与社会结构内在的政治结构、文化结构、经济结构互相协调。制度环境是社会工程创新的重要变量,就个体行动者来看,没有自由、自主、自尊、自发的理念,即以自我意志为社会生存的选择依据,就难以有创造能力的生成和提升;就整体社会来看,没有自由开放的制度环境,社会工程创新就不可能获得合适的现实空间,也很难成为规模性的力量,推动社会进步和发展;就社会工程创新来说,最有效的或最优的制度环境是有利于社会工程创新的生成和实现的环境,也就是符合社会工程创新本性和特征的制度条件。制度规范的社会秩序,保障社会个体和群体及社会各构成要素内在独立性的稳定性,形成和维系不同社会要素间交互性关系的特殊功能,凸显了制度环境对于社会工程创新的内在规定性。

社会工程创新作为推动社会发展和社会结构改造的实践活动,其核心思想是创造、进取和超越。应在具有社会批判精神和创新精神等构成的开放社会文化环境中,社会工程创新才能成为现实的精神动力和智力支持。社会工程创新与社会批判精神相适应。美国学者罗杰斯提出创新的前提包括两个方面;一个是受制于接受个体,另一个是取决于基本的社会环境。他认为,创新相对于传统而言,其相对优越于传统的相容性、自身构成的复杂性是否具有可视性和可观察性,都直接影响着社会工程创新的实现。因此,要实现社会工程创新,就必须创造适合于其生成、传播和扩散的社会文化条件。人类历史表明,如果一个社会缺失个人主动创新的精神,那么首要的任务则当在催醒或开启这种精神。

从社会工程创新到社会问题的解决,都必须符合和遵循社会的规律性。我们肯定和承认社会存在、发展有着自身内在的规律性,肯定和坚持人类任何创造世界和改造世界的社会实践,都必须遵守社会的客观规律性。解决社会问题的社会实践活动也要以遵循社会规律为原则。解决社会问题将会涉及社会问题自身的规律性,解决条件中的规律性,以及对策措施中的规律性,需要正确把握和运用这三个方面的规律性,来科学地设计和有效地实施社会工程创新,解决社会矛盾和问题。

社会工程创新,必须确定和遵循一定的社会规范。社会规范是人们全部活动的准则,也是解决社会问题这种特殊社会实践活动的准则,是消除不和谐现象、达到社会有序状态的基础。分析待解决的社会问题与现存社会规范之间的关系,是社会工程创新的前提。许多社会问题的存在与社会规范的状况有关,认识要解决的社会问题与有关的现存社会规范之间的关系,有利于解决社会问题。确定社会问题中的社会规范,既要突破、废除、修正、调整与待解决的社会问题有关的现存的那些不合理的社会规范;又要制定、建立与解决的社会问题有关的新的社会规范,包括明确规范的内容与选择规范的形式。在现代社会中,只有各种内容、各类形式、各个方面的社会规范相互协调,才能组成社会规范稳定的系统。

如前所述,社会工程创新,必须以维护和谋求现代社会公众的利益为宗旨。社会公众的利益,表现为国家利益、民族利益、社会大多数人的利益,特别是公众长远的、根本的利益。一般而言,社会问题之所在往往表现为社会区域之间、社会群体之间、社会集团之间、一部分人与另一部分人之间的利益矛盾。深入剖析社会问题,几乎无一不包含这样或那样的利益矛盾。任何问题的解决对策、解决过程乃至社会问题被消除,都会涉及一定的社会利益,都会发生各区域、各群体、各集团、各部分人、各方面利益的变化和调整,从某种意义上说,都是一种社会利益的重新组合和分配。因此,社会工程创新过程,必须慎重考虑和研究社会利益的调整,统筹兼顾在社会利益的调整中坚持以公众利益为最高的和最终原则。

同时,作为人类改造社会世界的活动——社会工程创新,总是追求最大的社会效益与最高的社会效率。社会问题对社会的根本影响之一,是破坏和削减了人们改造世界过程中的效率和效益,那么解决社会问题的目的之一,就在于保护和加强人们改造社会世界的效率和效益。注重社会效率,即谋求解决社会问题的最好效果,或者说是社会投入与产出的最大比率,以最小的社会资源、社会能量和社会活动,达到最快、最彻底地解决社会问题的目的。注重整体社会效益,即谋求解决社会问题活动中促进社会各方面的平衡和发展以及公众利益的实现。保障现代社会物质文明、政治文明、精神文明、社会文明和生态文明协调发展等。

社会工程创新以实现人的全面发展为根本,推动社会的发展和进步为根本目的,这是马克思新世界观的根本宗旨,也是社会工程哲学的价值追求。

社会工程以调整人与人的社会(政治、经济、文化)关系为宗旨,因此,社会工程的实施往往牵一发而动全身。所以,一项宏大的社会工程创新在方案设计和正式实施之前,人们特别是社会工程的决策者一般都要进行工程试点。这种社会工程的试点与自然工程的试点有很大的区别,社会工程试点一般以特定的社会环境为背景。

3. 自然工程创新与社会工程创新的关系

自然工程与社会工程既有联系,又有区别。自然工程与社会工程有着一种特殊的关系,即本来自然工程与社会工程是不可分的,两者统一于人们改造世界的伟大实践中。但在理论上或者在逻辑上两者却有本质的区别。其一,自然工程是指人们造物的过程,指自然世界。而社会工程是指人们对社会关系的调整过程,指的是社会世界。其二,自然工程改造、制造的是实体性存在,而社会工程改造或调整的是关系性的存在,前者造物,后者则改进社会结构或社会系统。其三,自然工程的评价体系一般以物质、经济、效益为核心,或者以效率为核心。而社会工程的评价体系一般以社会效益为核心,或者以水平为核心。其四,自然工程方法一般以自然科学方法论为主,而社会工程则以社会科学方法论为主。

但是自然工程与社会工程之间是相联系的,互根互动、相互包容的,并不是此岸与彼岸的关系。有些自然工程本身就包含了社会工程,为自然工程的顺利发挥保障的功能。有些社会工程包含着自然工程,或者作为社会工程的一个组成部分。

社会工程是调节社会关系,改造社会世界,改善社会结构,控制社会运行的根本性、全局性的实践过程。在自然工程实践的过程中,仅有自然工程技术还是远远不够的。我们也需要一定的社会技术、社会工程来规范和调整人与人的关系以及人与物的关系。在自然工程的实践过程中,往往需要一定的规章制度。按照卢梭的观点,人和社会组织是一种契约的关系,人们将一定的自由赋予社会组织,相应地得到各种权利的保障。当在自然工程实践中,如果自然工程的关系无章可循,那么自然工程的计划、实施以及消费都无从谈起。人与自然工程的实践是一种主体客体化,与客体主体化的过程,人的目的并不能很好地实施时,自然工程所表现出来的后果也就不是按人的目的完成的。在调整人与自然工程的关系上,社会工程及社会技术是其他任何手段所不能代替的。通过社会工程,实施良好的自然工程管理是自然工程实践中井然有序的前提。自然工程高度发达的今天,我们更应在经济增长和自然工程实践之间建立和谐一致的关系,将社会合目的性作为与经济绩效平行发展的规范目标,才能最终实现自然工程的顺利进行。这是因为:自然工程在某种程度上追求的是经济利益的最大化。从近期我国自然工程的实践过程来看,严重的自然工程异化出现的频率呈上升的趋势,合目的性与合规律性之间的矛盾愈演愈烈。可见,社会工程的设计、实施、评价等必须担负起处理人与自然工程间的冲突、异化。应协调人与自然工程的关系。通过社会工程,规范社会组织或团体,培育社会治理的多元主体;创设完整的社会规则体系,使自然工程平稳、有序地进行。

在自然工程的实践过程当中,不仅包含着人与自然工程的关系,而且还包含着人与人的关系。在自然工程的实践过程中,往往人与人的关系被人与自然工程的关系所淹没了。人们注重的是怎样保质保量地完成自然工程实践,而没有去亲身实践人与人的关系,而人与人的关系在自然工程的实践中是最不能忽略的。自然工程作为一个系统实践的过程,它包括若干子系统,处于每个子系统的人对于其他子系统的人的冷淡是显而易见的。由于自然工程占有的资本大小不同。所以人与人的关系往往有很微妙的变化,这对整个自然工程的实践是不利的。所以社会工程应渗透到自然工程实践的不同环节。自然工程关注生产力系统,即关注人与自然的关系,关注人与自然的依赖、适应和改造工程,而社会工程则关注生产关系系统,即关注人与人的关系,关注人与社会的依赖、适应和改造工程。

这里需要特别指出的是:社会工程关注和改造的对象是社会主体人的活动(活动的前提、活动的过程和活动的产物),社会工程在本质上是一种建构,是人们在把握社会规律的基础上,通过对象规划、设计,构思出社会蓝图,再通过过程、环节设计将理想蓝图转化为现实的既合规律又合目的的实践创造过程。这样一种创新过程往往与人对自然物的改造、人工物的制造是"啮合"在一起的。自然工程创新伊始,就处于一定的社会文化环境和背景之中,受到特定历史时期的经济和社会条件的制约;社会工程创新伊始以及整个过程,往往又有自然工程嵌入其中,以实现现实社会生产生活中人与人(社会)关系的现实改造与调整。

国人瞩目的社会主义和谐社会工程,就是一个非常典型的社会工程。在这个伟大工程中,既有统筹城乡发展、统筹区域发展、统筹经济社会发展、统筹国内发展与对外开放、统筹中央与地方的关系、统筹个人利益与集体利益、局部利益与整体利益、当前利益与长远利益的关系的社会工程,又有统筹人与自然和谐发展的自然工程。只有这两类工程统筹兼顾,才能有人类社会发展的美好明天。

参 考 文 献

1. 《马克思恩格斯选集》第1—4卷,人民出版社1995年版。

2. 《资本论》第1—3卷,人民出版社2004年版。

3. 《毛泽东文集》第七—八卷,人民出版社2004年版。

4. 刘大椿:《科学技术哲学导论》,中国人民大学出版2005年版。

5. 李伯聪:《工程哲学引论》,大象出版社2002年版。

6. 杜澄、李伯聪:《工程研究》第2卷,北京理工大学出版社2006年版。

7. 刘则渊、王续琨主编:《工程、技术、哲学》,大连理工大学出版社2002年版。

8. 殷瑞钰主编:《工程与哲学》第1卷,北京理工大学出版社2007年版。

9. 殷瑞钰等:《工程与哲学》,高等教育出版社2007年版。

10. 田鹏颖:《社会技术哲学》,人民出版社2005年版。

11. 田鹏颖:《社会工程哲学引论》,人民出版社2006年版。

12. 王宏波:《工程哲学与社会工程》,中国社会科学出版社2006年版。

13. 王宏波:《社会工程研究引论》,中国社会科学出版社2007年版。

14. 王宏波主编:《社会工程研究》第2卷,西安交通大学出版社2006年版。

15. 俞吾金:《重新理解马克思》,北京师范大学出版社2005年版。

16. 郑永廷:《人的现代化理论与实践》,人民出版社2006年版。

17. 黄顺基、郭贵春主编:《现代科学技术革命与马克思主义》,中国人民大学出版社2007年版。

18. 辛鸣:《制度论——关于制度哲学的理论建构》,人民出版社

2005 年版。

19.［英］安东尼·吉登斯:《资本主义与现代社会理论》,郭忠华、潘华凌译,上海译文出版社 2007 年版。

20. 殷登祥:《科学、技术与社会概论》,广东教育出版社 2007 年版。

21.［德］乌尔里希·贝克:《风险社会》,何博闻译,译林出版社 2004 年版。

22. 郭国勋:《马克思主义应用哲学释义》,辽宁大学出版社 2006 年版。

23.［美］斯塔夫里阿诺斯:《全球通史》,上海社会科学出版社 1997 年版。

24. 李瑞环:《辩证法随谈》,中国人民大学出版社 2007 年版。

25. 孙正聿:《哲学通论》,辽宁人民出版社 2000 年版。

26. 陈嘉明:《现代性与后现代性十五讲》,北京大学出版社 2006 年版。

27. 辜正坤:《中西文化比较导论》,北京大学出版社 2007 年版。

28.［法］卡尔·亚斯贝斯:《时代的精神状况》,上海世纪集团、上海译文出版社 2006 年版。

29.［英］菲利浦·鲍尔著:《预知社会》,暴永宁译,当代中国出版社 2007 年版。

30. 黄瑞祺:《社会理论与社会世界》,北京大学出版社 2005 年版。

31. 徐长福:《理论思维与工程思维》,上海人民出版社 2002 年版。

32.［美］梯利著、伍德增补:《西方哲学史》,商务印书馆 2005 年版。

33. 罗荣渠:《现代化新论》,商务印书馆 2004 年版。

34. 吕文郁:《春秋战国文化史》,东方出版中心 2007 年版。

35. 高宣扬:《后现代论》,中国人民大学出版社 2005 年版。

36.［美］大卫·格里芬:《后现代精神》,中央编译出版社 1998 年版。

37. 衣俊卿:《现代化与日常生活批判》,人民出版社 2005 年版。

38.［德］热罗姆·班德主编:《开启 21 世纪的钥匙》,中国社会科学文献出版社 2006 年版。

39.［德］尤尔根·哈贝马斯:《交往行为理论》,世纪出版集团、上海人民出版社 2004 年版。

40. 欧阳康:《科技与人文》第 1—2 辑,中国社会科学文献出版社
2007 年版。

后　记

　　我酷爱哲学思考,喜欢搞些与众不同的玩意儿。新世纪初,自师从国务院学科评议组成员、东北大学博士生导师陈凡教授攻读哲学博士学位以来,就一直怀有一种梦想:能否在科学技术哲学的百花园中开辟一块"新地",然后在这块"新地"里耕耘、播种,并着力侍弄好这块"新地",以便这块"新地"里生长出更多新苗,以便有更多的耕耘者前来与我同盟!

　　在陈凡教授的悉心指导下,在学术界前辈及各学派专家的奖掖提携下,我选择了科学技术哲学的一块"新地"——社会技术哲学。

　　2003 年,母校东北大学校庆那天——我博士毕业的第二年,东北大学出版社出版了我与导师陈凡教授的合著——《社会技术哲学引论——从社会科学到社会技术》。这本著作作为母校东北大学 80 年校庆献礼之作问世后,受到哲学界特别是科技哲学界的关注,反响比较强烈,有赞赏、有支持,当然也有质疑和商榷。那时我只有一个念头,就是沿着这个理路,在这块"新地"里勤奋劳作不动摇。

　　2005 年,是我离开辽宁省人民政府办公厅回到沈阳师范大学工作的第二年,这年 7 月,人民出版社出版了由我撰写的《社会技术哲学》,全书27.4 万字,把我攻读博士学位以来自己对社会技术哲学的思考做了比较系统的梳理与阐发,比《社会技术哲学引论》更系统、更深刻、更有说服力了。这本仍是摸索性、尝试性、也许有一点创新性的学术著作问世后,国内不少学者打电话、发邮件向我表示祝贺,有的院校还希望我去讲一讲社会技术哲学。在这些"关心"与"祝贺"中,有支持、鼓励,更有信任和嘱托。我开始感到做学问应当更谨慎、更认真、更深邃,同时一种新的念头浮现在脑际——"从社会科学走向社会技术"还不行,还要"从社会技术走向社会工程"。这,很可能是一条卓有价值的"学术链条"!

　　2005 年中秋时节,我开始"闭门思过",全面总结在辽宁省人民政府机关当公务员的 14 年"工作履历",深入反思在抚顺新抚钢有限责任公司任副总经理时期的"各种磨难",系统整合从读本科、硕士、博士以来的知识结构,哲学地反思与批判现代社会、现代性中的诸多矛盾与悖论,忽觉眼前一亮,"社会工程"——钱学森的"社会工程"等在我的思维中出现了,而且几乎占据了我的全部空间。开发、开发、再开发,这可能是一个"学术富矿",当然开发有风险,但我坚信毛泽东的诗句:"天生一个仙人洞,无限风光在险峰。"

2006 年 10 月,我撰写的《社会工程哲学引论——从社会技术到社会工程》一书由人民出版社出版,全书 25 万字。中国人民大学终身荣誉教授黄顺基老先生为本书亲自撰写了序言,使拙作大为增色,书中提出了许多问题,尽管未必全部解决,但必定是《社会技术哲学》的一个延伸与发展,是一部全新的学术专著。

也许出于弥补《社会工程哲学引论》的某些缺憾,也许考虑到与《社会技术哲学引论》系列相匹配,从《社会工程哲学引论》出版之日起,我就已经着手《社会工程哲学》的提纲拟定和撰著了!

然而,此时已经是 2006 年岁末,这时沈阳师范大学马克思主义学院重组,我又增加了些许重要的行政工作,学术兼职在增多、学术项目在增多、学术活动在增多,所以自己精心设计的《社会工程哲学》一拖再拖。2007 年伊始,我"下定决心,不怕牺牲,排除万难,去争取胜利"。在这一年第 12 个月的日历已经翻到第 9 页的时候,我终于完成这部酝酿并撰写一年的学术著作——《社会工程哲学》的初稿。

与我的《社会工程哲学引论》相比,本书的体例更新了,理论性更强了,哲学味道更浓了! 特别让我难以释怀的是,本书自始至终都得到我的博士生导师陈凡教授的悉心指导,得到了辽宁大学副校长、博士生导师陆杰荣教授和哲学与公共管理学院院长、博士生导师邵晓光教授及副院长、博士生导师王国坛教授的热情鼓励,得到了哈尔滨工业大学人文学院院长、博士生导师何明升教授,西安交通大学人文学院院长、博士生导师王宏波教授的大力支持。这本著作还得到全国哲学界许多哲学专家、学者的指导、激励、呵护与帮助,他们分别是:清华大学博士生导师曾国屏教授,中国社会科学院孙麾研究员、鉴传今研究员,南京大学博士生导师肖玲教授,大连理工大学博士生导师刘则渊教授,哈尔滨工业大学博士白淑英教授,辽宁石油化工大学纪委书记刘明教授,辽宁省财政厅民商法研究生、高级经济师、沈阳师范大学兼职教授王瑞先生,沈阳师范大学孙绵涛教授、赵晖教授、朱爱军教授、王大超教授、周润智教授、迟艳杰教授等。对以上诸位专家的热忱指导与支持,我的诚挚谢忱,书不尽言!

　　由于理论和学术水平所限,书中错讹之处在所难免,恳请专家和学界同仁批评指正。

　　尽管,明天还会有雨、露、风、霜,但现在,天已大亮,雾也散去,新的一天又是一个壮丽的日出!

作者谨记

2008 年 6 月于沈阳

责任编辑:洪 琼
装帧设计:曹 春

图书在版编目(CIP)数据

社会工程哲学/田鹏颖著. -北京:人民出版社,2008.12
ISBN 978-7-01-007409-2

Ⅰ.社… Ⅱ.田… Ⅲ.社会哲学-研究 Ⅳ.C91-02

中国版本图书馆 CIP 数据核字(2008)第 161849 号

社会工程哲学

SHEHUI GONGCHENG ZHEXUE

田鹏颖 著

人民出版社 出版发行
(100706 北京朝阳门内大街 166 号)

北京龙之冉印务有限公司印刷 新华书店经销

2008 年 12 月第 1 版 2008 年 12 月北京第 1 次印刷
开本:710 毫米×1000 毫米 1/16 印张:16.25
字数:265 千字 印数:0,001-2,500 册

ISBN 978-7-01-007409-2 定价:38.00 元

邮购地址 100706 北京朝阳门内大街 166 号
人民东方图书销售中心 电话 (010)65250042 65289539